Rolf Arnold / Claudia Gómez Tutor

Grundlinien einer Ermöglichungsdidaktik

Bildung ermöglichen – Vielfalt gestalten

Grundlagen der Weiterbildung

Herausgegeben von
RA Jörg E. Feuchthofen
Prof. Dr. Michael Jagenlauf MA
Prof. Dr. Arnim Kaiser

Die Reihe Grundlagen der Weiterbildung bietet Raum für
- Theorien, die das berufliche Handeln anregen und vertiefen.
- praktische Grundlagen und Tools.
- Ausarbeitungen, die konkurrierende Theorien, Praxen, Modelle und Ansätze gedanklich und empirisch weiterführen.

Wichtiger Hinweis des Verlages: Der Verlag hat sich bemüht, die Copyright-Inhaber aller verwendeten Zitate, Texte, Bilder, Abbildungen und Illustrationen zu ermitteln. Leider gelang dies nicht in allen Fällen. Sollten wir jemanden übergangen haben, so bitten wir die Copyright-Inhaber, sich mit uns in Verbindung zu setzen.

Inhalt und Form des vorliegenden Bandes liegen in der Verantwortung der Autoren.

Bibliografische Information Der Deutschen Bibliothek
Die Deutsche Bibliothek verzeichnet diese Publikation in der Deutschen Nationalbibliografie; detaillierte bibliografische Daten sind im Internet über *http://dnb.ddb.de* abrufbar.

Printed in Germany

ISBN-10: 3-937 210-60-1
ISBN-13: 978-3-937 210-60-5

Verlag	ZIEL – Zentrum für interdisziplinäres erfahrungsorientiertes Lernen GmbH
	Neuburger Straße 77, 86167 Augsburg, www.ziel-verlag.de
	1. Auflage 2007

| Grafik und | Petra Hammerschmidt, *alex media GbR* |
| Layoutgestaltung | Zeuggasse 7, 86150 Augsburg |

Druck und	Kessler Verlagsdruckerei
buchbinderische	Michael-Schäffer-Straße 1
Verarbeitung	86399 Bobingen

Inhaltsverzeichnis

Gäbe es nur eine Wahrheit,
könnte man nicht hundert Bilder
zum gleichen Thema malen.

Pablo Picasso

Einleitung

Die aktuelle bildungspolitische Debatte ist von einer Veränderungsrhetorik durchdrungen. Die Rede ist von „Schulentwicklung", „Standardisierung" und „Qualitätssicherung" – alles Labels, in denen auch eine Unzufriedenheit der Verantwortlichen (weniger der Akteure selbst) mit dem Status Quo zum Ausdruck kommt. Ist es verwunderlich, dass diese Veränderungsrhetorik auch innere Distanz, Abwehr und Mutlosigkeit auslöst, besonders dann, wenn Misserfolg schuldzuweisend attribuiert wird, wie dies in der Hysterie nach PISA immer wieder zu hören gewesen ist. Dabei sind es in erster Linie die Lehrenden, die unter Druck geraten, gefolgt von den Professoren, während die Bildungspolitiker nicht zur Verantwortung gezogen werden. Wie dem auch sei: Diese „Haltet-den-Dieb-Aktionen" sind ohnedies unterkomplex und unsystemisch. Die Wirklichkeit ist viel vielfältiger und nicht auf lineare Kausalwirkungen reduzierbar – nach dem Motto: „Höhere Anforderungen (vom wem an wen?) bringen bessere Leistungen!"

Betrachtet werden muss also die Komplexität der Situation, die ihren Ausgangspunkt unter anderem in den heutigen Anforderungen durch die Wissensgesellschaft nimmt. Nur mit einem veränderten Denkansatz kann es gelingen, die Frage nach den Konsequenzen aus der Wissensgesellschaft für die Erwachsenenbildung zu klären. Wissen und Wissensanhäufung haben immer auch eine Kehrseite, nämlich das Nicht-Wissen, das mitgedacht werden muss und das in gleichem Maße zunimmt wie das Wissen. Dass mit dieser Herausforderung auch neu umgegangen werden sollte, dies machen nicht nur die vielen Untersuchungen deutlich, die uns mit ihren Ergebnissen auch erklären, dass wir mit den bisherigen Vorstellungen über Lehren und Lernen den Ansprüchen von außen nicht mehr genügen. Es lässt sich gegenwärtig immer weniger vorhersagen, welches Wissen wir in Zukunft benötigen werden – und wir können auch nicht mehr mit großen Bildungskanons darüber hinweg getäuscht werden, dass das darin enthaltene Wissen eben eine subjektive Auswahl ist, die so, aber auch anders aussehen könnte.

Was Not tut, sind u. E. Anstrengungen in Richtung Kompetenzentwicklung, die es erlauben, das aktuell notwendige oder für notwendig erachtete Wissen dann zu erlangen, wenn es für die einzelne Person geeignet oder erforderlich erscheint. Dafür sind allerdings auch Grundlagen und Einsichten aus den unterschiedlichen Themen nötig, die unser „Weltwissen" (Elschenbroich 2001) ausmachen, damit hieran anschließend eine selbstgesteuerte Weiterentwicklung möglich ist, die auf anschlussfähigem Wissen aufbaut. Dabei ist auch die Frage nach der Autonomie von Lernenden angesprochen, denn die offensichtliche Paradoxie zwischen selbstgesteuertem Lernen und der Notwendigkeit, sich hierfür von anderen Personen anleiten zu lassen, kann nur gelöst werden, wenn die damit verbundene Subjektstärkung als ein Prozess angesehen wird, in dessen Verlauf Lernende immer mehr auf ihre Selbststeuerung vorbereitet werden.

Gerade die Modernisierungsdebatte hat es aber auch mit sich gebracht, dass die Freiheit der Entscheidungen zu einem hohen Gut erklärt wurde, was jedoch mit einer gewissen Ambivalenz verbunden ist, denn Freiheit bedeutet gleichzeitig die Befreiung von Gebundenheit und den Zwang zu eigenständigen Entscheidungen, d. h. „die Freiheit als Befreiung macht die eigene Lebensführung erst zur Notwendigkeit" (Schmid 2004, S. 11). Dieser aufklärerische Gedanke kann analog auf Lernen übertragen werden. Den Anforderungen nach freier Entscheidung und ständiger Anpassung an wechselnde Gegebenheiten kann nur entsprochen werden, wenn Lernprozesse ebenso selbständig bewältigt werden können. Lernende müssen sich selbstgesteuert um ihre Zukunft kümmern können. Dass dies nicht ohne weiteres gelingt, zeigt sich an den steigenden Zahlen zum Ausbildungsabbruch oder an der Häufigkeit des Abbruchs von Weiterbildungen.

Nun sind aber die selbstgesteuert Lernenden nicht gleichzusetzen mit Personen, die sich ihren eigenen Zielen und Vorstellungen selbstbewusst widmen. Zwar beinhaltet das selbstgesteuerte Lernen Selbstbestimmung und souveräne Entscheidungen, aber auch die Einschätzung der Grenzen des Machbaren. Insofern ist ein „souveränes Selbst [...] keineswegs dasjenige, das überall und jederzeit vollkommen frei über sich selbst bestimmen kann, sondern dasjenige, das relative Klarheit darüber gewinnt, wo Selbstbestimmung möglich ist und wo nicht" (ebd., S. 119).

Hier wird deutlich, dass sich die Eigenständigkeit des Individuums an den Gegebenheiten und individuellen Voraussetzungen zum Lernen bricht und es sich um einen Prozess handelt, der zwischen völlig autonomem Handeln und Führung eingeordnet werden muss. Bestimmenkönnen und -wollen wechselt sich folglich mit Bestimmenlassen ab, „denn Selbstbestimmung ist ein aktiver ebenso wie ein passiver Prozess, ein Tun ebenso wie ein Hinnehmen und Lassen, ein eigenes Gestalten wie auch ein Sich-Gestaltenlassen von anderen, von Umständen und Situationen" (ebd., S. 119).

Ausgangspunkt des selbstgesteuerten Lernens ist eine konstruktivistische Betrachtung von Lernprozessen, die das Konzept der traditionellen Behaltensschulung mit ihrer überwiegend mechanistischen Vorstellung über die Aneignung der Informationen durch Reiz-Reaktions-Muster in Frage stellt. Ebenso ist ein Lernkulturwandel verbunden mit einer veränderten Haltung gegenüber der Aneignung von Fachwissen, indem auf der Grundlage der neueren lerntheoretischen Vorstellungen und in der damit verbundenen Loslösung von der Illusion des Faktischen erkannt wird, dass „dieses Wissen konstruiert und auch unfertig und vorläufig ist und es auf eine aktive Haltung im Prozess der Entwicklung, Erschließung und Anwendung dieses Fachwissens ankommt" (Arnold & Schüßler 1998, S. 78). Dies hat auch Konsequenzen für eine Erwachsenendidaktik, die ermöglichen und nicht vorschreiben soll. Ermöglichen bedeutet dann, die Aktivität der Lernenden zuzulassen bzw. zu fördern und sich als Lehrperson der nachrangigen Stellung im Lehr-/Lernprozess bewusst zu werden. Es geht deshalb auch nicht um die Frage nach immer neueren und raffinierteren Methoden, sondern um diejenige nach der Konstruktion der Beziehung zwischen Lernenden und Lehrenden, die kein „pädagogischer Bezug" mehr ist, sondern eine erwachsenenpädagogische Beziehung, die um die Beobachtungsabhängigkeit des Wissens – auch von Lernenden – weiß.

Aktivität in Lernprozessen ist bei genauer Betrachtung schon ein sehr altes Thema in der Pädagogik und wurde vor allem im letzten Jahrhundert von der Reformpädagogik stark gemacht. Anders als bei den meisten Ansätzen der Reformpädagogik geht die Ermöglichungsdidaktik jedoch noch einen Schritt weiter, indem sie nicht nur von einer notwendigen Aktivität beim Lernen ausgeht, die durch eine vorbereitete Umgebung angeregt werden kann, sondern sie stellt sich in den Dienst der Lernenden und bringt sich nur dort und nur so lange ein, wie dies für die Lernenden notwendig ist. Pädagogische Professionalität drückt sich letztlich dadurch aus, dass Lehrende wissen, wann sie den „Absprung" zu vollziehen haben und sich aus dem Lehr-/Lerngeschehen heraushalten müssen. Nicht das „Entlassen in die Freiheit" steht dann im Vordergrund, sondern der geordnete und reflektierte Rückzug.

Sehr nahe kommt der Ermöglichungsdidaktik hierbei der pädagogische Ansatz der Reggio-Pädagogik, die sich in der zweiten Hälfte des letzten Jahrhunderts in Italien entwickelt hat. Loris Malaguzzi war einer der wichtigsten Persönlichkeiten und Entwickler des Ansatzes, der ursprünglich aus der Initiative der Bürger der Region Reggio entstand, die nach dem zweiten Weltkrieg in einer Bewegung der „Pädagogik von unten" pädagogische Einrichtungen für Kinder mit demokratischer Ausrichtung gründeten. Das damit verbundene Menschenbild und die Vorstellungen von Lernen drücken sich in vielen Dokumenten der Reggio-Pädagogik aus, die sich inzwischen in vielen Ländern ausbreitet. Die deutsche Projektgruppe in Hamburg (Projektgruppe Reggio/Hamburg 1990) vergleicht das Individuum mit einem Orchester, in dem zwar einerseits einzelne Systeme sitzen, die aber andererseits nicht „wasserdicht" abgegrenzt sind, sondern Beziehungen zueinander aufnehmen. Damit bilden wir „eine Einheit in uns, mit anderen und allem. Diese Einheit ist offen, ob wir es wollen oder nicht" (ebd., S. 39). Diese Möglichkeit der Offenheit in der systemischen Geschlossenheit ist es, die Lehren und Lernen verbindet und auch die Vorstellung, dass Lehren überhaupt möglich ist, nicht gänzlich ad absurdum führt. Die in der Reggio-Pädagogik angelegte Idee beinhaltet ebenso wie die Ermöglichungsdidaktik die Vorstellung, dass es keine vorgefertigten Arrangements geben kann, sondern es für Lernende von Bedeutung ist, die Suche nach ihren eigenen Notwendigkeiten selbst zu gestalten:

> „Ähnlich wichtig für sie ist die Möglichkeit, sich selbst auf die Suche nach kreativen Problemlösungsstrategien, nach fachlich nicht gebundenem Wissen und nach einer Individualität zu begeben, in der Reflexivität und Sensibilität einen ähnlichen Stellenwert haben. Voraussetzung hierfür ist ein nicht unterbrochener Prozess der Ausdifferenzierung von Denk- und Handlungsfähigkeiten" (Malaguzzi 1985, S. 64).

Die Idee, dass Lernende nur selbst auf die Suche gehen können, drückt sich in den ermöglichungsdidaktischen Vorstellungen darin aus, dass Lernende auch nur selbst durch diese Suche bzw. „Suchbewegungen" (Tietgens) lernen können. Insofern trifft die Ansicht der Vertreter der Reggio-Pädagogik, die feststellen, „Wir erziehen nicht zur Kreativität, wir erziehen die Kreativität" (zitiert nach Laewen u.a. 1998, S. 9) auch hier zu, denn Ermöglichungsdidaktik hat einen ähnlichen Anspruch: Wir leiten nicht zum Lernen an, sondern begleiten das Lernen (vgl. Meueler 2001).

In diesem Buch sollen daher zunächst die Blicke auf die Ausgangsbedingungen des Lernens gelegt werden, die sich durch die Anforderungen einerseits und die Vorstellung von eigenständigem Lernen andererseits ergeben. Die Einsicht, dass Wissen und Wahrheit relativ sind, hat Konsequenzen für Lehren und Lernen. Beim Lernen werden keine Bilder verinnerlicht, sondern eigene Wirklichkeiten entwickelt. Diesen Prozess gilt es zu unterstützen. Dabei werden Leitlinien fixiert, die eine systemisch-konstruktivisitische Didaktik ausmachen.

Wir können uns hierbei von Hans Dieter Huber (1998) leiten lassen, der in einem Aufsatz das Problem der Farbwahrnehmung in der Kunstgeschichte beschreibt und darlegt, wie sich die Perspektive wandeln muss. Farbe, lange Zeit als Besitz von Gegenständen aufgefasst, wird nunmehr als Resultat von Beobachtung, Beschreibung und Erklärung eines Beobachters gefasst.

„Mit dieser Akzentverschiebung von einer Ontologie der Farbe zu einer Ontologie neuronaler Aktivitäten ist der Weg zu einer konstruktivistischen Auffassung von Farbwahrnehmung und Kunsterfahrung aufgewiesen. Wir müssen unsere Aufmerksamkeit konsequenterweise von den ‚Eigenschaften' des beobachteten Gegenstandes zur Operationsweise des beobachtenden Systems verlagern. Statt von Farbeigenschaften zu reden, müssen wir darüber sprechen, wie das kognitive System eines bestimmten Beobachters die Begriffe von Farbe und von Farbeigenschaften konstruiert und in bestimmten sozialen Situationen verwendet" (ebd., S. 66).

Auch in der Erwachsenenbildung muss der Blick von den Eigenschaften der Lernenden auf die beobachtende Person – zum Beispiel die Lehrenden – gerichtet werden, denn dann wird deutlich, wie Lernende aus dieser Beobachterperspektive heraus konstruiert werden. Auf diese Weise lässt sich ein Beitrag zu einer pädagogischen Professionalität leisten, die Voraussetzung für einen ermöglichungsdidaktischen Perspektivenwechsel ist.

1. Gegenwartstendenzen und Zukunftsszenarien

„Auch aus nichts wird etwas.
Aber es muß in ihm zugleich angelegt sein.
So läßt sich keinem etwas geben,
was er nicht vorher hat.
Mindestens als Wunsch hat,
sonst wird das Gereichte nicht
als Geschenk empfunden.
Gefragt muß es gewesen sein,
wenn auch nur in einem dunklen Gefühl.
Nichts wirkt als Antwort,
was nicht vorher gefragt gewesen ist.
Daher bleibt soviel Helles ungesehen,
als wäre es nicht da."

(Ernst Bloch 1962, S. 17)

Spätestens seit dem Jahr 2000, als auf dem EU-Gipfel in Lissabon beschlossen wurde, den „wettbewerbsfähigsten und dynamischsten wissensbasierten Wirtschaftsraum in der Welt" (EU-Gipfel 2000) zu schaffen, hat sich der Begriff der „Wissensgesellschaft" endgültig in allen gesellschaftlichen Diskursen etabliert. Wandel scheint dabei ein beliebter Terminus zu sein, um die Umbrüche von der Industrie- zur Wissens- und Dienstleistungsgesellschaft zu beschreiben. Und dieser Wandel zeigt sich dann in ökonomischer Hinsicht an der Ablösung der industriellen Fertigung durch die Dienstleistungsökonomie, am veränderten Verhältnis von Wissensarbeit und eigentlicher Produktion zugunsten der Erhöhung der Anteile der Wissensarbeit sowie an der Aufwertung der Dienstleistungsberufe und der zunehmenden Bereitschaft zum lebenslangen Lernen (vgl. Bonß, o.J.). Auch in der technisch und wirtschaftlich hochstehenden Industriegesellschaft war Wissen ein durchaus gefragtes Gut, das heutige Wissenswachstum scheint aber ungleich unbegrenzter und explosiver und damit unübersichtlicher zu sein.

Ein Rückblick auf die Debatte um die Wissensgesellschaft zeigt dabei, dass nach einer ersten Auseinandersetzung um die Wissensbasierung der entstehenden Industriegesellschaften durch gesellschaftstheoretische Größen wie Karl Marx oder Max Weber die moderne Wissensgesellschaft ihren Ausgang in den 60er Jahren des vergangenen Jahrhunderts nahm. Die Analysen des amerikanischen Management-theoretikers Peter F. Drucker, der von Wissensarbeitern (Drucker 1958) sprach, markieren den Beginn der neuen Diskussion und werden in den Schriften von Robert Lane (1966) fortgesetzt, der den Begriff der Wissensgesellschaft endgültig prägte. Lane schlug vor, die Wissensgesellschaft („Knowlegdeable Society") als eine Gesellschaft zu fassen, deren Mitglieder sowohl Mensch und Natur als auch Gesellschaft erforschen und sich hierbei an wissenschaftliche Beweis- und Schlussfolgerungs-regeln halten. Zur Erlangung des umfangreichen Wissens werden dabei beträchtliche Mittel eingesetzt, damit das zusammengetragene, geordnete und interpretierte Wissen auf Einzelfälle anwendbar wird und der Weiterentwicklung von Wertvorstellungen und Zielen dienen kann. Hintergrund für diese Ausführungen war die zunehmende Bedeutung des Wissens nach dem zweiten Weltkrieg, das zu einem wesentlichen Faktor für Wohlstand und Wertschöpfung geworden war. Als Anschlussarbeit an diese Vorarbeiten kann die Studie „The Coming of Post-Industrial Society" von Daniel Bell (1985) betrachtet werden, der die prominente Stellung des Wissens beschreibt:

„Die nachindustrielle Gesellschaft ist in zweifacher Hinsicht eine Wissens-gesellschaft: einmal, weil Neuerungen mehr und mehr von Forschung und Ent-wicklung getragen werden (oder unmittelbarer gesagt, weil sich auf Grund der zentralen Stellung des theoretischen Wissens eine neue Beziehung zwischen Wissenschaft und Technologie herausgebildet hat); und zum anderen, weil die Gesellschaft [...] immer mehr Gewicht auf das Gebiet des Wissens legt" (Bell 1985, S. 219).

Diese zweite Phase der Diskussion um die Wissensgesellschaft wird von Martin Heidenreich (2003, S. 36) als die Phase betrachtet, in der „die Wissensgesellschaft der 60er und 70er Jahre [...] als verwissenschaftlichte, dienstleistungszentrierte, akademisierte Gesellschaft konzipiert wurde." Das theoretische Wissen wurde damit gegenüber Arbeit und Kapital in seiner Bedeutung hervorgehoben und beanspruchte die Führungsrolle im Hinblick auf die Ausrichtung einer Gesellschaft.

Auch die jüngsten Äußerungen heben zwar in Bezug auf die Wissensgesell-schaft immer noch die zentrale Bedeutung des wissenschaftlichen Wissens hervor, allerdings ist die Diskussion inzwischen angereichert um den Verweis auf die erfah-rungsbasierten, technischen oder organisatorischen Wissensanteile (vgl. hierzu Stehr 1994; Willke 1998). Auffallend ist nun auch die Thematisierung von Nicht-Wissen als Konsequenz aus der zunehmenden Wissensproduktion und damit als Quelle für Verunsicherungen und Risiken.

Wer dem Wandel, der immer auch Flexibilität und Schnelligkeit impliziert, nicht gewachsen ist, der – so scheint uns die Umgebung zu suggerieren – bleibt auf der Strecke. In Zeiten komplexer Veränderungsprozesse, die sich auf so viele gesellschaftliche Bereiche erstrecken, muss deshalb auch der Umgang mit Wissen neu geregelt werden, und dies sowohl auf der individuellen Ebene als auch auf der organisationalen Ebene. Beide, Individuen und wissensbasierte Organisationen, haben sich den Veränderungsprozessen zu stellen – Stichworte sind in diesem Zusammenhang Globalisierung, Pluralisierung oder Virtualisierung – und müssen ihre Fähigkeit ausbauen, „Wissen zu erzeugen und lösungsorientiert anzuwenden" (Willke 1998, S. 263), aber auch anzupassen oder zu erneuern. Dies geht in aller Deutlichkeit aus der Diskussion um lebenslanges Lernen hervor, denn die Fähigkeit hierzu schafft den entscheidenden Wettbewerbsvorteil (Deutsche UNESCO-Kommission 1997, S. 17). Nur wer seine Lernfähigkeit erhält bzw. ausbaut wird in der Lage sein, flexibel mit den Anforderungen umzugehen und eine angemessene gesellschaftliche Rolle am Arbeitsplatz und im sozialen Umfeld zu spielen. Wissen und Information sind damit der Motor und der Wettbewerbsvorteil für den Einzelnen und für Organisationen. Beide Begriffe müssen hierbei getrennt betrachtet werden: „Man kann Wissen als Fähigkeit zum Handeln (Handlungskapazität) definieren, d. h. als die Möglichkeit, etwas in „Gang zu setzen", so schreibt Stehr (2000, S. 81) und unterscheidet hierbei dieses Handlungswissen – als Ressource des Individuums – von Informationen, die lediglich zu routiniertem und gewohnheitsmäßigem, also nicht reflektiertem Handeln führen. Wissensgesellschaft wird unter dieser Perspektive zu einer Gesellschaft, in der verfügbare Kenntnisse dazu dienen, bewusste und sinnhafte und damit auf der Basis von Werten, Zielen und Visionen reflektierte Handlungen zu initiieren. Wobei damit diese Vorstellung von Wissen einen starken Bezug zur Idee von Bildung hat, wie de Haan und Poltermann (2002) beschreiben, jedoch weist „Bildung […] über Wissen insofern hinaus, als sich mit ihr *Selbstreflexivität* verbindet" (ebd., S. 10).

Im Zentrum von Bildungsprozessen steht damit nicht die Anhäufung von einzelnen abrufbaren Informationen, sondern die Möglichkeit der produktiven Verwendung von Informationen, die Bedeutung erlangt haben und so zwischen dem wissenschaftlichen Wissen und den persönlichen oder gesellschaftlich verwendeten Wissens- und Erfahrungskontexten eine Verbindung herstellen. Hiermit wird gleichzeitig das Augenmerk auf ein Spannungsverhältnis gelegt, das sich für den lebenslang lernenden Erwachsenen zur Handhabung der komplexen Veränderungsprozesse ergibt: So dient lebenslanges Lernen einerseits dazu, die Autonomie der lernenden Person zu stärken, die mehr Selbstverantwortung für das eigene Lernen übernimmt. Andererseits geht es darum, die Lernprozesse aus äußeren Umständen heraus zu intensivieren, weil der Druck und die gesellschaftlichen Erwartungen zunehmen, um sich den beruflichen Herausforderungen zu stellen (Kade 2005, S. 20). Auch auf der Ebene der Evaluation der Lernprozesse spiegelt sich dieses Spannungsverhältnis wider, wenn auf der einen Seite das autonome Individuum mit seinen individuellen Lernprojekten unterstützt und gefördert und es zur selbständigen Abgleichung seiner Lernziele und -ergebnisse aufgefordert wird und auf der anderen Seite die Debatte um Zertifizierung auch informeller Lernprozesse oder um die Entwicklung von Portfolios dazu dienen soll, jede Art von Lernprozess und erworbener Kompetenz für das Arbeitsleben bzw. den Wiedereinstieg in das Arbeitsleben verwertbar zu machen.

Flexibilität wird damit zum Zauberwort: Sowohl die Mitarbeiter, als Transporteure und Archivare von Wissen, als auch die Rahmenbedingungen, die eine Organisation bieten muss, sollen flexibel angelegt sein. Dies verlangt auch nach einem darauf abgestimmten Wissensmanagement, das über die Schaffung eines Intranets hinaus auch die Förderung von individuellen und organisationalen Lernkulturen im Blick haben muss, so dass jeweils punktgenau das erforderliche Wissen erlangt werden kann. In der Konsequenz verlangt dies dann aber auch entsprechende Führungskräfte, „die Führung als Dienstleistung für ihre Mitarbeiter verstehen und als Coach und Personalentwickler für ihre Mitarbeiter agieren" (Bensel 2001, S. 3).

Die Frage des Umgangs mit den Anforderungen, die die Wissensgesellschaft an Individuen und Gesellschaft stellt, und erste Überlegungen zum produktiven Umgang mit diesen Anforderungen stehen im Mittelpunkt des folgenden Kapitels. Hierbei wird deutlich, dass die heutige Sicht auf die Gesellschaft als einer Gesellschaft, die sich mit Wissen und Nicht-Wissen auseinander zu setzen hat, auch einen Abschied bedeutet vom eher statischen Konzept der lebensvorbereitenden (Aus-)bildung, die durch Anhäufung von Detailinformationen auf „das Leben vorbereitet". Hingegen steht unter dem veränderten Verständnis von Wissensgesellschaft die Bedeutung des lebenslangen Lernens und die damit verbundene notwendige Kompetenzentwicklung im Vordergrund. Gerade der Umgang mit Nicht-Wissen macht deutlich, dass die inhaltsfixierte Bildung an ihre Grenzen stößt und die Irritationen und Ängste nicht auffangen kann, die damit verbunden sind. Eine dynamische Sichtweise, die im Gegensatz dazu die Subjektstärkung in den Mittelpunkt stellt, kann – so die ermöglichungsdidaktische Begründung des Lernkulturwandels – auch mit der Vielfalt des lebenslangen Lernens in der Wissensgesellschaft besser umgehen.

1.1 Anforderungen und Erwartungen an die Wissensgesellschaft

Die Frage, welche Anforderungen das gesellschaftliche Umfeld sowie die zukünftigen Entwicklungen in den Lebenswelten, Arbeitszusammenhängen und Milieus an die Bildung der jungen und erwachsenen Gesellschaftsmitglieder stellt, war seit jeher eine der Schlüsselfragen des bildungstheoretischen Nachdenkens sowie des bildungspolitischen Handelns und Entscheidens. Da die Interpretationen zu dieser Frage standpunktabhängig und interessenbehaftet sind, finden sich keine eindeutigen und konsensfähigen Antworten, und auch die Wissenschaft konnte hierzu bislang keine endgültige Klarheit liefern. Dies zeigen insbesondere die Bemühungen der Curriculumforschung, durch eine Analyse der zukünftigen Verwendungsmöglichkeiten zu gültigen prognostischen Aussagen bezüglich der zu treffenden curricularen Ausrichtungen zu gelangen. Trotz erheblicher forschungsmethodischer Anstrengungen lag man nur selten „richtig". Wohl konnte man zum Beispiel im „Wissens- und Bildungsdelphi" von 1996 / 98 (vgl. BMB+F 1998) Experteneinschätzungen zur Frage der zukünftigen Qualifikations- und Kompetenzanforderungen sammeln und zu Trendprognosen verdichten, doch wurde diese Trendprognose, wie auch andere, in Teilen von der gesellschaftlichen und technologischen Entwicklung überrollt oder gar konterkariert. So wurde das Entstehen der neuen Medienberufe, welche sich auf den Arbeitsmärkten u. a. durch das Verschmelzen softwarebezogener sowie kaufmännischer Kompetenzanforderungen ergaben, nur von wenigen zutreffend vorausgesehen, und auch die großen Hoffnungen, die sich mit dem „Weg in die Dienstleistungsgesellschaft" verbanden, erwiesen sich weitgehend als Überschätzungen.

Welche Konsequenzen lassen sich aus diesem *Prognosedefizit* der Wissenschaft für die Kernfrage des Bildungswesens, nämlich die Frage, was Schülerinnen und Schüler, aber auch Auszubildende und Erwachsene lernen sollen, ziehen? Die denkbare Antwort ist – nimmt man die einschlägigen Debatten in den Blick – eine dreifache:

a) Präzisierung der Forschungsmethoden

Man kann sich darum bemühen, das methodische Instrumentarium der prognostischen Forschung noch weiter zu verfeinern, um vielleicht doch noch in breiten Bereichen, *die* Vorhersageeindeutigkeit zu gewährleisten, von welcher eine verantwortliche Bildungspolitik dann ausgehen kann. Dieser Weg wird von vielen modernen Gesellschaften beschritten, und auch die internationalen Organisationen, die für

Bildung und Kompetenzentwicklung (z. B. in Entwicklungsländern) zuständig sind, fällen ohne entsprechende Feasibility-Studien keine Entscheidungen. Das heißt, neue Projekte werden aufgrund von Durchführbarkeitsstudien hinsichtlich ihrer Chancen auf dem Markt, ihrer technischen Umsetzbarkeit, ihrer Umweltverträglichkeit sowie ihrer Wirtschaftlichkeit überprüft. Eine ganze Zunft von Arbeitsmarkt- und Berufsforschern „lebt" von diesem Bemühen, das Unvorhersehbare sichtbar werden zu lassen, was in Einzelfällen dann auch gelingt, woraus sich aber keine wirklich tragenden Leitlinien und Verallgemeinerungen für eine gestaltende Bildungs- und Qualifikationspolitik ergeben. Unausgesprochen basiert dieses Bemühen auch auf der These, dass die Frage, ob und in welchem Umfang sich für den Einzelnen Beschäftigungsmöglichkeiten ergeben, davon abhängig sei, dass er möglichst „bedarfsgemäß" ausgebildet werde. So könne Bildungspolitik Arbeitsplätze schaffen, wofür wirklich wenig spricht, wie schon der Blick auf die häufig gescheiterten Versuche zeigt, beispielsweise den Bedarf an Lehrerinnen und Lehrern der Schulen vorherzusagen.

b) Systemische Sicht der Kompetenzfrage

Man kann sich bei der Beurteilung der Frage, welche Bildungs- und Kompetenzanforderungen die Zukunft mit sich bringen wird, damit „abfinden", dass wir eben nicht sicher wissen können, wie diese beschaffen sein wird, und es deshalb auch wenig Sinn macht, die Erwartungen allzu stark auf eine Bedarfsprognostik zu richten. Man verlässt dann vollständig die curriculumtheoretische Hauptannahme, eine prospektive Analyse „späterer Verwendungssituationen" (S. B. Robinson) sei conditio sine qua non für eine aktive und gestaltende Bildungspolitik, und fokussiert statt dessen auf das Subjekt, den Träger von Bildung und Kompetenz. Gefragt wird dann nach den subjektiven Voraussetzungen, welche im Einzelnen entwickelt werden müssen, damit dieser seine Qualifikationen und Kompetenzen selbständig an neue Anforderungssituationen anzupassen in der Lage sein wird. Diese Position geht somit völlig anders mit dem Wandel um: Man verlässt das ingenieurwissenschaftliche Paradigma der Machbarkeit (Motto: „Zukunft kann vorausgesehen, geplant und gestaltet werden!"), um sich einer stärker systemischen Sicht anzunähern, für die das Motto leitend ist: „Zukunft ist kontingent, sie kann nur in der Zukunft selbst angemessen beurteilt und gestaltet werden!" „Systemisch" ist eine solche Sicht des Kompetenzproblems deshalb, weil sich aus ihr die Entscheidung ergibt, nicht den Wandel selbst antizipieren, planen und gestalten zu wollen, sondern die Subjekte auf die aktive Gestaltung ihrer Lebens- und Arbeitssituationen vorzubereiten. Es sind also die Akteure selbst, die in den Blick geraten, und es ist die Frage, über welche Kompetenzen und Qualifikationen diese verfügen müssen, um ihr Leben als eigenes biographisches Projekt in sich wechselnden Gegebenheiten und Gelegenheiten produktiv gestalten zu können.

Nur am Rande sei erwähnt, dass das Antizipationsdenken – unter konstruktivistischer Perspektive – immer auch ein Fortschreibungsdenken ist. So geht es stets um die Weiterentwicklung bzw. „Neuordnung" von Bildungs- und Qualifizierungsangeboten, nur selten kommt die Frage nach der Sinnhaftigkeit des Gesamten wirklich auf. Schule, Ausbildung, Studium usw. sind deshalb immer – auch in ihren reformierten Formen – Fortschreibungen des Bekannten, kaum versucht man diese „neu zu denken" (von Hentig 2003) bzw. über das Bekannte hinaus zu denken. Man orientiert sich somit überhaupt nicht an der Zukunft, sondern sieht diese vielmehr immer durch die Brille des Bekannten, das in der Gegenwart und Vergangenheit in Erfahrung gebracht wurde. Deshalb ist der Zusammenhang zwischen Bildungs- und Beschäftigungssystem durch eine Wechselseitigkeit gekennzeichnet, die als solche nur selten bewusst ist: Zwar bemühen sich Teile des Bildungssystems um Antizipation, Prognose und Neuordnung, doch „muss" das Gesellschaftssystem immer auch mit dem zurecht kommen, was ihm das Bildungssystem – aus welcher Traditionsgebundenheit heraus auch immer – liefert. Viele Abnehmerkontexte antizipieren deshalb in umgekehrter Blickrichtung diese „Zulieferungen", um auf diese korrigierend, ergänzend, anpassend zu reagieren. Die eigentliche Frage der Antizipationisten ist deshalb auch bei genauerer Betrachtung überhaupt nicht die Frage nach den zukünftigen Anforderungssituationen, sondern immer deren „erfahrungsgefilterte" Version: „Wie können wir das Bekannte so reformieren, dass den absehbaren zukünftigen Anforderungen Rechnung getragen werden kann?" Diese Version ist sicherlich pragmatisch, doch schränkt sich der Blick auf das Neue durch die Brille der Erfahrung eben auch selbst ein: Einiges „gerät nicht in den Blick", und in anderem erkennen wir nur das, was wir aufgrund unserer Vorerfahrungen erkennen können. Deshalb ergibt sich eine denkbare Radikallösung auch durch die Frage, ob neben dem Umbau von Sozialsicherungssystemen nicht auch ein Umbau der Bildungssysteme ansteht, der durch den Gedanken eines Systemwechsels gekennzeichnet ist.

c) Biographische Neubestimmung von Bildungszeiten

Schließlich kann man zu der Frage nach den zukünftigen Bildungs- und Kompetenzanforderungen der modernen Gesellschaften auch eine mehr bildungspolitische als bildungsinhaltliche Konsequenz ziehen, die bereits angedeutet wurde. Wenn der Wandel nicht wirklich prognostizierbar ist, und wenn das, was wir über ihn zu sagen wissen, immer auch eine Fortschreibung des Bekannten ist, dann ergibt sich die Frage, ob wir ihm bildungspolitisch nicht in anderer Weise als durch Anpassungswettläufe Rechnung tragen sollten. Gemeint ist die Tendenz, gewandelte Anforderungssituationen dann zu berücksichtigen, wenn sie sich im Lebenslauf einstellen, wofür bisweilen auch das unschöne Wort von der „Just-in-time-Qualifizierung" verwendet wird. Bildung und Kompetenzentwicklung werden dann zu einem biographischen Thema und verlieren ihre „lebensvorbereitenden" Konnotationen. Diese Tendenz ist in den Debatten um das Lebenslange Lernen oder das lebensbegleitende Lernen schon vielfach angedeutet oder gar vorweggenommen worden, und auch in betrieblich-beruflichen Kontexten finden sich zahlreiche Regelungen, die die eigentlich verwendungsbezogenen Qualifizierungen in das Erwachsenenalter hinein verlagern. Damit zeichnet sich eine biographische Verschiebung und auch Veränderung der Bildungszeiten ab, die dadurch gekennzeichnet ist, dass vorbereitende Bildung und Ausbildung einen mehr subjekt- und persönlichkeitsorientierten und damit allgemeinen Charakter erhalten, während alles, was an spezifischem Know-how erforderlich ist, in der – lebenslangen – Weiterbildung durch geeignete Angebotsformen dann „bereitgestellt" wird, wenn es aktuell wird. Man erreicht seinen gesellschaftlichen und beruflichen Status nicht mehr, indem man bereits früh begonnen hat, sich auf spezialisierte Wissensbestände einzulassen, sondern man erreicht und erhält seine Position vielmehr dadurch, dass man sich paradoxerweise erst in der Position wirklich „auf diese vorbereitet". Nun ist eine solche biographische Neubestimmung von Bildungszeiten im konkreten Fall sicherlich noch schwer vorstellbar, da wir gewohnt sind, dass nur solche Menschen auf bestimmte Positionen gelangen, die sich inhaltlich auf diese vorbereitet haben, doch wirft eine genauere Betrachtung dieses überlieferten Denkens sehr wohl die Frage auf, ob dies denn wirklich auch immer so war. So sind Führungskräfte, die nach einem technischen Studium als Bereichsleiter in eine Führungsposition hineingewachsen sind, bereits nach wenigen Jahren den neu in ihre Abteilung kommenden Ingenieuren fachlich häufig unterlegen und in ihrem eigenen täglichen Tun überwiegend mit anderen als technischen Fragen befasst. Dieses Beispiel zeigt sehr deutlich, dass wir in unserem Bildungs- und Berechtigungssystem Regelungen haben, in denen eine fachliche Ausbildung mehr den Charakter einer „Eintrittskarte" in eine Position hat, da diese in ihren tatsächlichen Anforderungen dann häufig ganz andere Kompetenzen erfordert als diejenigen, die der Stelleninhaber auf seinem bisherigen Weg erworben hat.

Im Zusammenhang mit der Frage nach den zukünftigen Bildungs- und Kompetenzanforderungen wird häufig auch auf die spezifischen Besonderheiten der sogenannten „Wissensgesellschaft" verwiesen. Diese ist – so die vorherrschende Argumentation – dadurch gekennzeichnet, dass Wissen zu einer Schlüsselvariable des individuellen, betrieblichen und gesellschaftlichen Fortschritts geworden ist. Ob und in welcher Form Systeme ihren Zugang zu und ihren Umgang mit Wissen organisiert haben, wird mehr und mehr zur Grundvoraussetzung dafür, ob es ihnen gelingt, anstehende Probleme sachangemessen und erfolgreich zu bewältigen. Die Rede ist in diesem Zusammenhang von einem „Wissensmanagement", welches auch und gerade für lernende Organisationen die Ebene markiert, auf der sich deren Lernen vollzieht. Gemeint ist damit, dass die Verfügbarkeit von Wissen in solchen organisationalen Kontexten anders organisiert sein muss als dadurch, dass ihre Mitglieder über berufliches Fachwissen verfügen oder dieses gar monopolisieren. Notwendig ist der kooperative Umgang mit Wissen, wobei es darum geht, das Wissen eben nicht zu monopolisieren, sondern zu „teilen" und für alle zugänglich zu machen. Solche lernenden Kontexte leben gerade dadurch, dass das in ihnen erfolgreich wirksame „implizite Wissen" für möglichst alle Organisationsmitglieder sichtbar, also explizit wird, wobei der Einsatz und die Nutzung neuester Technologien (Assistenzsysteme, Expertensysteme usw.) eine wichtige Rolle spielen. Notwendig ist aber auch eine Veränderung der Führungs- und Kooperationskultur in solchen wissensbasierten „lernenden" Systemen: Hierarchie- und Zuständigkeitsunterschiede können nicht mehr länger durch den regulierten Ausschluss von organisational relevantem Wissen geregelt werden, wodurch die betrieblichen und sozialen Ungleichheiten in eine bislang noch kaum in den Blick genommene Legitimationskrise geraten. Die These von Francis Bacon (1597) „scientia est potentia", landläufig durch „Wissen ist Macht" übersetzt, deutet das dabei wirksame Paradoxon an: Wenn der Wissenszugang nicht mehr exklusiv festgelegt ist, müssen andere Erklärungen für die Rechtfertigung von Positions- und Vergütungsungleichheiten gefunden werden, so gesehen frisst die Wissensgesellschaft ihre Kinder.

Doch auch auf der individuellen Ebene wandelt sich in der Wissensgesellschaft die Bedeutung des Wissens. Wissen ist auch für den einzelnen nicht mehr das, was es einmal war: nämlich eine mehr oder weniger sichere Perspektive für Bildungsaufstieg und Kompetenzzuwachs. Auch hierbei geht von der eskalierend ansteigenden Wissens- und Informationsflut eine auflösende Kraft aus. Wenn wesentliche Bestandteile des Wissens flüchtig sind, dann stellt sich die Frage, ob und inwieweit diese noch als „Baumaterial" für den Aufbau und die Entwicklung einer beruflichen und gesellschaftlichen Handlungskompetenz „taugen". Solche Überlegungen lenken den Blick auf die Grundfragen: Was ist Wissen? Und: Welche bildungstheoretische Bedeutung kommt diesem zu? Eine Klärung der ersten – definitorischen – Frage kann an den wissenssoziologischen und auch phänomenologischen Debatten anschließen, wobei sich folgende Definitionselemente rekonstruieren lassen:

- *„Wissen" ist mehr als Information,* es ist vielmehr die strukturierte und kohärente Gesamtheit, in der einzelne Informationen erst ihre Bedeutung und Gewichtung erhalten. Als solche ist diese Gesamtheit immer eine überlieferte Struktur oder schließt an „Überlieferung" an. Wissen ist somit ein soziales Produkt. Kein einzelnes Individuum kann quasi solipsistisch eine solche Gesamtheit erzeugen und kommunizieren; bereits der Sprachgebrauch stellt Anschluss an das vorfindliche Denken, Deuten und Erklären her. Insofern sprechen wir von „Wissen" als einem Produkt der gesellschaftlichen Entwicklung. Durch die gesellschaftliche Teilhabe an Wissen und dem Kampf um Erklärungen und um das bessere Argument entsteht Öffentlichkeit, das charakteristische Forum demokratischer Gesellschaften. Diese entfalten ihre Dynamik vor dem Hintergrund der technologischen Möglichkeiten und Praxen des Wissenserwerbs und der Wissensvermittlung, wie eindrucksvoll die Geschichte der Erfindung und Verbreitung des Buchdruckes verdeutlicht (vgl. Giesecke 1998).

- *Wissen ist strukturiert.* Dies bedeutet, dass ihm eine innere Systematik logischer Zu- und Unterordnungen sowie erkenntnistheoretischer Relevanzen innewohnt. Nicht alles, was gewusst werden kann, ist gleichermaßen bedeutsam. Es gibt *Spezialisierungswissen,* welches nur in Fachkreisen Verständigung ermöglicht, demgegenüber lassen sich Elemente eines Umgangswissens bestimmen, welches für die Orientierung im lebensweltlichen, gesellschaftlichen und beruflichen Alltag für alle Gesellschaftsmitglieder gleichermaßen relevant ist. Welche Wissensbestände in einer Gesellschaft zum Umgangs- oder Orientierungswissen zählen, ist nur im Rahmen einer Auseinandersetzung zwischen den relevanten Akteuren – in einem „Kampf der gesellschaftlichen Mächte" (Erich Weniger o.J.) – einem einigermaßen tragfähigen Konsens zuzuführen. Dies zu organisieren, zu regeln und zu moderieren, ist eine wesentliche Aufgabe staatlicher Bildungspolitik. Bildung unterliegt so in ihren inhaltlichen Festlegungen der gesellschaftlichen Interessenpolitik, und sie folgt nicht der Argumentation der Bildungstheorie oder den Ergebnissen pädagogischer Forschung. Interessanterweise wird dieser Sachverhalt im Rahmen der sich „nach PISA" ausweitenden Schulkritik kaum kritisch in den Blick gerückt, weshalb die gesellschaftlich organisierte Wissensvermittlung im Prokrustesbett der sich wechselseitig lähmenden Interessen in ihren überlebten Traditionen zu erstarren droht.

- *Wissen ist extern gespeichert und wirkt nur über Aneignung kompetenzbildend.* Das gesellschaftlich erarbeitete Wissen „begegnet" dem einzelnen Subjekt in einer irgendwie konservierten Form (Bücher, Download usw.) als externer Bestand. Damit aus diesem ein individuell verfügbares Kompetenzelement wird, muss es vom Subjekt in Lernprozessen „angeeignet" werden. Diese Aneignung durch Lernen setzt eine Aktivierung eigener geistiger Prozesse voraus, die im Verstehen und Merken von Sachverhalten und Zusammenhängen ihren Ausdruck finden. Wenn ein Subjekt über diese Zusammenhänge kompetent und sachverständig Auskunft geben oder gar das erworbene Wissen kritisieren, weiterentwickeln oder anwenden kann, gehen wir davon aus, dass dieses Wissen angeeignet werden konnte. Darüber, wie dies im einzelnen geschieht, gibt es Vermutungen, teilweise auch schlichte Erklärungen, die das gelingende Lernen allzu vordergründig mit dem Lehren verbinden, wobei leicht übersehen wird, dass Lernen immer eine sehr autonome, eigenaktive und selbstgesteuerte Leistung des Subjektes ist. Deshalb stellt der Hirnforscher Gerhard Roth fest: „Wissen kann nicht übertragen werden, es muss im Gehirn eines jeden Lernenden neu geschaffen werden" (Roth 2003, S. 20) – ein Sachverhalt, den Horst Siebert mit den Worten beschreibt:

„Komplexe Lernvorgänge setzen sich aus unterschiedlichen Aktivitäten zusammen: aus sinnlichen Wahrnehmungen des Sehens, Hörens, Riechens, aus Kognitionen, Emotionen und psychomotorischen Fertigkeiten. Erkennen erfolgt weitgehend autopoietisch, das heißt selbsttätig, und ist keine bloße fotographische Abbildung der Umwelt, sondern das Gehirn ist mit der Umwelt lediglich ‚strukturell gekoppelt‘. Erkennend nehmen wir die Welt nicht wahr, ‚wie sie wirklich ist‘, sondern wir erzeugen in unserem Kopf Wirklichkeiten, die erfolgreiche lebensdienliche Handlungen ermöglichen" (Siebert 2003, S. 13).

- *Es gibt verschiedene Arten von Wissen.* Die Rede von *der* Wissensgesellschaft verstellt eher den Blick auf die Disparatheit und die Diversifizierung der verschiedenen Wissensformen, die sich mit dem Wandel des Wissens in der modernen Gesellschaft ergeben. „Wissen ist auch nicht mehr das, was es einmal war!" – diese Formulierung zielt darauf, den Blick dafür zu öffnen, dass unser Wissensbegriff in sich zu material ist. Wir sind gewohnt, die Inhalte, Beschreibungen und Deutungszusammenhänge als „Wissen" zu bezeichnen, die sich uns in verschriftlichter Form präsentieren. Darüber hinaus existieren aber Wissensformen, die eher reflexiver Art sind. Dies sind Wissensformen, die nicht selbst eine Erklärung zum Inhalt haben, sondern sich auf die Beschaffung von Wissen, die Lösung von Problemen, die Organisation des eigenen Lernprozesses, die Hinterfragung vorgetragener Geltungsansprüche, Möglichkeiten der Zusammenarbeit mit anderen sowie das Kennenlernen der eigenen Person mit all ihren bevorzugten Deutungs- und Fühlmustern beziehen (vgl. Arnold/Schüßler 1998). Dieses Wissen liegt quer zu den materialen Wissensformen, wie sie die Vermittlungspraxis in unseren Bildungsinstitutionen charakterisieren. Wenn man über dieses Wissen verfügt, dann weiß man nicht „etwas", sondern kennt Wege, seinen eigenen Erkenntnis-, Lern- und Handlungsprozess zu verstehen und zu verändern. Es ist ein aktives Wissen, ein „Wissen in Aktion" (Argyris 1997), welches sich nach anderen Maßstäben bemisst und beurteilen lässt als das „tote Wissen", welches „gewusst", „repetiert" und in Prüfungssituationen „abgegeben" werden kann. Wer über reflexives oder aktives Wissen verfügt, kann dieses nur im Handeln selbst zeigen, weshalb es für ihn auch nicht wichtig ist, feste Wissensbestandteile „absolviert" zu haben, entscheidend ist vielmehr, dass er eine bestimmte Kompetenz „zeigt". Diese Unterscheidung verdeutlicht, wie weit die Wissenspraxis in unseren Bildungsinstitutionen noch vom Ideal eines aktiven Wissens entfernt ist.

Die Frage, welche Bildungs- und Kompetenzanforderungen mit der Entwicklung zur Wissensgesellschaft einhergehen, kann ohne einen Blick auf die Zumutungen, die diese für den einzelnen mit sich bringt, nicht wirklich angemessen beurteilt werden. Die zentrale Zumutung, die die beschriebenen Tendenzen für das Subjekt bereithalten, ist die der lebenslangen „Lernfähigkeit". Dies markiert u.a. der UNESCO-Bericht zur Bildung für das 21. Jahrhundert, dessen deutscher Titel lautet: „Lernfähigkeit: Unser verborgener Reichtum" (Deutsche UNESCO-Kommission 1997). Dieser Bericht enthält nichts anderes als eine Bildungstheorie der Zukunft, die Bildung nicht als elitären Wissensbesitz auffasst, sondern als Kompetenzbündel für das Leben und Überleben in einer sich globalisierenden Weltgesellschaft. Ausgangspunkt der Überlegungen ist dabei die Beobachtung, „[...] dass Bildung bei der Entwicklung des Individuums und der Gesellschaft eine fundamentale Rolle spielt" (ebd., S. 11). Aus diesem Grunde setzt der Bericht auf einen Bildungsbegriff, welcher Bildung als „Kern der Persönlichkeitsentwicklung und der Gemeinschaft" (ebd., S. 15) versteht: „Ihre Aufgabe ist es, jeden von uns, ohne Ausnahme, in die Lage zu versetzen, all unsere Talente voll zu entwickeln und unser kreatives Potential, einschließlich der Verantwortung für unser eigenes Leben und der Erreichung unserer persönlichen Ziele, auszuschöpfen" (ebd., S. 15). Damit ein solches Bildungskonzept weltweit realisiert werden kann, kommt der systematischen Förderung und Entwicklung der Lernfähigkeit eine grundlegende Bedeutung zu. In dem Kapitel über das „Lebenslange Lernen" schreibt die Delors-Kommission:

> „Mit der Wende zum 21. Jahrhundert nimmt Bildung vielfältige Aufgaben und Formen an: Sie vermittelt den Menschen lebendiges Wissen über die Welt, über andere und sich selbst – und das von Kindheit an bis ins hohe Alter. Sie verbindet ganz selbstverständlich die vier Grundtypen des Lernens, [...]. Dieses Kontinuum des Lernens, das sich mit dem Lebenslauf entfaltet und die ganze Gesellschaft einbezieht, bezeichnet die Kommission als ‚lebenslanges Lernen'. [...]
>
> Lebenslanges Lernen ist kein fernes, entrücktes Ideal, sondern wird immer mehr zu einer konkreten Realität in einem komplexen Bildungsumfeld, dessen Veränderungen die Notwendigkeit des kontinuierlichen Lernens unterstreichen. Zur Verwirklichung dieses lebenslangen Prozesses, müssen wir uns davon lösen, die verschiedenen Formen des Lernens und Lehrens als voneinander unabhängige Größen zu betrachten [...]. Wir müssen im Gegenteil versuchen, den komplementären Charakter der einzelnen Phasen moderner Bildung sowie der Lernumgebung zu stärken" (Deutsche UNESCO-Kommission 1997, S. 85–86).

Diese Überlegungen stehen für einen deutlichen „Shift" der Debatte um die Anforderungen der Wissensgesellschaft an Bildung und Kompetenzentwicklung. Man löst sich mehr und mehr von einem Konzept der „lebensvorbereitenden" (Aus-)Bildung, da sich – wie gesagt – Lernen als eine lebenslange Aufgabe darstellt und der Wandel unabsehbar und qualifikatorisch kaum antizipierbar ist. Gleichzeitig weicht das Bildungskonzept der Frage nach den Kompetenzen, welche Schule, Ausbildung und lebenslanges Lernen entwickeln, erweitern und sichern sollen aus, während der Kompetenzansatz genau diese Frage in das Zentrum rückt. Mit diesem Konzept hält ein pragmatisches Denken Einzug in die Bildungsdebatten der modernen Gesellschaften, welches zahlreiche Bastionen des überlieferten Denkens ins Wanken zu bringen vermag. Die Frage nach den Kompetenzen ist nämlich die Frage nach dem konkreten Vermögen, welches sich im Bewältigen von Problemsituationen und in der Gestaltung von Beziehungen, Prozessen und Kontexten „zeigt". Indem hierbei das Handeln der Menschen stärker in den Blick gerät, wird die Vorordnung des Inhaltlichen erschüttert, die unser Bildungssystem charakterisiert und die die Frage nach der kompetenzbildenden Wirkung inhaltlichen Lernens offen lässt bzw. sie mit im einzelnen unbewiesenen Annahmen erledigen zu können glaubt. Dies bedeutet, dass Bildung nicht länger als etwas verstanden werden darf, das sich doch irgendwie durch inhaltliches Lernen „ergibt", wobei an irgendeiner Stelle eine Inhaltsauswahl erfolgt und curricular sowie didaktisch „legitimiert" wird, sondern es tritt die Frage nach den Kompetenzen, die entwickelt und gefördert werden sollen, in den Vordergrund.

Kompetenzen sind handlungsorientierte Reflexions-, Verhaltens- und Gestaltungsdispositionen, die – nach allem, was wir wissen – nur dadurch entwickelt werden können, dass die Logik der Lernsituationen keine andere ist als die der Lebenssituationen, in denen diese Kompetenzen zur Wirkung kommen sollen. Konkret bedeutet dies, dass z. B. Selbststeuerungskompetenz nur dadurch nachhaltig erlebt, geübt und angeeignet werden kann, dass die vorbereitenden oder lebensbegleitenden Lernsituationen eine solche Selbststeuerung gewährleisten. Insofern geht mit dem Kompetenzansatz – eben deshalb, weil er in seinem Kern handlungsorientiert ist – ein Primat der Methodik einher. Denn die Lernmethoden, d. h. die Wege der Inhaltsbegegnung, -erschließung und -aneignung sind letztlich dafür ausschlaggebend, ob eine Handlungskompetenz erworben oder nicht erworben, sondern allenfalls thematisiert werden kann. Dabei spielt natürlich auch „Wissen" eine Rolle, allerdings nur im Kontext von Problemlösungsprozessen, nicht als isolierter „Besitz", der in Situationen, die einer ganz anderen Logik – z. B. einer Prüfungslogik – folgen, „gezeigt" bzw. „zurückgegeben" werden kann.

Kompetenzentwicklung ist somit ein ganzheitliches Geschehen: Das zu erwerbende Wissen ist nur *eine* Seite dieses Prozesses, gleichzeitig werden Lernstrategien, Haltungen, Kooperationsroutinen etc. erworben oder eben nicht erworben, sondern verschlossen. Das vorherrschende Denken in der Bildungstheorie und Didaktik ist jedoch immer noch überwertig an dem Inhaltlichen der Bildung orientiert. Diese Orientierung ragt aus einer Zeit in die heutigen Debatten hinüber, in der die Zugangsmöglichkeiten zu handlungsrelevantem Wissen beschränkt waren, weshalb gesellschaftliche Vorkehrungen geschaffen und – aus gesellschafts-, aber auch wirtschaftspolitischen Gründen – „öffentlich verantwortet" werden mussten, um „Bildung für alle" (Tenorth 1994), um Verständigung, öffentliche Teilhabe und gestaltende Partizipation in dem gesellschaftlich jeweils erforderlichen Maße zu gewährleisten[1]. In diesem Sinne lassen sich historisch gesehen deutliche Impulse von der „[...] seit dem 19. Jahrhundert stetig gewachsene[n] Bedeutung des Bildungssystems für die Sequenzierung des Lebenslaufs auf globale Veränderungen der Erwerbstruktur" (Drewek/Harney 1986, S. 138), aber auch auf Prozesse der Demokratisierung, Modernisierung und Individualisierung der Lebenszusammenhänge nachzeichnen. Damit einher ging aber auch eine Funktionalisierung der Aneignung von inhaltlichem Wissen („Know-how") für das erfolgreiche Durchsteigen von Statuspassagen, die durch das Bestehen von Prüfungen und das Messen von gezeigten Leistungen (im Sinne der „Beherrschung" mehr oder weniger komplexer Wissenszusammenhänge) gesellschaftlich geregelt wurden. Inhalte bzw. materiales Wissen erwies sich für diese Regelungen als in hohem Maße geeignet, woraus das zählebige Festhalten an der Inhaltlichkeit von Bildungsdenken, Bildungspolitik und Bildungspraxis eine neue Stabilisierung erfuhr: *Zwar waren Inhalte – curricular gesehen – schon lange nicht mehr, was sie einmal waren, und auch ihre didaktische Relevanz war angesichts der geringen Nachhaltigkeit des Behaltenslernens schon längst zweifelhaft geworden, doch erfuhren sie eine neue Legitimation als leicht definierbarer, dokumentierbarer sowie prüfbarer „Stoff", aus dem Bildungserfolg sowie Bildungsversagen – juristisch „wasserdicht" – konstruiert werden können.* Dadurch geriet das Bildungssystem in die paradoxe Lage, dass es gerade zu einem Zeitpunkt, in dem die tatsächlich kompetenzbildende Bedeutung von Bildungsinhalten mehr und mehr kritisch in den Blick geriet – wie historisch seit der Reformpädagogik nicht mehr – ihre juristische Funktionalisierbarkeit ihnen eine erneute Substanz verlieh. Dies belegt die professionell geringe Eigenständigkeit der Bildung und ihrer

---

[1] In diesem Sinne ging es auch Wilhelm von Humboldt in seinen schulorganisatorischen Überlegungen darum, für alle „nur Ein und dasselbe Fundament" zu gewährleisten: „Denn der gemeinste Tagelöhner und der am feinsten Ausgebildete muss in seinem Gemüth gleichgestimmt werden, wenn jener nicht unter der Menschenwürde roh, und dieser nicht unter der Menschenkraft sentimental, chimärisch, und verschroben werden soll" (Humboldt 1982, S. 189).

„Agenten" (LehrerInnen etc.) in unserer Gesellschaft. Die Leistungen von Schulen sowie anderen Bildungseinrichtungen bemessen sich nicht in erster Linie danach, ob und inwieweit in diesen Institutionen erfolgreiche Kompetenzentwicklung realisiert wird. Ihr faktisches Erfolgskriterium ist die konsensfähige Legitimierbarkeit von Erfolg oder Scheitern. Was eignet sich dazu besser als die Messlatte, die zwischen „Wissen" und „Nicht-Wissen" aufgespannt werden kann.

Vor diesem Hintergrund ist die Frage nach den Bildungs- und Kompetenzanforderungen der modernen Wissensgesellschaft(en) kaum wirklich zu beantworten, denn die Sachargumentation, d. h. der nüchterne Blick auf das, was sich zeigt, ist nicht das, was die gesellschaftliche Praxis wirklich zu gestalten vermag, solange die Leistungsgesellschaft die Organisation der sozialen Ungleichheit über das Bildungssystem regelt bzw. regeln muss. Wer mag es da der Bildungspolitik und ihrer Administration verdenken, dass sie sich an die erlasstechnisch und verwaltungsgerichtstauglichen Aspekte von Bildung hält, und dies sind die curricularisierbaren Inhalte, um deren Flüchtigkeit und Beliebigkeit man zwar weiß, die man aber eben nicht anders als durch gelegentliche Anpassung der Lehrpläne, Ausbildungs- oder Studienordnungen zu handhaben vermag. Und auch die neuere Debatte um sogenannte Bildungsstandards ist – nimmt man die Debatten genauer in den Blick – eine um *inhaltliche* Standards: Man möchte inhaltliche Anforderungen präziser und verbindlicher festlegen, damit Schülerinnen und Schüler – so die Erwartung – mit ihrem erreichten Kenntnisstand besser vermessen und verglichen werden können. Zu kurz kommt hier dann nach wie vor der Aspekt der Kompetenzentwicklung. Im Blick aber ist demgegenüber der internationale Vergleich, wobei man die Gültigkeit und den Wert entsprechender Studien in Frage stellen kann. Auch hier gewinnt der Betrachter eher den Eindruck, als füllten diese Studien mit ihren von außen kommenden und an die Lernsubjekte angelegten Standards die bildungstheoretischen Leerstellen von Bildungspolitik und Bildungspraxis. Statt sich einer Neudefinition von Bildung und Kompetenzentwicklung wirklich nachdrücklich zu stellen, vermisst man diese eher – eine Lösung, die irgendwie an den hilflosen Versuch erinnert, ein Schwein zu mästen, indem man es immer häufiger wiegt.

Diese in Wahrheit hilflose Praxis inhaltsfixierter Bildung kann so lange nicht wirklich überwunden werden, solange sich das Bildungswesen nicht – zumindest ansatzweise – aus der Umklammerung durch den Selektionsauftrag der Gesellschaft zu lösen vermag. Erst dann könnte sich auch ein professioneller Blick entwickeln, der stärker das einzelne Subjekt mit seinen jeweiligen Möglichkeiten und Beschränkungen zum Ausgangspunkt von Bildungs- und Kompetenzentwicklungsbemühungen nimmt, um – ganz im Einklang mit den Einsichten neuerer systemtheoretischer Subjekttheorien – von der Faktizität der operationalen Geschlossenheit der Subjektivität auszugehen. Denn Bildung und Kompetenz können nicht von außen her in ein Subjekt hineinverankert werden, sie können sich nur aus den jeweils bereits im Subjekt vorhandenen und wirksamen Elementen und Dynamiken selbst hervorbringen – auf eine bis ins letzte Detail heute noch nicht abschließend geklärte Art und Weise. Ein solcher systemtheoretischer Blick auf das Subjekt lässt auch die Frage der Inhalte bzw. der Inhaltsvermittlung im Bildungsprozess in einem neuen Licht erscheinen, wie die bereits zitierte Bemerkung des Hirnforschers Roth deutlich macht: „Wissen kann nicht übertragen werden; es muss im Gehirn eines jeden Lernenden neu geschaffen werden" (Roth 2003, S. 20). Vor diesem Hintergrund ist die Frage „Was sollen Schülerinnen und Schüler lernen?" neu und anders zu stellen, da das „Was?" letztlich der Logik der subjektiven Aneignung geschuldet bleibt. Auch die naheliegende Formel, dass es mehr um das „Wie soll gelernt werden?" zu gehen habe, kann nicht wirklich darüber hinwegtäuschen, dass die tatsächliche Bedeutung von Inhalten in Bildungs- und Kompetenzentwicklungsprozessen angesichts der Fragen, die eine systemtheoretische Subjekttheorie uns aufbürdet, neu begründet werden muss. Dieser Aufgabe sind Pädagogik und Lerntheorie bislang ausgewichen, weshalb auch ihre Vorstellungen von Bildung und Kompetenzentwicklung implizit auf der Machbarkeit von Inhaltsvermittlung aufruhen. Ihre unausgesprochene Basis ist die Evidenzthese „Es gibt Lehre, die Inhalte vermittelt"[2].

---

[2] „Evident" ist diese These deshalb, weil es tatsächlich einen augenscheinlichen Zusammenhang von Lehre und Lernen gibt: Menschen, die an einem Sprachkurs teilnehmen, können danach mehr als sie vorher konnten (z. B. rudimentäre Verständigung in der neuen Sprache). Und am Ende eine Berufsausbildung kann der Auszubildende in der Regel tatsächliches das Meiste von dem, was die Ausbildungsordnung von ihm fordert. Solche Evidenzen beweisen allerdings nur, dass „Lernen" im Sinne einer „Neuschaffung im Gehirn" (Roth 2003a) gelungen ist – ein Effekt, der in den Lerntheorien zu eindimensional auf das Lehren zurückgeführt wird. Menschen lernen auch – wie Klaus Holzkamp herausgearbeitet hat (Holzkamp 1993), aus defensiven Gründen, d. h. um drohenden Nachteilen zu entgehen. Und es ist dann dieser zumutende Kontext, der sie – von ihnen kognitiv antizipiert und imaginiert – „dazu bringt", sich Wissenselemente, Erklärungszusammenhänge sowie Fähigkeiten und Fertigkeiten anzueignen, was ihnen möglicherweise auch ohne „Lehre" im didaktisch inszenierten Sinne gelingt. Die gezeigten Lerneffekte könnten sich somit bei genauerer Betrachtung als Resultat autodidaktischer Bemühungen erweisen, was zumindest so lange zu vermuten wäre, solange die Koevolution von lehrenden und lernenden Systemen ungeklärt ist. Und eben so lange kann die Provokation, dass man vielerorts nicht wegen, sondern trotz der erfahrenen oder erduldeten Lehre lerne, nicht wirklich widerlegt werden.

1.2 Vielfalt des lebenslangen Lernens in der Wissensgesellschaft

Informationen besitzen Nachrichtenwert, der aus unterschiedlichen Daten gewonnen wird, mit Wissen ist aber auch die Befähigung zum Handeln verbunden, es beschreibt also gleichzeitig die damit verbundenen Urteils- und Handlungskompetenzen. Um sich in einer Wissensgesellschaft bewegen zu können, sind demnach sowohl Informationen mit Nachrichtenwert als auch entsprechende Kompetenzen notwendig, um diese Informationen in Handlungen umsetzen zu können. Diese Vorgänge werden nach konstruktivistischer Lesart immer auch situativ und aktiv vom Subjekt betrieben. Gerade hierdurch wird deutlich, dass Inhalte in Form von Informationen zwar angeboten werden können, ob sich diese jedoch zu Wissen transformieren lassen, hängt letztlich von unterschiedlichen Gegebenheit und Notwendigkeiten ab, die sich aus der subjektiven Einschätzung und den Bedürfnissen des Subjekts ergeben. Angesichts der Datenflut lässt sich nur ein Bruchteil der für notwendig erachteten Informationen als Inhalt in Lernprozessen thematisieren. Es ist deshalb auch notwendig, einem möglichen Wissensmangel aufgrund der Datenflut zu begegnen bzw. den Umgang mit dem Nicht-Wissen zu thematisieren sowie den damit verbundenen Verunsicherungen nachzugehen. Der „Paradoxie eines Wissensmangels in der Informationsflut" (Becker 2001, S. 2) gegenüberzutreten, ist Herausforderung von Gegenwart und Zukunft und nicht so sehr die Prognose der Inhalte einer zukünftigen Bildung auf der Grundlage kontingenter, nicht vorhersehbarer Entwicklungen.

Die etablierten Bildungsinstitutionen genügen hier nicht mehr und haben wohl noch nie genügt, um diese Anforderungen alleine zu bewältigen. Eine mögliche Konsequenz ist die „Auflösung des Bildungssystems als Raum der autoritativen Tradierung von Gewissheiten" (Hönigsberger o.J., S. 8). Neue Räume und Lerngelegenheiten sowie nicht standardisierte Wege des Lernens treten zu den herkömmlichen Lernräumen hinzu, wie sich beispielsweise sehr deutlich an der kontinuierlichen Ausdifferenzierung der Möglichkeiten und Formen von E-Learning-Angeboten zeigt. Synchron organisierte Lernprozesse, bei denen alle das Gleiche in der gleichen Geschwindigkeit zur gleichen Zeit lernen, haben nicht nur aus der Sicht einer sich als trügerisch erwiesenen Chancengleichheit an Bedeutung verloren, sondern auch unter dem Aspekt der individuellen räumlichen und zeitlichen Zugangsweisen zum Lernen. Das bedeutet, dass neben das organisierte Lernen ein stärkerer Anteil von informellem Lernen treten wird, wobei die „Bildungseinrichtungen als Räume und Territorien [...] durch die Veränderungen der Kommunikation des Wissenserwerbs [...] zumindest einen Funktionswandel erleben, wenn nicht gar einen Funktionsverlust erleiden." (ebd., S. 8–9).

Angesichts bisheriger Lernerfahrungen der Lernenden, die größtenteils eingebunden waren in die Angebote entsprechender Bildungseinrichtungen und angeleitet
durch eigens dafür qualifiziertes Personal, dürfte die Bedeutungsverschiebung des
Lernens zugunsten informeller Lernprozesse die einzelnen Lernenden vor einige
Probleme stellen. Das lebenslange Lernen macht bestimmte Kompetenzen notwendig und baut auf aktive Lernprozesse, die von den Lernenden immer häufiger selbstgesteuert bewältigt werden müssen, so zumindest der Anspruch unter der Perspektive der immer knapper werdenden Ressourcen. Lebenslanges Lernen wird damit
nicht nur aus demokratisch-emanzipatorischen Gründen in die Verantwortung des
Einzelnen abgegeben, sondern auch aus ökonomischen Erwägungen eines schwer
planbaren und teuren Bildungsprozesses heraus. Lebenslanges Lernen als ein Zustand des „Nicht-Auslernens" bringt für Lernende auf der anderen Seite jedoch auch
die Verjugendlichung ihres biographischen Status mit sich. Die Individuen bleiben
auf diese Weise immer im „Lernalter", was einerseits mit einem Lebensgefühl von
Jugendlichkeit assoziiert wird, andererseits aber auch mit dem Gefühl des „Lernen
müssens" verbunden sein kann. Die OECD-Berichte aus den Jahren 2004 (OECD
2004) und 2005 (OECD 2005) zeigen beispielsweise deutlich, dass die Chancen, auf
dem Arbeitsmarkt Fuß zu fassen, für weniger ausgebildete Personen bzw. für die
„Nicht-Lerner" stetig geringer werden. Lernen-müssen ist somit aus verschiedenen
Gründen angezeigt, wobei das lebenslange Lernen die tradierten Vorstellungen vom
„Auslernen" usurpiert und das Jugendalter stetig verlängert, so dass es letztlich über-
gangslos mit dem Ruhestandsalter zu verschmelzen scheint.

Lebenslanges Lernen ist folglich die Schwierigkeit und gleichzeitig die Antwort
auf das Problem der mehrdimensionalen Weiterentwicklung in der Wissensgesellschaft, wobei dieses Lernen allerdings kein kontinuierliches, sondern ein phasen-
oder schubweises Vorgehen impliziert, bei dem sich formelle und informelle Lernprozesse abwechseln oder ergänzen und sich zwischen und in Phasen der Erwerbsarbeit,
der Freizeit und der Arbeitslosigkeit ihre Nischen suchen.

Damit wird klar, dass sich die Erwachsenenbildung als privilegierter Ort des Lernens zu einem „neben vielen anderen Lernkulturen und Aneignungsverhältnissen"
gestalteten Raum entwickelt bzw. „eine[m] unter anderen ‚Möglichkeitsräumen'"
(Kade/Seitter 1998, S. 1). Die Vielfalt der Orte bzw. der „Möglichkeitsräume" stellt
neben der Verlängerung der Lernzeiten die andere Konsequenz aus der Wissensgesellschaft dar. Lernen steht dabei im Dienst einer nicht steuerbaren Zukunft, soll aber
gleichzeitig auf diese Zukunft vorbereiten und eine zufriedenstellende Lerngegen-
wart schaffen, womit die Paradoxie eines Wissenserwerbs in einer unsicheren und
heterogenen Gegenwart für die nichtvorhersehbare Zukunft nochmals deutlich wird.
Ganz im Jargon der Zeit soll das Lernen dennoch verbunden sein mit Spaß, Freizeit-
vergnügen und Bereicherung, wenn es erfolgreich sein will. Kade und Seitter (1998,
S. 5) schreiben hierzu:

„Im gegenwartsbezogenen Lernen ist dagegen eine Form des Lernens verkörpert, die vom Kalkül der Nützlichkeit und der Effektivität befreit und dem Gesetz von Freizeit, Erlebnis, Spaß und Vergnügen unterworfen ist. Das Lernen bewegt sich im Hier und Jetzt, es ist ein Medium der Fortsetzung der Gegenwart, es soll Spaß machen, ist eingebettet in Freizeitaktivitäten, bedient sich vielfältiger Mischformen: Lernen und Spaß, Lernen und Freizeit, Lernen und Reisen, Lernen und Geselligkeit, Lernen und Kulinarik."

Gerade diese Vielfalt zeigt, dass jede Lernkarriere damit zum „Unikat" wird und dies bei der Gestaltung von Bildungsplanungen und Bildungsveranstaltungen berücksichtigt werden muss. Nicht die Erhöhung der Inputmenge, sondern das spezifische Angebot in entsprechender Dosierung und im geeigneten Lernsetting schafft Möglichkeiten der Kompetenzerweiterung. Die inhaltsfixierte Bildungsplanung muss daher angesichts der Bedeutung der Wissensanhäufung in einer modernen Gesellschaft sowie angesichts der Debatte um die subjektive Aneignung von Wissen und Kompetenzentwicklung überdacht werden. Der Bedarf des Einzelnen wird zum Maßstab und zur Maßgabe seiner Aneignung von Lernangeboten. Dieser aktualisiert sich stets, er wurde in der Angebotsorientierung nur überhört. Nun ist das zentrale Anliegen, dass die Bedürfnisse sowie die Möglichkeiten von Lernenden nicht aus dem Blick geraten, die für ihre weitere (berufs-)biographische Gestaltung professionell entwickelte sowie vielfältige Anschlussmöglichkeiten eröffnende Angebote und ein zugleich inhaltlich abgestimmtes bzw. maßgeschneidertes Angebot von den Bildungsinstitutionen erwarten. Die in den Augen der Lernenden vorhandene Bringschuld der Bildungsinstitutionen, die sich aufgrund der bisherigen (schulischen) Erfahrungen mit Lernsituationen etabliert haben, steht hier einer Einsicht gegenüber, die davon ausgeht, dass Lernende ihr Wissen subjektiv und aktiv im Kontext der vorhandenen Rahmenbedingungen erwerben.

Noch nicht thematisiert ist damit bislang das Problem der Wissenstransformation. Die Frage, wie in Bildungsprozessen die Daten in Informationen und diese in subjektives Wissen transformiert werden oder wie dieser Prozess gehemmt wird, beschäftigt viele Wissenschaftsdisziplinen, darunter auch die Hirnforschung, die davon ausgeht, dass dieser Prozess gesteuert wird durch „Neuigkeits- und Relevanzregulatoren" im Gehirn (vgl. Gasser 2002). Auch wenn die Vorgänge im Gehirn zwischenzeitlich immer weiter entschlüsselt werden können, so entbindet dies jedoch nicht von der Frage, welche Kompetenzen notwendig sind, diese Prozesse der Wissenstransformation im Detail anzuregen und zu begleiten.

Ein Blick in die entsprechende Literatur zum Aufbau von Lernkompetenzen zeigt, dass die unterschiedlichen Ansätze ihre Vorstellungen von essentiellen Kompetenzen zum selbstgesteuerten Lernen sehr eng an die traditionellen Auffassungen zum 'Lernen lernen' von Erwachsenen anlehnen, die sich üblicherweise vorrangig mit kognitiven Lernstrategien und gegebenenfalls noch mit motivationalen Aspekten befassen. Dies zeigt beispielsweise die Ratgeberliteratur zur Verbesserung von Lerntechniken, die sich immer noch in vielfältiger Form finden lässt (z.b. Hasselhorn (Ed.) 1988[6]; Schräder-Naef 1991). Gerade hier liegt jedoch ein Missverständnis zugrunde. Selbstgesteuertes Lernen betrifft nicht nur die Bewältigung von oberflächenverarbeitenden Strategien, sondern auch tiefenverarbeitende Lernprozesse, bei denen der Lerninhalt geplant, neu geordnet und auf seinen Transfergehalt hin untersucht wird. Solche Lernprozesse können biographische Selbstentfaltungsmöglichkeiten erhöhen, indem sie individuelle Zugangsweisen und Fähigkeiten freisetzen und Kriterien zur Beurteilung von Wissensbestandteilen als Ziel von Bildungsprozessen aufbauen.

Kompetenzen für selbstgesteuertes Lernen können aber nur durch exemplarisches Lernen in konkreten Situationen angeeignet werden, die dann allerdings in anderen Lernsituationen wieder zur Aneignung von anderen Wissensbestandteilen genutzt werden können. Das „Risiko" im Lernprozess, dass das angeeignete Wissen „umsonst" ist, lässt sich dann vernachlässigen, da die erworbenen Kompetenzen als Erschließungshilfe für weitere Wissensbestandteile dienen können. Anders als in herkömmlichen Lernprozessen, in denen Lehrende die Methoden besitzen, um Lernenden einen bestimmten Inhalt nahe zu bringen, können sich Lernende unter diesen Bedingungen mit den erworbenen Methoden weitere Inhalte selbst aneignen. Dies bestätigt auch die notwendige Einheit von Inhalt und Methode in Lernprozessen. Die Bejahung des selbstgesteuerten Lernens ermöglicht einen Umgang mit komplexen Situationen und „chaotischen" Biographieverläufen, die in Anlehnung an Geißler (2000) als Lern-Bastelbiographie bezeichnet werden können. Gleichzeitig impliziert dies eine perspektivische Blickveränderung von der Behaltensschulung zur Kräfteschulung bzw. zu reflexiven Wissensformen. Diese reflexiven Wissensformen müssen hierbei nicht nur die Lernenden in den Blick nehmen, sondern auch die Anbieter von Bildung, die ihre Angebote an der Vielfalt der Bedürfnisse und Möglichkeiten ausrichten und entsprechende neue Zertifizierungssysteme entwickeln müssen, um den Anforderungen gerecht zu werden. Hier weist beispielsweise die Diskussion um Portfolio und Lernpass, wie sie auch in der Machbarkeitsstudie im Rahmen eines BLK-Projektes geführt wird (BMBF 2004), die derzeitige anvisierte Richtung im Kontext des selbstgesteuerten lebenslangen Lernens auf.

2. Bildung – Wissen – Kompetenz

„Wissen ohne – arbeitende – Bildung
bleibt leer, verliert den Bezug zur Welt;
Bildung ohne Wissen bleibt blind,
macht zwar Erfahrungen, weiß aber nicht,
wie sie diese einschätzen und bewerten soll (…)
Fatal wäre es, Bildung mit Wissen zu verwechseln,
Wissen als Bildungsstoff anzusehen"

(Hubig 2003, S.6).

2.1 Bildung – Traditionsballast oder aktuelle Notwendigkeit?

„Bildung" ist ein eigentümlicher und verbrauchter Begriff der deutschen Geistesge-schichte. In der pädagogischen Debatte wurde dieser Begriff zudem seit den 70er Jahren des letzten Jahrhunderts zu einem ungeliebten Begriff, weil er in den dama-ligen Diskussionen als normativ überladen und historisch kontaminiert angesehen wurde, weshalb man auch in den 70er Jahren des 20. Jahrhunderts einen Pradigmen-wechsel konstatiert und zwar „von der Pädagogik zur Erziehungswissenschaft" – so der Titel des programmatischen Beitrages von Wolfgang Brezinka (1971), der die „realistische Wende" in der Pädagogik einleitete. Mittlerweile ist der Bildungsbe-griff zurückgekehrt, wenn auch mehr in die bildungspraktischen als in die bildungs-theoretischen Kontexte, wie beispielsweise das Bemühen um die breitere Veranke-rung von „Bildungswissenschaften"[3] in der Lehrerbildung oder das Bemühen um

---

[3] E. Liebau plädiert für eine entsprechende Umbenennung der Erziehungswissenschaft und definiert: „Bildungswissenschaft meint die Wissenschaft von Bildungsprozessen und ihren Voraussetzungen, ihren Perspektiven und ihren Rahmenbedingungen […]. Bildungswissenschaft schließt Erziehungs-wissenschaft ein und nicht umgekehrt. Sie thematisiert und erforscht Bildung und Bildungsprozesse in systematischer, historischer, empirischer, hermeneutischer und pragmatischer Perspektive; und sie gewinnt ihren normativen Gehalt aus dem Bildungsbegriff. […] Bildungswissenschaft hat also auch ein normatives Anliegen; ihr Interesse richtet sich auf die Ermöglichung von Bildungsprozessen, in deren Zentrum – durchaus im Sinne des klassischen Bildungsbegriffs – die unabschließbaren Aufgaben der Welt- und Selbstvervollkommnung stehen, wie immer offen, das auch vor dem Horizont der Grund-dimensionen der Bildungsanthropologie auszulegen ist" (Liebau 2002, S. 297).

die Etablierung von sogenannten „Bildungsstandards" deutlich zeigen. Aber auch die bildungstheoretische Debatte greift bereits wieder zaghaft auf den Bildungsbegriff zurück, wobei „Bildung als autonome bzw. eigensinnige Aneignung von Welt oder – in traditioneller Semantik formuliert – als individuell je eigenständige Einheit von Selbst- und Welterkenntnis" (Nittel/Seitter 2003, S. 9) in ihren institutionalisierten und entgrenzten bzw. lebenspraxisverbundenen Erscheinungsformen verstärkt in den Blick gerät.

Nimmt man die geschichtlichen Quellen des Bildungsbegriffes in den Blick[4], so stößt man zumeist auf dessen klassisch-neuhumanistische Wurzeln bei Herder, Goethe oder Wilhelm von Humboldt – ein allerdings zu kurzer Rückgriff, wie Günther Dohmen bereits in seiner materialreichen Studie über den „Begriffsursprung" von Bildung aus dem Jahre 1964 gezeigt hat. Folgt man seinen Überlegungen, so lassen sich Bildungsüberlegungen bis in die religiös-mystischen Traditionen des 14. Jahrhunderts sowie in die Imago-Dei-Lehre zurückverfolgen[5]. Lesenswert sind vor diesem Hintergrund die ethymologischen Analysen, die Dohmen mit den Worten zusammenfasst:

„Wir können also zusammenfassend feststellen, dass der Begriffskomplex Bilden, Bildung, Bild im Deutschen schon von Anfang an eine eigenartig vielschichtige Bedeutung hat, die, soweit der Mensch dabei das handelnde Subjekt ist, vom handwerklich-künstlerischen Formen bis zum inneren Vorstellen geistiger Grundvorstellung des Nachahmens, des Abbildens von etwas Ähnlichem, Nachahmenswerten zusammenhängen. Zu der ,Bildung' bzw. dem ,Bild' gehört deshalb auch meist die Vorstellung des Urbildes, Vorbildes, nach dem sie gebildet wurden. […]

Es ist aber zugleich wichtig, dass diese Begriffe nicht nur auf das Tun des Menschen bezogen sind, sondern dass sie auch die erschaffende, formende Tätigkeit Gottes (und später der Natur) bezeichnen. […] Gerade die vielschichtige Bedeutung des althochdeutschen Bild- bzw. Bildungsbegriffs hat offenbar dieses Wort besonders geeignet gemacht zur Übersetzung der Stellen im hebräischen alten Testament, in denen davon die Rede ist, dass Gott den Menschen zu seinem Ebenbild geschaffen habe" (Dohmen 1964, S. 30).

---

4   „Bildung" ist nicht gleichzusetzen mit „Allgemeinbildung". Beide Begriffe haben auch eine unterschiedlich lange geschichtliche Anbahnung: „Die Geschichte der Bildung ist nicht gleichzusetzen mit der Historie von ,Allgemeinbildung', denn die Auseinandersetzungen über einen Kanon, der den Gebildeten auszeichnet, sind nicht identisch mit der sozialen Funktion der Universalisierung schulischen Lernens. Daher klären die Kontroversen über ,Allgemeinbildung' auch nicht zugleich, was ,allgemeine Bildung' sein kann und soll" (Tenorth 1994, S. 10).

5   Michael Naumann hat sich hierzu in einem Feuilleton-Artikel in der Wochenzeitung DIE ZEIT kritisch mit dem Sachverhalt auseinandergesetzt, dass „ein Begriff der mittelalterlichen Mystik zum Generalthema der Pädagogik wurde und warum wir uns davon noch nicht erholt haben" (Naumann 2003, S. 45).

Der Bildungsidee ist somit die Vorstellung einer Nachbildung bzw. „Imitation" inhärent, wobei das Göttliche („Ebenbild Gottes") in der Zeit von Klassik und Neuhumanismus durch Konzeptionen gereifter Menschlichkeit abgelöst wurde, wobei andere – weitere – Wurzeln (z. B. die der Ritterakademien) aufgegriffen wurden. „Bildung" ist begriffs- und erkenntnislogisch durch die Differenz zur „Nicht-Bildung" oder auch „Halb-Bildung" definiert, was viele Kritiker verkennen und pauschal als „normativ" bemängeln. Dem ist entgegen zu halten, dass man nicht *nicht*-normativ über Bildung nachdenken kann, weshalb sich auch der Normativitätsvorwurf letztlich selbst von einer *normativen* Vorstellung herleitet, nämlich der der – logisch undenkbaren – *Norm der Nichtnormativität.*

Allen Bildungskonzepten ist somit prinzipiell eine Normativität implizit. In diesem Sinne stellt C. Menze in der Enzyklopädie Erziehungswissenschaft fest:

> „In der jeweiligen historischen Ausdeutung von Bildung werden die pädagogischen Einsichten in das Wesen der Menschwerdung und die Bestimmung des Menschen zusammengefasst. Alle pädagogischen Maßnahmen erhalten erst ihre Begründung von einer Auffassung der Bildung, die als letzter Bezugspunkt pädagogischen Tuns diese Maßnahmen als sinnvoll für das Leben des Menschen auszuweisen hat. Es gibt daher keine Definition, mit der festgelegt werden könnte, was Bildung ein für allemal inhaltlich bedeutet, so dass jedermann einer solchen Bestimmung beipflichten müsste. Lediglich eine formale Kennzeichnung ist möglich, der zufolge sich Bildung als ein komplexer Prozess begreifen lässt, in dem eine als wünschenswert ausgegebene Persönlichkeitsstruktur hervorgebracht werden soll. Der Prozess selbst unterliegt gesellschaftlichen, ökonomischen, auch institutionellen Bedingungen, die auf die Bereiche verweisen, von denen her sich das Werden des jungen Menschen bestimmt. Der entscheidende Zugriff, sich des Bedeutungsgehaltes und Bedeutungsumfanges von Bildung zu vergewissern, ist daher, die jeweils geschichtlich hervorgetretenen Bestimmungen, die dieser Begriff in sich aufgenommen hat, zu entwickeln. In seinem Kerngehalt gilt er als in andere Sprachen unübersetzbar" (Menze 1983, S. 350).

Diese Überlegungen verweisen uns auf die *historische Relativität des Bildungsbegriffs,* wodurch sich dessen normativer Gehalt als zwar unvermeidbar, aber dynamisch erweist. Zwar geht es der Bildung stets um eine *Nach*bildung unter expliziter oder impliziter Zugrundelegung eines Leitbildes von Menschwerdung und Menschsein, doch ist dieses Leitbild selbst Ausdruck der jeweiligen sozioökonomischen und kulturellen Entwicklungen, welche bestimmte Ausprägungen der gesellschaftlich jeweils prägenden Vorstellungen des rechten Vernunftgebrauchs hervorgebracht haben. Mit dem Bildungsbegriff scheint die Gesellschaft somit über eine hinlänglich „unpräzise" Leitkonzeption für ihre Bildungspraxen zu verfügen, deren konkret-inhaltliche Ausfüllung zum einen wohl bewusst offen gehalten werden kann, wodurch ein zumindest begrifflicher Konsens unterstellbar bleibt, oder eben in der kontinuierlichen Fortschreibung und der immer neuen Auslegung eine Anpassung an die jeweiligen sozioökonomischen und soziokulturellen Gegebenheiten erfährt. Die Diffusität und Interpretationsoffenheit des Bildungsbegriffs ist die Voraussetzung seiner Erfolgsgeschichte.

In diese kontinuierliche Fortschreibung gehen Vorstellungen von der gesellschaftlichen Verfasstheit des Gemeinwesens sowie von der Rolle, die das Subjekt in diesem spielen soll, ein. Diese Vorstellungen wandeln sich, und sie sind zum einen Ausdruck, zum anderen aber auch Vorwegnahme vernünftig organisierbarer Gesellschaftlichkeit sowie individueller Reife und Selbstverwirklichung. Aus diesem Grund wird in den bildungstheoretischen Argumentationen immer wieder der *Epoche der Aufklärung* der Charakter einer historischen Durchbruchsphase im Sinne der gesellschaftlichen und individuellen Möglichkeiten von Bildung zugeschrieben, ohne dass allerdings die Einsichten in deren Dialektik bislang wirklich überzeugend bildungstheoretisch aufgegriffen worden sind [6]. Die Pädagogik ist eine Aufklärungswissenschaft, d. h. sie konzipiert ihre Gegenstände vor dem Hintergrund eines – mehr impliziten – Kriterienbündels, welches für individuellen und gesellschaftlichen Fortschritt steht. Gerade angesichts der jüngst wiedererstarkten Messbarkeitskonzepte hat man allerdings den Eindruck, dass vielerorts ein recht eindimensional-mechanistisches Denken Platz greift.

Heinz-Elmar Tenorth hat den historischen Entwicklungsschub nachgezeichnet, der sich in Erlassen zur Schulpflicht sowie in zahlreichen Schulgründungen und Maßnahmen zur Verbesserung der Lehrerbildung niederschlug:

„Beeindruckend ist zunächst der Prozess der Beschulung, d. h. der Durchsetzung von Schulbesuch: Während zum Ende des 18. Jahrhunderts von allen Heranwachsenden kaum mehr als 20 % Schulen (aller Art) besuchten, sind das zu Beginn des 20. Jahrhunderts in Preußen/Deutschland nahezu 100 %. Gleichzeitig nimmt die Dauer des Aufenthalts von Kindern und Jugendlichen in Schulen zu: von zunächst etwa vier auf gegenwärtig durchschnittlich 10 – 12 Jahre steigt der Anteil von Schulzeit an der Lebenszeit, auf sogar ca. 12 – 14 Jahre der Anteil der Lernzeit an der Lebenszeit, mit einer immer noch steigenden Tendenz. Das Jugendalter wird bis über das 20. Lebensjahr hinaus eine Phase öffentlich organisierter Bildungsprozesse" (Tenorth 1994, S. 33 – 34).

---

6 Wie kein anderer hat T.W. Adorno die Selbstwidersprüchlichkeit des aus der Aufklärung sich herleitenden Freiheitsstrebens ausgeleuchtet und festgestellt: „Mahnt das Bild der fortschreitenden Menschheit an einen Riesen, der nach vordenklichem Schlaf langsam sich in Bewegung setzt, dann losstürmt und alles niedertrampelt, was ihm in den Weg kommt, so ist doch sein ungeschlachtes Erwachen das einzige Potential von Mündigkeit" (Adorno 1980, S. 37). Und weiter fährt er fort: „Fortschritt heißt: aus dem Bann heraustreten, auch aus dem des Fortschritts, der selber Natur ist, indem die Menschheit ihrer eigenen Naturwüchsigkeit innewird und der Herrschaft Einhalt gebietet, die sie über Natur ausübt und durch welche die der Natur sich fortsetzt. Insofern ließe sich sagen, der Fortschritt ereigne sich dort, wo er endet" (ebd.).

Betrachtet man die breite Debatte über Bildung und Wissen genauer, die sich im deutschsprachigen Raum im Zeitalter der Renaissance und des Humanismus nachzeichnen lassen, so stellt man fest, dass bereits diese Debatten durch kritische Gegenpositionen zur damaligen Bildungspraxis in Lateinschulen und Universitäten gekennzeichnet gewesen sind. Christoph Hubig hat diesen Wandel vom Lehrsatz-Wissen zum Problemlösungs-Wissen in einem vielbeachteten Rundfunkbeitrag im Jahre 2003 nachgezeichnet und dabei auch die zahlreichen Ambivalenzen und Selbstzweifel, die mit diesem Wandel für das erkennende Subjekt einhergehen, ausgelotet. Er tut dies am Beispiel der Interpretation eines Kupferstiches von Albrecht Dürer, seiner Melencholia von 1514, in welchem er die für die erwähnte Epoche typische Spannungslage zwischen Wissensoptimismus und Skeptizismus unübertreffbar anschaulich zu Ausdruck gebracht sieht:

„Gezeigt wird in Dürers Kupferstich ebenfalls der Typ des modernen Subjekts in Gestalt einer Wissenschaftlerin und Technikerin, wie sie in Personalunion das damalige Tätigkeitsprofil der großen Naturforscher ausmachten. Die Forscherin, ausgestattet mit den Instrumenten und Insignien der Naturwissenschaften und der Technik, mit Waage, Zirkel, Uhr und dem Polyeder sowie vielem anderen mehr sitzt untätig, missgrimmig verweilend da und starrt auf den Mond. Dieser galt in der damaligen Symbolsprache als das nasse Gestirn, zugehörig zur Sphäre des Kronos, des Gottes der ursprünglichen Natur. Er wurde von Zeus, dem Gott der Rationalität, entmachtet. Diese ursprüngliche und unmittelbare Natur – so die Humanisten – entzieht sich dem menschlichen Zugriff. Denn die Vernunft gestaltet und beherrscht die Welt nach Maßgabe ihrer eigenen Strategien und Instrumente, nach Maßgabe der Logik und Rationalität.

Gleichwohl bleibt diese erste Natur aber Quell des Lebens. Angesichts unseres distanzierten, durch Zeus-Rationalität geprägten Naturverhältnisses aber kann und muss diese ursprüngliche Natur bedrohlich werden. Die Rache des Kronos ist zu fürchten – eine Rache, die sich dort bemerkbar macht, wo wir die Kräfte dieser Natur in unseren rationalen Systemen nicht erreichen und wo diese Natur uns ihre Ressourcen verweigert. Dies wird ebenfalls in kaum zu überbietender Deutlichkeit in Dürers Allegorie angeführt. Die Forscherin leidet an Austrocknung – in der damaligen Medizin als Symptom der Melencholia erachtet – und sie sucht dieser Austrocknung zu begegnen, indem sie ihr Haupt mit Wasserhahnenfuss und Wasserkresse bekränzt. Ihr umschattetes Gesicht zeugt von den Selbstzweifeln und der Einsicht in die Begrenztheit ihres Tuns, einem Selbstzweifel, der die Genies in den Wahnsinn treiben kann. Auf dem schmalen Grat zum Wahnsinn zu wandeln, wie es explizit der Melancholiker Marcilio Ficino formuliert hat, war die Einsicht, die in vielen Äußerungen der großen Genies, Naturforscher und Künstler der damaligen Zeit durchscheint.

Sie nannten sich Melencholiker – ein Gestus, der damals zur Mode bei denjenigen wurde, die als Intellektuelle gelten wollten und auch heutzutage noch anzutreffen ist. Und diese Melencholiker trugen Schutzamulette mit sich, und zwar das Zahlenquadrat des Zeus als Sinnbild mathematischer Rationalität, wie es an prominenter Stelle auch im Bild erscheint. Die Ambivalenz des Fortschritts und seine Begrenzung findet hier an der Wurzel unseres neuzeitlichen Wissensverständnisses ihren sinnbildlichen Ausdruck" (Hubig 2003, S. 3 f).

Diese Überlegungen rücken einen Aspekt in den Blick, der in der derzeitigen bildungstheoretischen Diskussion nahezu vollständig in Vergessenheit geraten ist: *das Bewusstsein von der Begrenztheit, Ausschnitthaftigkeit oder gar „Vergeblichkeit" des menschlichen Wissens* – kurz: die andere Seite der Fortschrittsdialektik. Dieser Aspekt, der sich in den skeptizistischen sowie mythischen Verästelungen der Philosophie durchaus erhalten konnte, wurde in der Pädagogik auf ihrem Weg zur Machbarkeitswissenschaft der Erziehung und Bildung mehr und mehr zurückgedrängt. Dies ist verständlich, hängt doch die Reputation des Faches unmittelbarer von seinen technologischen Erfolgen als von der in seinen Debatten lebendigen relativierenden Nachdenklichkeit ab, welche das Paradigma der Machbarkeit und Standardisierbarkeit[7] von Bildung eher trüben. Gleichwohl erodiert bei dieser erneuten technologischen Wende der Pädagogik die Einsicht in die Besonderheit sowie die Eigendynamiken, Widersprüchlichkeiten und Widerständigkeiten des Subjektiven, welches in seinem Sich-in-der-Welt-Fühlen sowie seinen inneren Möglichkeiten immer auch Ausdruck letztlich verborgener Systemiken ist, mehr und mehr. Es verbreitet sich ein Bild darüber, „was Menschsein eigentlich bedeutet [...] welches – um wesentliche Dimensionen beraubt – blutleer und substanzlos daherkommt, obgleich es sich äußerlich poliert, standardisiert und gesellschaftlich wertgeschätzt präsentiert", dabei aber „alle pädagogischen Möglichkeiten [verfehlt]" (Meueler 1993, S. 179), auch weil eine solche Erfolgspädagogik letztlich über keine substanzielle Vorstellung von den inneren Möglichkeiten, die der Mensch aus sich heraus entwickeln kann, wenn ihm dafür Raum, Gelegenheit, Anregung oder auch nur Ruhe gegeben wird, verfügt.

Stanislav Grof, einer der Begründer der Transpersonalen Psychologie, spricht über die Subjektivitätsentwicklung als einem „Abenteuer der Selbstentdeckung" (Grof 2001), und die Aspekte und Dimensionen inneren Wachstums, die er dabei in den Blick nimmt, sind für das Bildungsdenken neu und teilweise auch provozierend, was auch an dem cartesianischen Denken, das der bevorzugten wissenschaftlichen Herangehensweise an das Subjekt und seiner Entwicklung implizit ist, liegt. In seinen

---

7 Adorno spricht in diesem Zusammenhang von einer „rechthaberische(n) Erkenntnistheorie", welche für ihn „[...] dort auf Exaktheit dringt, wo die Unmöglichkeit des Eindeutigen zur Sache selbst gehört" (Adorno 1980, S. 29) und gerade auf diesem Weg „die Einsicht [sabotiert] und der Erhaltung des Schlechten [dient]" (ebd.)

Werken hat sich Grof deshalb auch mit den im cartesianischen Welt- und Menschbild in den Hintergrund getretenen Aspekten des Bewusstseins befasst und dadurch auch der „Bedeutung der Spiritualität im Leben des Menschen" (Grof 2003, S. 29) einen zentralen Platz in der Bewusstseinsforschung und den Bewusstseinstheorien zugewiesen.

Die Bildungstheorien sind ebenfalls Bewusstseinstheorien, und sie sind geradezu durch die Vorstellung des Freudschen „Wo Es ist, soll Ich werden", d. h. durch die Vorstellung der reflexiven Verfügbarkeit innerer und äußerer Welt, charakterisiert. In diesem Sinne hat sich die moderne Pädagogik zu einer paradoxen Wissenschaft entwickelt: Sie ist eine Wissenschaft vom Subjekt und seiner Entwicklung zu sich selbst, ohne jedoch – ganz im Sinne Descartes – die res cogitans wirklich selbst zum Gegenstand der Erkenntnis zu machen. Auch in den pädagogischen Theorien taucht „das Problem der Selbstbezüglichkeit der Erkenntnis, der Erkenntnis, die sich selbst zu erkennen sucht" (Simon 2002, S. 23) kaum wirklich auf, von wenigen Ausnahmen abgesehen. Ihre Entwürfe sind deshalb – bei aller Subjektorientierung – eigentümlich subjektlos. Nicht das Subjekt in seiner lebensweltlichen und biographischen sowie inneren und äußeren Systemik ist ihr Gegenstand, sondern dessen Kompetenzen, die argumentativ bisweilen so dargestellt werden als ließen sie sich losgelöst von diesen Systemiken wirklich verstehen oder gar entwickeln. Das Bild des Menschen als Kompetenzträger hat deshalb etwas eigenartig Blutleeres, und es kommt nahezu vollständig ohne eine Deutung dessen aus, „was Menschsein eigentlich bedeutet" oder bedeuten kann, weshalb es allenfalls als Anleitungshintergrund für eine Bildungspraxis zu taugen vermag, die keine ist, weil sie nicht zu verhindern weiß, dass manche Menschen – wie Erich Fromm sagt – sterben, bevor sie geboren wurden (vgl. Arnold 2002).

Auch die Argumentation des Bewusstseinstheoretikers Grof stärkt im pädagogisch interessierten Leser den Eindruck, dass sich die abendländischen Bildungstheorien in allzu starkem Maße auf die Reflexion der äußeren Welt begrenzen – auch dies eine Folge von „Descartes Irrtum" (Damasio 1997), weshalb sie auch die Welt der inneren Erfahrungen des Menschen und deren Eingebettetsein in biographische sowie kollektive oder gar transpersonale Systemiken nur unzureichend zu berücksichtigen vermögen. So fehlt den allermeisten Bildungstheorien die Tiefendimension, und sie „hängen in der Luft" der gesellschaftlichen sowie kulturell-zivilisatorischen Außenanforderungen – eine Luft allerdings, die „dünner" wird und angesichts des „Endes der großen Erzählungen" (vgl. Abosch 2000) immer weniger zu nähren vermag. Auch heute noch gilt die Feststellung, die Agi Schründer 1983 in der Enzyklopädie Erziehungswissenschaft traf, dass „die Erziehungswissenschaft [das] Bewusstseinsphänomen kaum zum Gegenstand wissenschaftlicher Analysen gemacht [hat]" (Schründer 1983, S. 341). Da auch in ihr „die Sinn- und die Wissenskategorie den Bewusstseinsbegriff [ersetzen]" (ebd.), schränken sich bildungs- und erziehungstheoretische Konzeptionen weitgehend auf das wissende Bewusstsein ein, was mit einer erdrückenden Beschreibungslosigkeit gegenüber den vorsprachlich-emotionalen – sprachlosen – Dimensionen gereifter oder ungereifter Welterkenntnis, Weltbegegnung und Weltgestaltung einhergeht. Auch für Pädagogik und Bildungstheorie wirft deshalb die Feststellung von Peter Fenwick zahlreiche Fragen auf:

„Für die Subjektivität fehlt eine Erklärung, für die Subjektivität der Sinne wie auch für das Bewusstsein als eigentliche Grundlage unserer Wahrnehmung der Welt und dessen, was wir unter Wissenschaft verstehen. Die galileische Wissenschaft kann, wenn sie Details der Gehirnaktivität betrachtet, allenfalls behaupten, dass subjektive Verfassung und neuronale Aktivität miteinander korrelieren. Und doch stellt man fest, dass viele Wissenschaftler von der Korrelation in die Kausalität hinübergleiten und als Ergebnis ihrer materialistischen Annahmen weitergehende Schlüsse ziehen, als die Beweisführung streng genommen erlaubt" (Fenwick 2003, S. 42 f).

Richtet man sein Augenmerk auf die Pädagogik, so gilt dies insbesondere für die ihr implizite Vorstellung von der Identität von Gehirn, Geist und Bewusstsein, ohne dass allerdings das Wissen über die Gehirnaktivitäten, welche ohne korrespondierende Bewusstseinsprozesse festgestellt werden können, bereits auch nur ansatzweise in eine Theorie der Bildung Eingang gefunden hätte, von einzelnen von der Scientific Community aber in den Bereich der Esoterik verbannten Konzepte einmal abgesehen. Bewusstsein erscheint so als wissendes Bewusstsein, ohne dass dieses wissende Bewusstsein sich selbst wirklich verstehen kann: „Das Wissen kann seinen eigenen Grund nicht erkennen. Es muss ihn sich einbilden" (Ebmeier 2003, S. 366). Dies bedeutet, dass das wissende Bewusstsein letztlich sprachlos bleiben muss und seine Freiheit darin besteht, sich dabei zu beobachten, wie es sich selbst und seinem Leben Gründe gibt, verwundert darüber „dass ich *überhaupt* antworten muss, weil ich überhaupt *fragen* muss" (ebd., S. 365). Letztlich erweist sich das Ich als „unauffindbar" und scheint lediglich in den Reaktionen, die es auslöst und selbst wahrzunehmen vermag, eine substanzielle Spur zu hinterlassen – eine Einsicht, durch die sich die pädagogischen Identitäts- und Subjekttheorien vor nicht unerhebliche Schwierigkeiten gestellt sehen. Denn die „Idee des Ich" übt „[…] unbewusste Einflüsse auf die Wahrnehmung aus, und zwar im Sinne einer Verzerrung, so dass unsere Sicht dessen, was ist, ständig von dieser Idee gefärbt und damit getäuscht wird" (Hayward 1996, S. 175).

Diese Zusammenhänge müssen in Bildungsprozessen wahrgenommen und möglichst genau analysiert werden, um den epistemologischen Narzissmus wirksam überwinden zu können. Es geht dabei zunächst um die Förderung einer „Epistemologie der Bescheidenheit" (Arnold/Siebert 2001), d. h. einer Sensibilität für die Tatsache, dass alles Wahrnehmen ein Beobachten von einem bestimmten Motivations- und Erfahrungshintergrund aus ist. Zu dieser Sensibilität gehört aber darüber hinaus auch ein Bewusstsein von der generellen Konstruktivität unserer Beobachtungen, da so erst die Voraussetzungen entstehen können, die den einzelnen in die Lage versetzt, sich aus Vertrautem zu lösen und Neuem zuzuwenden. Und dieses „Neue" umfasst dann mehr und anderes als das Bisherige. Dies könnte z. B. ein Gespür für die sich hinter dem Rücken, gemeint außerhalb der bewussten Wahrnehmung, herausbildenden Muster des eigenen Lebens sein, welche sich auch ohne unser Zutun nach einer eigenen Logik entwickeln, selbst wenn wir uns über diese Entwicklungen unsere eigenen Darlegungen machen, d. h. unserer Logik folgen. Und „neu" könnte auch eine Grundhaltung sein, die durch eine permanente Achtsamkeit gegenüber der – so paradox es klingen mag – „uns umgebenden" inneren und äußeren Wirklichkeit charakterisiert ist[8]. Damit ist eine Zugewandtheit umschrieben, die sich nicht nur dem Außen (z. B. den sich beständig wandelnden gesellschaftlichen und kulturellen Anforderungen oder – wie manche sagen: Herausforderungen) zuwendet, sondern zugleich auch den diese Außenwahrnehmung fokussierenden, selektierenden und akzentuierenden inneren Dynamiken, die letztlich dafür mit verantwortlich sind, was wir wie im Außen erkennen bzw. wiedererkennen und wie wir darauf reagieren. Vorarbeiten für diesen noch ausstehenden Schritt hat u. a. Gerhard Roth vorgelegt. Sein Buch „Denken, Fühlen Handeln" (2001) kann geradezu als eine Provokation der immer noch vorherrschenden reduktionistisch-mechanistischen Vorstellungen in der Pädagogik gelesen werden.

Anregend ist im vorliegenden Zusammenhang die Rede von der „gelungenen" Bildung, wie sie einem in jüngster Zeit verschiedentlich begegnet. Damit wird Bildung als Leitkategorie bzw. „Messlatte" für pädagogisch gestaltete bzw. arrangierte Bildungsprozesse wieder ins Gespräch gebracht, wobei seltener denn je Klarheit darüber besteht, was diese Kategorie bezeichnet und wie ihr subjektiver Ausdruck beurteilt oder gar gemessen werden kann. Nicht unwesentlich ist die Undeutlichkeit des Bildungsbegriffs aber auch dadurch geprägt, dass dieser sowohl als *Inhalts-* wie auch als *Prozess-, Performanz-* oder *Kompetenzkategorie* verwendet wird, und es in der Regel zumeist undeutlich bleibt, als welche er im konkreten Diskussionszusammenhang gerade eine Rolle spielt. Als Inhaltskategorie verwendet ihn u. a. die Bildungstheoretische Didaktik, die den Aspekt der Inhaltsauswahl und -begründung stark in das Zentrum der didaktischen Diskussion gerückt hat, worin auch ihr bis heute bedeutsames – wenn auch bisweilen schon vergessenes – historisches Verdienst liegt. Da man nicht alles vermitteln kann, was es „gibt", geht es der Bildungstheoretischen

---

[8] F.B. Simon vertritt in seiner systemtheoretischen Analyse menschlicher Kommunikation und menschlichen Verhaltens die Auffassung, dass „[...] sich auch der Körper systemtheoretisch nicht nur als System, sondern auch als Umwelt betrachten lässt. Der Körper (das System physiologischer Regeln), das Verhalten (das System vorschreibender Regeln), das aktuelle Weltbild eines Menschen (das System der beschreibenden Regeln) und das soziale System (das System interaktioneller Regeln) lassen sich jeweils als selbstorganisierende, operational geschlossene, autonome Systeme ansehen, welche nach den Gesetzen funktionieren, die sich aus dem Zusammenwirken ihrer Elemente ergeben" (Simon 2002, S. 88).

Didaktik darum, die Auswahl der Inhalte aus „dem Meer der Möglichkeiten" didaktisch legitimierbar zu begründen („Begründungsproblematik"). Die von ihr hierfür vorgeschlagenen fünf Leitfragen[9], sind auch heute noch äußerst geeignet, Inhalte daraufhin zu analysieren (Didaktische Analyse"), ob sie es „wert" sind, im Curriculum von Schule, Berufsausbildung etc. „vorzukommen". Weitgehend unberücksichtigt ist in dieser bildungstheoretischen Sicht allerdings die Frage, ob es nicht letztlich immer die Lernenden selbst sind, die den unmittelbaren Inhalt des Bildungsprozesses in ihrer Aneignungsleistung überhaupt erst schaffen, völlig unbeschadet der Tatsache, dass die bildungstheoretisch-curriculare Klärung zuvor offizielle Inhalte – nach welchen Kriterien im Einzelfall auch immer – ausgewählt hat, welche durch die Lehre aufgegriffen worden sind.

Diese bildungstheoretischen Aspekte lassen sich wie folgt in eine strukturierende Übersicht bringen:

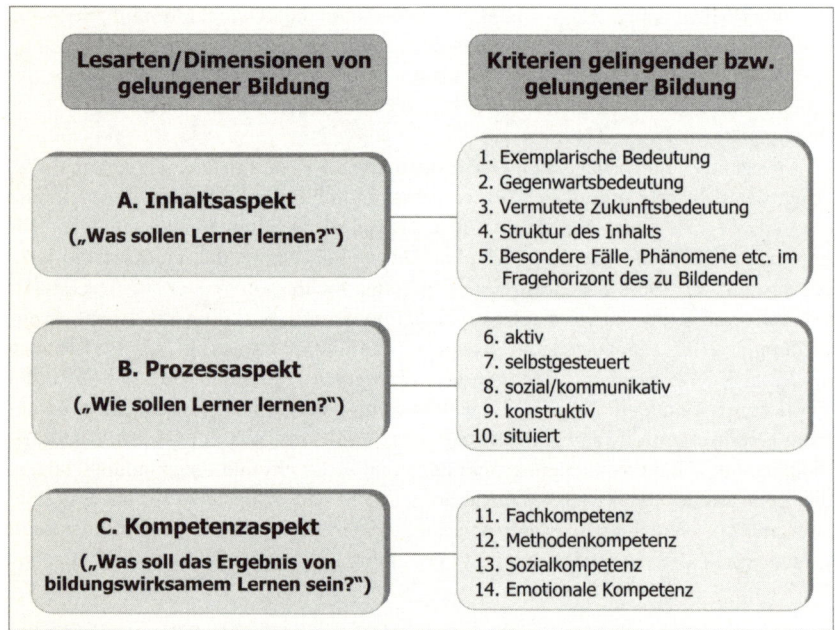

Abb. 1: *Lesarten und Kriterien gelungener Bildung*

---

[9] Vgl. die fünf Kriterien in der Rubrik A der Abbildung 1, welche der Didaktischen Analyse nach Wolfgang Klafki entlehnt worden sind.

Der Prozessaspekt von Bildung richtet das Augenmerk auf die Tatsache, dass die Art und Weise, wie der Bildungsprozess didaktisch inszeniert und gestaltet wird von mindestens ebenso großer Bedeutung für das Gelingen der Bildung ist, wie die Frage nach den Inhalten, die in diesen Prozess einfließen sollen. Bisweilen wird sogar die Auffassung vertreten, dass der Prozess selbst in der sich eskalierend entwickelnden Wissensgesellschaft zunehmend an Bedeutung gewinnt, weil es darauf ankäme, den lernenden Umgang mit Wissen zu „lernen", völlig unabhängig von der Frage, um welches Wissen es sich dabei im einzelnen handelt. Die Folge solcher Sichtweisen, für die einiges – wenn auch nicht in der angedeuteten Radikalität – spricht, ist eine konsequente *Methodisierung der Bildungsprozesse,* welche an das asiatische Motto „Der Weg ist das Zicl!" erinnert. Eine genauere didaktische Analyse vermag zudem konkretere Hinweise darauf zu geben, welche - ebenfalls fünf – Aspekte im Lernprozess gegeben sein müssen, damit sich nachhaltige Bildungseffekte ergeben bzw. entwickeln können (vgl. Reinmann-Rothmeier/Mandl 2001 a) [10].

Diese beiden Ebenen gelingender Bildung – nämlich die Inhalts- und die Prozessebene – legt auch Dieter Lenzen seinen Bemühungen zugrunde, den Stellenwert des Bildungsbegriffes im Kontext einer systemtheoretischen Reformulierung der Bildung als selbstorganisiert-autopoietisches und letztlich emergentes Geschehen neu zu bestimmen (Lenzen 1997). Dabei löst er sich von einem objektivistischen Inhaltsbegriff und definiert Bildung als „individuellen Bestand", der in einem „individuellen Vermögen" seinen Ausdruck findet (ebd., S. 965f). Damit greift Lenzen auf die Figur der „inneren Bildung" zurück (Kerschensteiner: „seelische Gestalt"), welche einen unabhängig von den jeweiligen Inhalten erreichbaren „Zustand" der Persönlichkeit bezeichnet. Bildung ist demnach auch ein individueller Prozess, in welchen die innere Struktur des Menschen („Determiniertheit") sich relativ frei in der Auseinandersetzung mit „äußerer Determination" (z. B. Lernanforderungen, Lernmöglichkeiten) zu entfalten vermag. Dieser Prozess ist nicht linear und erfolgssicher gestaltbar, worauf die neuere systemtheoretisch informierte Bildungstheorie immer wieder hingewiesen hat. So schreibt Ragnar Heil in seiner „Systemische(n) Pädagogik":

„In der Pädagogik wird oft von Wissensinstruktion und Input gesprochen. Diese Wortwahl ist mit systemtheoretischen Konzeptionen nicht kompatibel. Umweltereignisse können nur [in] Form von Irritation, Perturbation oder Störung im System verwendet werden. Die Irritation durch die Umwelt stellt für die Umwelt selbst keine Irritation dar. Ein System entscheidet also mehr oder weniger bewusst, was es unter einer Irritation versteht und ob die Information Neuigkeitswert besitzt. Eine für die Pädagogik relevante Aussage ist, dass der hierarchische Dualismus zwischen Lehrenden und Lernenden aufgeweicht wird" (Heil 1999, S. 42).

---

10 Vgl. die fünf Kriterien der Rubrik B der Abbildung 1.

Diese Aufweichung des „hierarchischen Dualismus" ist letztlich auch bildungs-theoretisch von Bedeutung, ergibt sich daraus auch die Frage nach dem faktischen Sinn der didaktischen Analyse und Selektion von Bildungsinhalten sowie die Frage nach deren „Vermittlung" durch didaktisch-interventionistisches Handeln. Schließlich verweist der Kompetenzaspekt von Bildung damit auf die Frage, welche Ergebnisse mit dem bildungswirksamen Lernen erreicht werden können. Die vorangegangenen Ausführungen zum Inhalts- und Prozessaspekt deuten bereits schon an, dass eine sowohl reine Inhaltsorientierung als auch eine ausschließliche Methodenorientierung zu kurz greifen. Als weiterer Aspekt muss daher die Frage nach den im Lernprozess nachhaltig angelegten Kompetenzen gestellt werden [11], die den Weg langfristig frei machen für selbstgesteuerte Lernprozesse von Lernenden. Dieser Aspekt der Kompetenzentwicklung wird später noch weiter ausgeführt werden. Es sind fachliche, methodische, medienbezogene sowie soziale und emotionale Kompetenzen, deren Entwicklung beim Einzelnen „Bildung" im Sinne einer individuellen Regulationskompetenz (Baethge u. a. 2004) ermöglicht.

---

[11] Vgl. die vier Kriterien der Rubrik C in Abbildung 1.

2.2 Wie viel Wissen braucht der Mensch? – Anmerkungen zur Bildung und Kompetenzentwicklung nach PISA

Es mutet befremdlich an, wie derzeit alle und alles sowohl im internationalen als auch im nationalen Rahmen mit Standards verglichen wird und dann die im Ranking eingenommene Position eine betriebsame Hektik auslöst. Denn es ist doch schließlich nicht hinnehmbar, so wird zumindest unverhohlen nationalistisch diskutiert, dass Deutschland sich nicht unter den ersten fünf Nationen wiederfindet[12]. Dabei gibt es nur wenige, die sich trauen, die impliziten Annahmen der PISA-Aufgeregtheit kritisch zu hinterfragen, auf die Diskussions- und Erkenntnisstände der Pädagogik zu verweisen und auch einmal nachdenklich an die Testeuphorie der 70er Jahre des vergangenen Jahrhunderts zu erinnern, die auch nicht zu halten vermochte, was sie versprach: Die deutsche Bildungslandschaft ist durch den damals schon realisierten Traum vom Messen und Bewerten flächendeckend kaum besser geworden! Daher ist es fraglich, ob die aktuellen Untersuchungen tatsächlich nachhaltige Spuren hinterlassen werden.

Und noch weniger wird die Logik der Bildungspolitik, die hierbei Auftrieb erhält, hinterfragt. Diese versucht manchmal mit einem übersteigerten Aktivismus die Tatenlosigkeit der vergangenen Jahrzehnte zu verschleiern, in denen sich die Bildungspolitik durch keine der zahlreichen OECD-Kritiken am deutschen Bildungswesen aufschrecken ließ, auch nicht durch die Studie „Bildung auf einen Blick" von 2005 (OECD 2005, S. 2), die nochmals deutlich macht, dass beim Bildungsstand „Deutschland auf einem hohen Niveau stagniert". Dies ist angesichts der Logik des Politischen sicherlich verstehbar, vor dem Hintergrund des erreichten Reflexionsstandes in den Erziehungswissenschaften allerdings voller Fragwürdigkeiten und Fahrlässigkeiten.

---

12 Die Äußerung fiel bei der Vorstellung des Fünf-Punkte-Programms „Zukunft Bildung". O-Ton der Pressemitteilung vom 25.6.2002: „Die Bundesministerin für Bildung und Forschung, Edelgard Bulmahn, hat am Dienstag, 25. Juni, in Berlin das 5-Punkte-Programm „Zukunft Bildung" als nationale Antwort auf PISA vorgestellt. Sie betonte: „Wir brauchen eine nationale Antwort, weil wir alle Verantwortung tragen für die bestmöglichste Bildung unserer Kinder und Jugendlichen. Unser Ziel muss sein, in zehn Jahren im internationalen Vergleich nicht mehr im unteren Mittelfeld zu liegen, sondern einen Spitzenplatz unter den ersten fünf OECD-Ländern einzunehmen." Entscheidend sei, dass jetzt gehandelt werde. „Was geschehen muss, muss rasch geschehen!" (Quelle: Pressemitteilung des bmbf vom 25. Juni 2002). Im Programm selbst steht in der Einleitung noch mal was ähnliches: „Die Weichen für die Erneuerung des Bildungssystems müssen jetzt gestellt werden. Mit dem Programm „Zukunft Bildung" tragen wir dazu bei, dass Deutschland in zehn Jahren im internationalen Vergleich einen Spitzenplatz unter den ersten fünf erreicht" (Quelle: E. Bulmahn: Die nationale Antwort auf PISA. Manuskript, 25.6.2002.)

Aber nicht nur Bildungspolitiker, sondern auch immer mehr Erziehungswissenschaftler versuchen den Traum der Messbarkeit mit dem Nimbus der Wissenschaftlichkeit zu verbrämen, und entsprechen mit dieser Haltung genau den überhasteten Veränderungswünschen der Politik. Sogar die Kritische Pädagogik hat lange geschwiegen und kommt erst jetzt mit der Initiative des Forum Kritischer Pädagogen [13] in Fahrt, obwohl es doch genügend Gründe gibt, die statistisch-methodologischen Raffinements zu hinterfragen. Angebracht erscheint es, Antworten auf die Frage zu erarbeiten, wie sich die Aneignung von Kompetenzen in einer Gesellschaft vollzieht, die sich in Milieus differenziert, in denen Lehrerhandeln *nur ein* Faktor für die Entwicklung von Identität und Kompetenz im Lebenslauf darstellt. Gleichzeitig fehlt auch der Hinweis auch auf die Frage, wie man diese mit der jeweiligen gesellschaftlich-kulturellen Situation einhergehenden Milieudifferenzierungen in so unterschiedlichen Kontexten wie Griechenland, Finnland und Mexiko wirklich einigermaßen seriös vergleichen kann. Hier wird deutlich: Die statistisch-methodologische Korrektheit der Vergleichsuntersuchungen erzeugt einen Nimbus von „Wissenschaftlichkeit", den bereits die Fragen, was da eigentlich mit welcher Berechtigung verglichen wird und welche Interpretationen sich daraus substanziell ableiten lassen, vollständig ad absurdum zu führen vermögen.

So entsteht die PISA-Lüge in einem Gemenge aus „Displaced Concretness" und symbolischer Politik, deren einziger positiver Effekt darin besteht, dass Bildung in der gesellschaftlichen Aufmerksamkeit wieder höher im Kurs steht. Doch was nützt dies, wenn die impliziten Annahmen, welche dabei leitend sind, die Bildungspolitik zu Akzentsetzungen verleiten, deren systemische Wirkungen eher kontraproduktiv sind.

Welches sind diese impliziten Annahmen? Zum einen ist dies ein vermuteter Zusammenhang zwischen der erreichten Ranking-Position und einer gerechtfertigten Besorgtheit über die Zukunft des Standortes Deutschland. Für diesen Zusammenhang gibt es de facto zwar überhaupt keine Belege, findet sich doch z. B. Luxemburg, welches den Rangplatz 1 bezüglich seines Bruttoinlandsproduktes pro Einwohner einnimmt, im PISA-Ranking lediglich auf Platz 29. Eine solche Einschätzung, die auch im politischen Diskurs immer wieder bemüht wird, ignoriert die weitgehend vergeblichen Bemühungen der Bildungsökonomie, Zusammenhänge zwischen Bildung und Wachstum wirklich überzeugend nachzuweisen. Zum anderen überschätzt die PISA-Diskussion die Lebenszentralität von Schule. Wenn es zutrifft, wie zahlreiche internationale Studien nahe legen, dass „etwa 70 % aller menschlichen Lernprozesse außerhalb der Bildungsinstitutionen stattfinden" (Dohmen 2001, S. 7), dann wird hier auf den unwichtigeren Bereich des formellen Lernens – entgegen dem internationalen Forschungsstand – fokussiert und damit das alte Bildungsdenken

---

[13] Quelle: http://forum-kritische-paedagogik.de/start/news.php.

(„Was Hänschen nicht lernt...") unreflektiert in die Zukunft hinein verlängert. Dies steht in krassem Widerspruch zu der Tatsache, dass gerade das deutsche Berufsbildungssystem – anders als die anderen PISA-Länder – über einen Ansatz verfügt, in welchem das Lernen am Arbeitsplatz von zentraler Bedeutung ist. Verfügt Deutschland hier am Ende über einen Vorteil in Sachen Kompetenzentwicklung, der dem engen Focus der PISA-Studie verschlossen blieb, weil die Analyse zu einem biografischen Zeitpunkt einsetzt, zu dem die Kompetenzentwicklung bei den Schülerinnen und Schülern noch lange nicht abgeschlossen ist, vielleicht noch nicht einmal ihren Höhepunkt erreicht hat?

Schließlich stärkt die Displaced Concretness der symbolischen PISA-Politik auch ein unsystemisches Denken, welches so tut, als seien intentionale Interventionen in komplexe Systeme leicht möglich und bislang bloß versäumt worden. Kein Wunder, dass bei einer solchen linearen Argumentationsweise die Lehrerinnen und Lehrer schnell als die eigentlichen „Sündenböcke" herhalten müssen, unterstellt man doch, dass die Qualität ihres Unterrichts der eigentliche Verursachungsfaktor für das schlechte Abschneiden im PISA-Vergleich sei, und dass Kompetenz und Bildung „machbar" seien. Dass solche einfachen Wenn-dann-Beziehungen jedoch nicht aufgestellt werden können, weiß nicht erst die systemische Bildungs- und Managementforschung (u. a. Wimmer 2004), deren Konzepte einer Steuerung „von innen heraus" in der Schulentwicklungs-Debatte erst behutsam aufgegriffen werden. Solche systemischen Ansätze werden jedoch mehr und mehr in sich zusammenbrechen, je mehr die Debatte um die PISA-Ergebnisse auf die beschriebene Weise um sich greift und letztlich nur den externen Standards und der Vergleichskontrolle der Vorrang eingeräumt wird. Welche Chancen haben Learning Communities und Projektunterricht bei Lehrkräften, die wissen, dass der nächste Vergleichstest vorbereitet werden will, da die Konstruktion des Erfolges von Schule mit dem Abschneiden in diesem Test zusammenhängt und nicht mit dem kollegial erreichten Lernkulturwandel (vgl. Arnold/Schüßler 1998) in der unterrichtlichen Praxis? Zu fragen ist, ob der Druck durch die Vergleichstests nicht sogar eher eine Rückkehr in eine sich an externen Standards orientierende pädagogische Professionalität anbahnt, während wir doch in anderen Veröffentlichungen, welche die Bildungspolitik in Auftrag gegeben hat, lesen können, dass Bildung und Kompetenzentwicklung im Sinne „individueller Regulationsfähigkeit" von Nöten sei, welche als „Vermögen des Individuums" beschrieben wird, „sein Verhalten und Verhältnis zur Umwelt, die eigene Biographie und das Leben in der Gemeinschaft selbständig zu gestalten" (Baethge u. a. 2004, S. 15). Fraglich ist jedoch, ob sich diese Kompetenzen überhaupt entwickeln können, wenn die Sorge vor der nächsten Untersuchungsreihe einen PISA-Drill nach sich zieht und sich die eigentlich qualitätssichernd gemeinten Instrumente wie Standardisierung und Evaluation als eine neue Form der Schulaufsicht etablieren. Anstatt Entwicklungen in Gang zu setzen, wären dann Stagnation oder Rückschritte in Kauf zu nehmen.

Es ist unbestritten, dass Menschen Wissen benötigen. Ungeklärt bleibt allerdings unter der Perspektive des lebenslangen Lernens, wie viel Wissen zu welchem Zeitpunkt vorhanden sein muss – und immer noch unklar ist, welches Wissen sie tatsächlich benötigen. Und dass mit einer selbständigen Gestaltung der Biographie und des Lebens in der Gesellschaft immer auch eng die Idee des lebenslangen Lernens verbunden ist, ergibt sich auch aus dem zuvor schon ausgeführten Aspekt der kontinuierlichen Wissenserweiterung und den gestiegenen Anforderungen aus Umwelt und Beruf. Dabei zeigt die schon erwähnte OECD-Studie, dass „die Häufigkeit der Teilnahme an beruflichen Weiterbildungen [...] mit der Höhe des formalen Bildungsabschlusses [steigt] und [...] mit zunehmendem Alter [sinkt]" (OECD 2005, S. 19). Aus diesen beiden Tendenzen ergibt sich die Konsequenz, dass der Stagnation von Bildungsbeteiligung entgegen gewirkt werden muss. Gleichzeitig geht es um die Stärkung eines Bildungsverständnisses, das nicht den Wissensbesitz, sondern die Kräfteschulung in den Vordergrund stellt.

2.3 Kompetenzentwicklung und Schlüsselqualifikationen – Erweiterung oder Verengung des Bildungsanspruchs?

Der Begriff der „Schlüsselqualifikationen" prägt das pädagogische sowie insbesondere das berufspädagogische Denken (vgl. Arnold/Müller 2006) seit nunmehr fast einem Viertel Jahrhundert nachdrücklich. Die mit diesem Begriff verbundene Idee ist bestechend: Es gehe darum – so die durch den Begriff des Schlüssels ausgelöste Assoziation – *die* Qualifikationen zu identifizieren und anzubahnen, denen eine aufschließende bzw. erschließende Funktion in der Kompetenzentwicklung des Einzelnen zukommt. Damit löst sich das Bildungsdenken von dem *Konzept des direkten Vorbereitungslernens,* welches jahrtausendelang der Begründung der gesellschaftlichen Funktion von Schule zugrunde gelegen hat, und bezieht eine „reflexive" Position: Nicht mehr die *Vorbereitung auf das Leben,* sondern die *Vorbereitung auf die (Selbst-)Vorbereitung im Leben,* entwickelt sich mehr und mehr zu dem Stoff, aus dem die postmodernen Bildungskonzepte gebastelt werden. In den Blick kommt damit das „Lebenslange Lernen" – eine formelhafte Beschreibung, die zunächst einmal nichts Spektakuläres zu schildern scheint, haben Menschen doch bereits stets ihr ganzes Leben lang neue Erfahrungen gesammelt und erweiterte Kompetenzen erworben, ohne dass dies besonders erwähnt worden wäre.

„Neu" ist allerdings das Nachdenken über die systematische Förderung der Fähigkeiten zum selbständigen Lernen durch die Vermittlung von Selbstlernkompetenzen, die ein solches lebenslanges Bemühen um die eigene Kompetenzentwicklung unterstützen können. So erwartet man z. B. von der systematischen Anbahnung methodischer Kompetenzen, dass Schülerinnen und Schüler sowie Auszubildende oder Studierende, eben Lernende, in die Lage versetzt werden, sich Informationen und handlungsrelevantes Wissen dann selbständig zu erschließen, wenn sie in ihrem Lebenslauf mit Situationen konfrontiert werden, die spezifische Wissensbestände von ihnen erfordern. Auf diesem Wege – so die einleuchtende Argumentation – soll der Tatsache Rechnung getragen werden, dass Schule aufgrund des raschen Wandels angesichts der zunehmenden Globalisierung immer weniger die zukünftigen Lebenssituationen der Schülerinnen und Schüler wirklich substanziell antizipieren kann. Durch die Vermittlung von Selbstlernkompetenzen soll deshalb auch der Ungewissheit und Unvorhersagbarkeit konkret-inhaltlicher Anforderungen reflexiv Rechnung getragen werden.

Die bisherige, eher fragwürdige Praxis, curriculare Festlegungen einfach trotz aller gesellschaftlichen Veränderungen und Notwendigkeiten beizubehalten – nach dem Motto: „Was gestern ein Bildungsinhalt war, kann dies auch morgen sein!" – wird durch eine solche reflexive Konzeption zwar aufgegeben, doch werden bisweilen allzu elegant Konzepte des Erfahrungslernens einfach an deren Stelle gesetzt. Polemisch zugespitzt könnte man diesen Shift durch das Motto charakterisieren: „Vom Fachidioten zum Erfahrungs- oder Methodenidioten!" In seriöserer Formulierung ist damit der Kurzschluss gemeint, dass man dem Lernenden nur erfahrungsbildende Situationen – neuerdings „Lehr-/Lern-Arrangements" genannt – zugänglich machen müsse, damit sich auch die übergreifenden und schlüsselqualifizierenden Kompetenzen quasi-automatisch einstellen können, auf die man in der jüngsten Zeit solchen Wert legt. Ein derartiges erfahrungsorientiertes Konzept hat prominente Vorläufer, die von Jean-Jaques Rousseau über Dewey bis Oskar Negt reichen – alles Denker, denen das Anliegen gemeinsam gewesen ist, Menschen nicht nur mit Wissensbeständen zu „versorgen", sondern ihnen systematisch Gelegenheiten zur eigenen Erfahrungsgenerierung sowie Kompetenzentwicklung zu ermöglichen. Doch Erfahrungen alleine qualifizieren nicht, sie können auch eher blind und unfähig machen für Neues, was dann der Fall ist, wenn sie nicht reflektiert, verglichen, besprochen oder relativiert werden können. Nur der, der an seiner Erfahrung „leidet", ist auch bereit Neues, d. h. andere Sichtweisen und Begründungen wirklich zuzulassen und zu prüfen, um dann gegebenenfalls seine eigenen Gewohnheiten zu ändern. Erst mit einer solchen Reflexionsbereitschaft können die im Umgang mit Erfahrungen gewonnenen Kompetenzen und Routinebildungen zu einer verantwortlichen Praxis werden, die um die Rahmendingungen, Voraussetzungen und Nebenfolgen sowie Ungesichertheit und Vorläufigkeit des eigenen Wollens und Tuns weiß. Eine grundlegende Voraussetzung für einen solchen Evolutionsprozess der Kompetenz ist in diesem Zusammenhang die Fähigkeit des „rechtzeitigen Vergessens" (Laszlo u. a. 1992, S. 115):

> „Die Unumkehrbarkeit ist ein Grundmerkmal der Evolutionsprozesse, und Unumkehrbarkeit bedeutet, dass nichts mehr in der gleichen Art funktionieren wird, welche sich früher als eine brauchbare Handlungsweise erwiesen hat. Neue Bedingungen verlangen neue Praktiken, und diese erfordern, dass alte Handlungsweisen in die Vergangenheit verbannt werden" (ebd.).

In der Debatte um die Schlüsselqualifikationen sind diese Aspekte des reflektierten Umgangs mit Kompetenzen immer wieder thematisiert worden. Daraus ergab sich mehr und mehr eine Art Mischkonzept, welches durch zwei grundlegende Aspekte gekennzeichnet ist: Zum einen durch eine *Methodisierung der Bildung,* womit der bereits erwähnte Sachverhalt gemeint ist, dass niemand Schlüsselqualifikationen nachhaltig erwerben kann, die er nicht in der Lernsituation selbst einüben und – im Kleinen – selbständig anwendend immer wieder üben kann, weshalb schlüsselqualifizierender

Unterricht selbst bereits halten muss, was er verspricht und man deshalb damit konfrontiert ist, das Ziel mit der Realisierung des Ziels zu erreichen. Zum anderen müssen Lerner auch *Zusammenhangs- und Beurteilungswissen* aufbauen können, welches nur in Teilen durch ein selbsterschließendes Lernen gelingen kann. Deutlich wird dies u. a. bei der Förderung von Kritikkompetenz. Diese kann kaum allein dadurch angebahnt und gefördert werden, dass man einen formalen Algorithmus an zu beurteilende Behauptungen anzulegen übt, es bedarf vielmehr oft aufdeckender, infragestellender oder gegenargumentierender – perturbierender, wie die Konstruktivisten sagen – Positionen, die ins Spiel gebracht werden müssen. Es bedarf eines Lehrenden, der – wie Hans Tietgens es verschiedentlich ausdrückte – in der Lage ist, eine weitere Perspektive vorzulegen, und oft besteht dessen Aufgabe in einer geradezu sokratischen Form darin, vorschnelle Gewissheiten in Frage zu stellen, Argumentations- und Begründungsmuster zu „stören", um die Aufmerksamkeiten vom Lernen „richtiger" Begründungen weg zum Erwerb eigener Begründungsfähigkeiten zu lenken. Denn *Begründungskompetenz* ist eine der Schlüsselqualifikationen, die dem Bildungsanspruch am nächsten stehen. Notwendig ist, um eigene Thesen oder Behauptungen begründen oder vorgetragene Begründungen auf ihre Stichhaltigkeit überprüfen zu können, dass ein Gestus der Auseinandersetzung erlebt und geübt werden kann, der die Möglichkeiten selbstgesteuerten Lernens sprengt. Unerlässlich ist dafür ein Lernen höherer Ordnung. Während Lösungswissen, d. h. Kenntnisse zur Bewältigung vorgegebener Situationen, übernommen oder erschlossen werden kann (z. B. durch selbständige oder arbeitsteilig-kooperative Recherche), überschreitet das *Begründungslernen* dort, wo es einen wirklichen Fortschritt mit sich bringt, die bislang bewährten Muster der Gedankenführung und Argumentation. Aus diesem Grunde bedarf die Entwicklung einer Begründungskompetenz eines sokratischen Lehrenden (Horster 1992), der seine Aufgabe in der oben beschriebenen Art und Weise wahrzunehmen weiß.

Anders ist dies bei den „gängigen" Schlüsselqualifikationen, die sich zu einer *Sozialkompetenz* oder einer *Methodenkompetenz* bündeln lassen. Bei ihnen steht eine Art Routinebildung alternativer Art im Vordergrund. Ebenso, wie Lernende mehr und mehr Routinen im Umgang mit einem geführten Lernen entwickeln können – sie „lernen" dabei eben, dass sie in einer überwiegend passiven Rolle zu verharren haben, so können sie auch Routinen in der aktiven und selbstgesteuerten Auseinandersetzung mit „zugemuteten" Lernsituationen ausbilden. Dies kann man deutlich bei Schulklassen beobachten, die es gewohnt sind, ihre Lernarbeit nach dem Konzept der Freiarbeit von Maria Montessori (2002) zu organisieren: Sie nehmen beim Eintritt in die Klasse selbständig die ihrem Anforderungsniveau entsprechenden Aufgabenstellungen in Angriff und beginnen, selbst wenn keine Lehrperson im Raume ist, mit ihrer Lernarbeit. Ähnliches zeigen eindrucksvoll zahlreiche industrielle Erfahrungen mit neuen Methoden betrieblicher Ausbildung (Witthaus / Wittwer / Espe 2003). Auch dort kann man beobachten, dass Lernen mehr und mehr in die Initiative der Lernenden übergeht, die „gewohnt" sind, anstehende

Probleme in Kooperation mit anderen zu lösen und die Lehrperson (den Ausbilder) nur noch als Ressourceperson oder als Coach im Lernprozess in Anspruch zu nehmen. Gemeinsam ist diesen Ansätzen eine Art angeleitetes Selbststudium, dessen Intensität und Qualität in entscheidendem Maße davon abhängt, ob und in welchem Umfang die Lernenden (bereits) in der Lage sind, ihr Lernen selbstgesteuert zu organisieren, eine Fähigkeit, für die einiges vorbereitend bzw. lernkulturell sozialisierend getan werden kann [14].

Bei den Bemühungen, schlüsselqualifizierende Ansätze zu entwickeln, kommt der *Methode des Lernens* eine herausragende Bedeutung zu. Dabei geht es nicht nur darum, wie bisweilen unterstellt, einem inhaltslosen Lernen das Wort zu reden, sehr wohl geht es aber darum, dem Lernprozess als solchem wesentlich mehr Aufmerksamkeit zu schenken. Das Lernsubjekt lernt eben nicht nur – und häufig überhaupt nicht oder nur vorübergehend, das, was inhaltlich thematisiert wird, sondern es lernt auch, wie es lernt. Und dabei wird durch jeden Lernmodus eine Lernerhaltung sozialisiert, die das weitere Lernen kanalisiert. So „lernt" jemand, der jahrelang dazu genötigt wurde, ihm angetragene Inhalte anzueignen, eben auch, dass Lernen etwas mit Fremdbestimmung zu tun hat, bei der es nicht in erster Linie darauf ankommt, welche Fragestellungen sich bei ihm selbst ergeben und für welche inhaltlichen Themen, Weiterführungen oder Vertiefungen er sich selbst interessiert [15]. Und trotzdem „funktioniert" dieses Lernen zumindest vordergründig – auch weil es im Kontext einer defensiven Lernkultur (vgl. Holzkamp 1993) stattfindet, d. h. in einem Kontext, der letztlich gegenüber dem Einzelnen durchsetzen kann, in welcher Gründlichkeit und Tiefe er zugemutetes Wissen wiederzugeben oder anzuwenden in der Lage sein muss. Es kommt dabei lernkulturell ein Machtfaktor ins Spiel, der zwar Wirksamkeit zu entwickeln vermag, welche allerdings nicht als „Beleg" für das Gelingen von Steuerung angesehen werden darf. Fritz B. Simon schreibt:

---

14 Ausgehend von diesem Gedanken wurde und wird an der Technischen Universität Kaiserslautern die Lehrveranstaltung „Einführung in die Pädagogik" auch als Einführung in die selbständige Organisation und Optimierung des eigenen Lernens gestaltet. Zugrundelegt ist dabei die Überlegung, dass nur solche Menschen Lehr-Lern-Experten zu werden vermögen, die – als eine Art Conditio-sine-qua-non – über ihr eigenes Lernen sowie die Möglichkeiten dessen gezielter Optimierung „Bescheid wissen". Diese Überlegung verweist auf einen für „helfende" Berufe insgesamt typischen Sachverhalt, dass nur derjenige eigentlich ein guter Helfer ist, der die Notlage, in der es zu helfen gilt, aus eigener tiefer Erfahrung kennt. In der Psycho- und Familientherapie bedeutet dies, dass sich die Qualität des Therapeuten nicht danach bemisst, wie ihm sein eigenes Leben „gelungen" ist, sondern wie er mit Niederlagen, Enttäuschungen und Krisen selbst hat umgehen können. Wir haben es also mit einem Shift von Stabilitäts- zu Wandlungskriterien als Maßstäbe für professionelles Handeln zu tun, denn das einzig Stabile ist in der postmodernen Realität helfender Berufe der Wandel.

15 Ähnlich sozialisierend kann aber auch eine Lernkultur des selbstgesteuerten Lernens wirken: Die Lernsubjekte übernehmen dabei früh einen Lernhabitus, der der Tatsache Rechnung trägt, dass „signifikantes" (Rogers), „expansives" (Holzkamp 1993) oder „nachhaltiges" (Schüßler 2001) Lernen immer ein selbstgesteuert angeeignetes Lernen ist, das ihrer eigenen Regie und Verantwortung unterliegt. Frigga Haug weist deshalb wohl zu Recht darauf hin, dass es „ganz unzureichend wäre, Lehren als

„Die Grundlage von Machtbeziehungen bildet im zwischenmenschlichen Bereich nicht die Möglichkeit der *instruktiven*, sondern der *destruktiven und konstruktiven* Interaktion: die Fähigkeit der Menschen, sich gegenseitig zu beunruhigen, ihren (Über-)Lebensraum zu begrenzen oder zu erweitern, und sich gegebenenfalls umzubringen. Da man andere Menschen nicht direkt steuern kann, bleibt nur die Möglichkeit, sie indirekt dazu zu bringen, sich so zu verhalten, wie man möchte. […] Wo immer in der Interaktion einer die Optionen des anderen so beschränken kann, dass ihm keine Wahlmöglichkeiten bleiben, ist eine Machtbeziehung entstanden. Von außen wie von innen gesehen kann dann der Eindruck entstehen, Menschen könnten einander steuern" (Simon 2002, S. 234 f).

Dieser Eindruck ist aber ein Kurzschluss. Übersehen wird immer wieder, dass der beobachtbare „Erfolg" der *schulischen Instruktionshypothese* allein auf den nötigenden Machtkontext der defensiven Lernkultur zurückzuführen ist und nicht darauf, dass Intervention oder instruktive Kommunikation wirklich möglich sind. Dabei ist dieser Kontext in starkem Maße durch den *einseitigen Methodenbesitz* strukturiert. Es ist der Lehrende, der letztlich die Methode „besitzt", d. h. über das methodische Arrangement entscheidet – auch und weil die Lernenden bislang nicht in den Besitz von Lehr-/Lern-Methoden gelangen konnten. Zwar werden Schule, aber auch betriebliche Bildungsarbeit und Erwachsenenbildung, sich wohl niemals vollständig aus der Paradoxie lösen können, eine „freiwillige" Leistung gewährleisten (und beurteilen) zu müssen, die in Wahrheit nur erzwungen, nicht erzeugt werden kann[16],

Tat von oben, belehrt werden als Schicksal von unten zu fassen" (Haug 2003, S. 45), wie sie dies in der Holzkampschen Lerntheorie (Holzkamp 1993) angelegt sieht, und stellt ungewollt ganz im Einklang mit der Systemtheorie fest: „Lernen bleibt so auf jeden Fall eine subjektive Tätigkeit, die durch Belehren nicht ersetzt werden kann. Lehren kann unter solchen Bedingungen kaum mehr sein als der stete Versuch, eine kritische Lernhaltung zu ermöglichen und Wissensbestände, Methoden der Aufschlüsselung von Welt vorzuschlagen" (ebd., S. 46).

16 Peter Fuchs hat sich mit der Undenkbarkeit von intentionaler Intervention aus systemtheoretischer Perspektive befasst, dabei auch die Paradoxie einer Ermöglichung von Selbststeuerung durch „Umweltmanipulationen" (erwachsenenpädagogisch: „Lernarrangements") kritisch in den Blick genommen und die in diesem Zusammenhang wirksame „cartesische" Sicht der Dinge beleuchtet. Da lineare und ergebnissichernde Intervention nicht möglich ist – ein Sachverhalt, der sich auch in Lerntheorie und Didaktik zunehmend herumgesprochen hat, – „[…] wird die autopoietische Geschlossenheit psychischer und sozialer Systeme akzeptiert und daraus dann gefolgert, dass die zielgerichtete, kontrollierte Variation von Umweltbedingungen Systeme zu Selbständerungen stimuliert, die sozusagen nahe dem liegen, was das intervenierende und das intervenierte System erhoffen" (Fuchs 1999, S. 42). Für Fuchs ist dieses Vorgehen mit einer „Hypostasierung von Umwelt" (ebd.) verbunden, der letztlich so eine Rolle zugeschrieben werde, wie sie dem handelnden Akteur lange Zeit zugeschrieben wurde, wobei plötzlich wieder Elemente einer gewissen Machbarkeit (z. B. durch Umweltarrangement) fröhlich Einzug in die Theoriebildung halten. Fuchs stellt in einer Fußnote fest: „Diese seltsame Gemengelage von Handlungs- und Systemtheorie ist das asylum ignorantiae, in das eingekehrt werden muss, wenn Intervention letztlich doch cartesianisch gewollt ist" (ebd., S. 43).

doch eröffnet die Förderung der Methodenkompetenzen der Lernenden ihnen zumindest rein logisch den Weg für ein Lernen, welches sich einstellt und Zielen dient, die weder erzeugt noch erzwungen werden wollen, womit sich eine subjektive Eigenlogik von Bildung methodisch zu entfalten vermag. Insofern sind Methoden keineswegs nur „Wege" zu vorgegebenen Inhalten, sie sind auch Chancen für das Emergieren eigener Suchbewegungen und Bildungsanliegen. Hinter der Methodenorientierung des Lernens, wie sie seit der Schlüsselqualifizierungsdebatte zunehmend an Bedeutung gewonnen hat, verbirgt sich deshalb auch ein Ansatz, der der tatsächlichen Logik, nach der sich lernende Systeme entwickeln, angemessener Rechnung zu tragen vermag. Denn eine Überwindung des einseitigen Methodenbesitzes ist ein Weg, der es lernenden Systemen ermöglicht, optional die möglichen Lernwege und Lernprozesse selbst zu bestimmen und zu erweitern.

Das Verhältnis von Lehren und Lernen in Bildungsprozessen erweist sich bei einer genaueren Betrachtung als unhintergehbar und unauflösbar paradox – ein Sachverhalt, an dem sich die erwachsenendidaktische Debatte bislang vergebens abgearbeitet hat. Die unter systemtheoretischer Perspektive grundlegende Paradoxie ist die zwischen Selbststeuerung und Fremdsteuerung bzw. zwischen Autopoiesis und Intervention. Gleichzeitig ist es so, dass Bildung logisch unvermeidbar mit Zumutungen einhergeht, seien diese inhaltlicher oder lernmethodischer Art. Es stellt sich hierbei die Frage, wie sich didaktische Konzepte eines selbstgesteuerten Lernens sowie einer *emergenten Bildung* überhaupt begründen lassen, wenn schon die Fokussierung auf Teilnehmererfahrungen ebenso wie die „Einräumung" lernstrategischer Selbstbestimmung zumeist „von außen" an die Lernenden herangetragen werden. Gilt für solche Bemühungen gleich welcher Begründung nicht vielleicht grundsätzlich, dass man nicht *nicht* fremdsteuernd Lernen „pädagogisch unterstützen" kann? Und wäre dies dann nicht auch eine Position, die nicht nur ehrlicher, sondern auch deutlicher bildungstheoretisch begründbar wäre? Denn Bildung war immer schon, wie Günter Dohmen in seiner bereits zitierten umfangreichen Studie zum Bildungsbegriff nachgezeichnet hat (Dohmen 1964), ein normatives Konzept, ein einem „Ebenbild" (so die Imitatio-Dei-Wuzel) nachempfundenes Bestreben, dieses Ebenbild tatsächlich zu schaffen. Die normativen Aufladungen sind somit der Logik des Bildungsdenkens inhärent. Keine bildungstheoretische oder didaktische Konzeption kann aus dieser impliziten Normativität wirklich aussteigen, sie kann sich nur mehr und mehr an eine dann aber notwendig paradoxale Bildungsansprüchlichkeit annähern, deren Normativität – wie bereits eingangs angesprochen – eben einer Selbstbeschreibung entspricht, die der Watzlawickschen Doppelbindungsfalle eines „Sei spontan!" nachempfunden ist. Die Norm ist dann die, dass es – zumindest explizit – keine Norm gibt, selbst wenn man nicht ohne „Rahmung" etc. auskommt, und die Steuerung (die man in den anderen Konzepten als so „normativ" empfindet) liegt eben darin, dass man den Lernprozess zur Selbststeuerung „steuern" möchte – paradoxale Verstrickungen, aus denen die pädagogische Debatte noch keinen anderen Ausweg als den der Abgrenzungsargumentationen gefunden zu haben scheint. Man kritisiert das in den anderen Konzepten, was doch das eigene Konzept notwendig auch charakterisiert.

In diesem Sinne brechen auch in der bildungstheoretischen und didaktischen Debatte immer wieder cartesische Elemente durch, weil „man" doch irgendwie „gewohnt" ist, als Professional den Lern- und Bildungsprozessen irgendeine Richtung geben zu müssen, selbst wenn die Stimmen sich mehren, die uns deutlich machen, dass das Wissen jeweils individuell im Gehirn neu erschaffen wird (Roth 2003). Einer ermöglichungsdidaktischen Bildungstheorie (vgl. Arnold/Schüßler 2003) kann es deshalb nicht wirklich um die Möglichkeiten einer subtilen Steuerung durch Umweltarrangements gehen, wenn auch die Rede vom Lehr-/Lernarrangement diesen Verdacht erzeugen mag, *vielmehr versuchen die unter diesem Label entwickelten Konzepte der Tatsache Rechnung zu tragen, dass lernende Systeme ihrer letztlich ganz eigenen Logik folgen* – ein Gedanke, der auch in der Bildungsdebatte nicht völlig neu ist, der aber gleichwohl immer wieder zugunsten einer restinterventionistischen Sicht der Dinge verfremdet worden ist. Man scheute sich letztlich, den Schritt in Richtung einer *nichtinterventionistischen Bildungstheorie und Didaktik* wirklich zu tun, da bei diesem Schritt alle möglichen professionellen Zuständigkeits-"Gewohnheiten" sowie bildungstheoretischen Selbstbeschreibungen aufgegeben werden müssten. Dies rüttelt einerseits auch am Selbstverständnis und den bisherigen „Sehgewohnheiten" der Lehrenden und geht vermutlich auch mit Verlustängsten einher, sich überflüssig zu machen und damit die eigene Identität in Frage zu stellen, andererseits führt es zu dem Dilemma der vermeintlich notwendigen Steuerung der Nichtsteuerung.

Es ist diese Unvermeidbarkeit steuernden Handelns, mit welcher sich die Pädagogik noch nicht wirklich gründlich auseinandergesetzt hat. Deshalb wird immer wieder so getan, als sei Nichtsteuerung und Nichtnormativität wirklich möglich, was gleichwohl nicht der Fall ist, wie uns auch die systemtheoretische Debatte zeigt.

Ein bildungstheoretischer und didaktischer „Ausweg" aus diesem Dilemma kann darin gesehen werden, dass man bei der Inszenierung von Lernprozessen der Logik der selbstgesteuerten Aneignung [17] folgt, welche ja ohnehin am Wirken ist. Dies bedeutet auf der Ebene der praktischen Bildungsarbeit, dass man sich von lehrorientierten Didaktikmodellen löst und stärker lernerorientierten Sichtweisen zuwendet [18].

---

[17] In diesem Sinne versteht Erhard Meueler „Lernen als Aneignung der Welt und seiner selbst [...] als Subjektentwicklung" (Meueler 1993, S. 123). Diese versteht er als „[...] Wachstum all jener Kräfte, Fähigkeiten und Fertigkeiten, zur Zunahme von Kenntnissen, Einsichten und Einstellungen [...], die die bloße Funktionalität übersteigen" (ebd., S. 157).

[18] Aus diesem Grund „trifft" auch die Kritik von Oelkers an der Systemtheorie nur sehr begrenzt, da er – explizit – Kausalität nachfragt, deren faktische Gegebenheit das systemtheoretische Denken geradezu ausschließt: „Es fehlt" – so sein Monitum –„eine Theorie des Lehrens, die angeben kann, wie ein psychisches System ein anderes so beeinflussen kann, dass das andere System beeinflusst wird" (Oelkers 1987, S. 193).

Wenn es schon fraglich zu sein scheint, ob und wie „Vermittlung" systemtheoretisch überhaupt gedacht und – intentional, d. h. letztlich: „kausal" – verursacht bzw. inszeniert werden kann, so spricht einiges dafür, diesen didaktischen Fokus insgesamt zu verlassen und stärker von der *Logik der Aneignung* her das didaktische Geschehen zu konzeptualisieren – immer der Tatsache bewusst, dass entsprechende Konzeptualisierungen auf Beobachtungen von Beobachtern basieren, die nicht „Herr des Geschehens" sind oder überhaupt sein können. Deshalb ist es angemessen, von einem „Geschehen" zu sprechen, welches „emergiert"- auch ohne didaktisches Handeln, d. h. ohne dass motiviert und gelehrt wird. Letztlich emergiert Lernen als *Selbstlernen,* d. h. als Eigenartikulation des Subjektes, weshalb es naheliegend ist, genauer nach den Selbstlernkompetenzen als der subjektiven Basis von Lernen zu fragen. Für diese subjektorientierte Perspektive ist eine neue Art der Hinwendung auf das Subjekt typisch, die weniger material (z. B. im Sinne von Emanzipation) als vielmehr reflexiv orientiert ist; die Konzentration auf Entwicklung und Stärkung der subjektiven Kräfte überlässt zwar vieles dem Subjekt, was früher der pädagogischen Anmaßung anheim fiel, kommt aber gerade damit auch in vielem den Anforderungen des Zeitgeistes und der Moderne entgegen, woraus einige schon einen neuen Bildungsbegriff ableiten zu können glauben. In diesem Sinne stellt Rosemarie Klein fest:

„Die Entwicklung und Förderung der Kompetenz zum Aufsuchen, Auswählen, Verarbeiten, Werten und Einordnen jeweils relevanter Informationen und der Fähigkeit zur Umsetzung des erarbeiteten Wissens in wirksames Handeln wird zum entscheidenden Bildungsziel werden" (Klein 2000, S. 57).

Der Frage nach den Selbstlernkompetenzen als der subjektiven Basis von Lernen wurde in einer mehrjährigen empirischen Untersuchung an der Universität Kaiserslautern genauer nachgegangen (vgl. Arnold / Gómez Tutor / Kammerer 2002). Ausgehend von einer Definition, welche Selbstgesteuertes Lernen als einen aktiven Aneignungsprozess mit umfassenden Möglichkeiten zur eigenen Ausrichtung (Bedarfsdefinition, Zielsetzung etc.), zur Unterstützungsnutzung (Lernressourcen etc.) sowie zur Überprüfung im Lernprozess versteht, wurde versucht, die Selbstlernkompetenzen zu identifizieren, welche ein solches Lernverhalten konstituieren. Dabei wurde u. a. deutlich, dass die Selbstlernkompetenzen, welche eine Person „nutzt", in Abhängigkeit von ihrer Einschätzung bezüglich der Frage stehen, ob sie sich als selbstgesteuert einschätzt. Hoch-selbstgesteuert Lernende weisen hierbei folgende charakteristische Merkmale im Unterschied zu den Menschen auf, die sich als weniger selbstgesteuert Lernende bezeichnen:

- Sie verfügen bereits zu Beginn eines Lernprozesses über mehr anschlussfähige Fachkompetenz in dem jeweiligen Lernbereich [19].
- Sie setzen wesentlich mehr sowie weitaus komplexere, tiefenverarbeitende methodische Kompetenzen ein (z. B. Planungs- und Strukturierungsmethoden im Gegensatz zu oberflächenverarbeitenden Formen, wie Markieren, Wiederholen etc.).
- Insgesamt zeigt sich, dass hoch-selbstgesteuerte Lerner deutlich mehr dazu tendieren, in einem umfassenderen Sinne für ihre Lernprozesse selbst planend, realisierend und kontrollierend tätig zu sein, wobei sie damit mehr und mehr die Zuständigkeiten übernehmen, die traditionellerweise den Lehrenden obliegen.
- Hoch-selbstgesteuert Lernende lernen deutlich zielorientierter: Sie bringen signifikant mehr Energie und Konzentration für die Zielerreichung auf, während weniger-selbstgesteuert Lernende in stärkerem Maße der extrinsischen Motivation sowie der Anleitung, Rahmung und Kontrolle bedürfen.
- Motiviertheit sowie lerntechnische Kompetenzen sind jedoch nicht die einzigen Erfolgsgaranten für selbstgesteuertes Lernen. Hinzutreten müssen vielmehr positive Grundstimmungen gegenüber der Lernaufgabe sowie gegenüber dem eigenen Lernprozess, da diese das „Interesse" einer Person ganz wesentlich zu konstituieren scheinen.

Weniger deutlich sind die Unterschiede zwischen hoch- und wenig-selbstgesteuerten Lernern im Blick auf die kommunikative sowie die soziale Kompetenz. Hier weisen die Kaiserslauterer Ergebnisse darauf hin, dass die leicht erhöhte Ausprägung der kommunikativen Aktivitäten von hoch-selbstgesteuerten Lernern auch in einem gewissen Zusammenhang mit deren erhöhter fachlicher Kompetenz zu stehen scheinen. Da sie bereits mehr von der Sache verstehen, sind sie auch besser in der Lage, das Wort zu ergreifen und argumentierend bei der Auseinandersetzung über Problemlagen und fachliche Lösungsmöglichkeiten mit eigenen Vorstellungen mitzuwirken als dies bei fachlich weniger Versierten der Fall ist. Hier kann wieder auf die Zirkularität selbstgesteuerten Lernens verwiesen werden: die Voraussetzungen für selbstgesteuertes Lernen stellen jeweils auch das Ziel des Lernprozesses dar.

---

[19] Hierdurch werden auch Argumentationen bestätigt, wie sie u. a. Reinmann-Rothmeier und Mandl (2001b, S. 626) vortragen, die darauf hinweisen, dass anschlussfähiges Wissen für selbstgesteuerte Lernprozesse nach eigenen Untersuchungen eine wesentliche Voraussetzung darstellt und erst auf der Basis einer solchen primären kognitiven Strukturiertheit weitere Aneignungsprozesse im Sinne der Konstruktion, Rekonstruktion oder Dekonstruktion von Wissen, wie Kersten Reich (1998) dies bezeichnet, möglich werden.

Ähnlich zurückhaltend sind die Ergebnisse bezüglich der etwas ausgeprägteren sozialen Kompetenz von hoch-selbstgesteuert Lernenden zu bewerten: Ihre höhere Kompetenz nutzen solche Lerner vergleichsweise häufiger dazu, Rat, Austausch und Unterstützung bei anderen zu erhalten, dieser Sachverhalt könnte aber auch in Verbindung mit der ausgeprägteren Zielorientierung der hoch-selbstgesteuert Lernenden im Lernprozess gesehen werden. Dieser Faktor mag auch erklären, dass die hoch-selbstgesteuert Lernenden zugleich weniger an einer – aus ihrer Optik möglicherweise als „ablenkend" oder „zeitraubend" bewerteten – Zusammenarbeit mit anderen während ihres Lernprozesses interessiert sind. Zwar stehen die hoch-selbstgesteuert Lernenden dem sozialen Austausch nicht völig ablehnend gegenüber, sie erscheinen aber in der Tendenz eher als autonome bzw. strategische Lerner. Die folgende Abbildung zeigt die notwendigen Selbstlernkompetenzen im schematischen Überblick, wobei der Grad der Selbststeuerung mit der Kompetenzentwicklung zunimmt. Als Sockel können die sozialen und die kommunikativen Kompetenzen betrachtet werden (vgl. Abbildung 2).

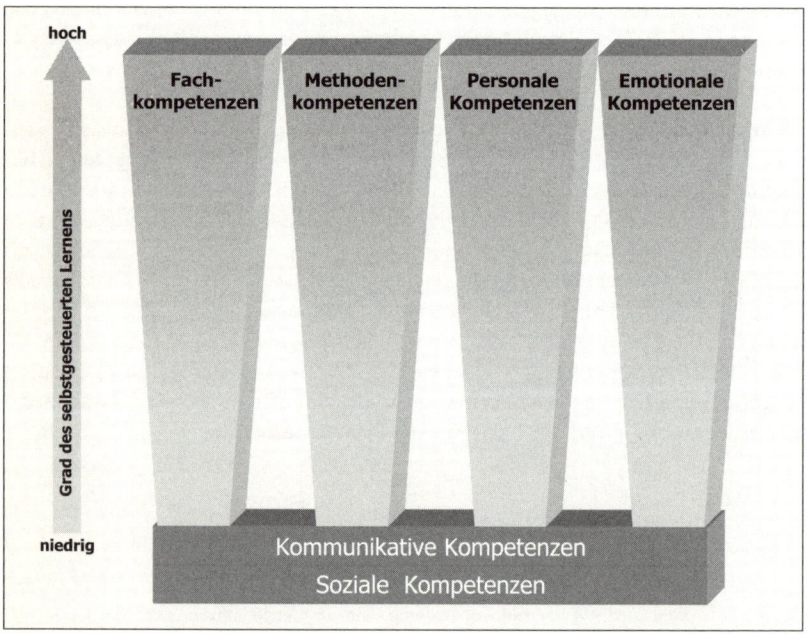

Abb. 2: Signifikante Selbstlernkompetenzen für selbstgesteuertes Lernen

Die Selbststeuerungsfähigkeit in Lernprozessen ist demnach eine Variable, die zu einer differenzierenden Nutzung sowie Ausgestaltung von Lernsituationen führt. Es ist in Anbetracht der referierten Ergebnisse kaum möglich, von *der* Selbststeuerung oder *dem* selbstgesteuerten Lernen zu reden, vielmehr ist von pluralistischen Aneignungsstrukturen bei den Lernenden auszugehen. Hoch-selbstgesteuert Lernenden stehen bereits – so zeigen die Ergebnisse der Kaiserslauterer Untersuchung nachdrücklich – eine Reihe von Selbstlernkompetenzen zur Verfügung, auf die wenig-selbstgesteuert Lernende nicht zurückzugreifen vermögen. Beide Gruppen treten demnach mit unterschiedlichen Selbstlernkompetenzen in Lernprozesse ein, nutzen diese deshalb auch sehr unterschiedlich und greifen auch in anderer Weise und mit unterschiedlichen Ansprüchen auf die Lehrenden zurück (Arnold/Gómez Tutor/Kammerer 2005). Wenn dem so ist, dann stellt sich die Frage, durch welche Vorkehrungen, Arrangements oder Begleitungen diesen unterschiedlichen Voraussetzungen von Lernenden antizipierend Rechnung getragen werden kann, um dem Ziel näher zu kommen, in Lernprozessen auch die Selbstlernkompetenzen systematisch zu fördern.

Angesichts des feststellbaren Aneignungspluralismus zwischen hoch- und wenigselbstgesteuertem Lernen lassen sich kaum starre Regeln für eine Selbststeuerungsdidaktik ableiten. Es scheint vielmehr so zu sein, dass bereits dieser Pluralismus selbst Ausdruck dessen ist, an das eine entsprechende Didaktik anschließen kann: *die Vielfalt und Spezifität der Unterschiedlichkeit.* Diese präsentiert sich u. a. bereits auf der Ebene der Erwartungen der Lerner: So erwarten z. B. lernungewohnte und wenig-selbstgesteuerte Lerner – folgt man den Ergebnissen der Kaiserslauterer Untersuchung – von den Lehrenden etwas völlig anderes als die hoch-selbstgesteuerten Lerner. Während erstere von den Lehrenden motivierende und aktivierende Unterstützung in Verbindung mit einem größeren Ausmaß an Vermittlung von Inhalten und Lernmethoden erwarten, gehen von den hoch-selbstgesteuerten Lernenden eher Erwartungen in Richtung auf die Wissensstrukturierung und -vermittlung zur Unterstützung der eigenen Tiefenverarbeitung im Lernprozess aus (vgl. ebd., 2005).

Aus solchen disparaten Tendenzen ergibt sich ein enger Bezug zum Thema der Lernberatung (vgl. Pätzold 2004). Da der Lernende im Idealfall nur selbst erkennen und entscheiden kann, welche Kompetenzen er noch entwickeln muss, um sein selbstgesteuertes Lernverhalten noch weiter zu optimieren, kann dies lediglich in einem Dialog mit einem kompetenten Berater, der um die Metakategorie der Selbstlernkompetenz „weiß", unterstützt werden. Gerade dafür ist ein gewandeltes professionelles Selbstbild der Lehrenden notwendig: Diese müssen den Lernprozess als ein prozessoffenes Arrangement entwickeln (lernen), in dessen Kontext Lernende auch die Möglichkeit haben, die Kompetenzen zu üben und zu entwickeln, die den Lernprozess vorbereiten und begleiten, nicht nur „absolvieren". Dabei ist es auch möglich, dass – im Sinne einer Metaperspektive – Kompetenzen selbst zum Lerngegenstand werden, über deren Bedeutung und Ausprägungsformen man unterrichtet wird, die man durch spezifische Trainingsverfahren verbessern und üben kann. Gleichzeitig müssen Lehrende ihren diagnostischen Blick auf den disparaten Stand der Selbstlernkompetenz der Lernenden schulen. Nur so können sie „passende" Zugänge bereitstellen, um z.B. wenig-selbstgesteuerten Lernern die Möglichkeit zu eröffnen, von oberflächenverarbeitenden zu tiefenverarbeitenden Strategien der Aneignung „vorzustoßen", wobei – wie die referierte Untersuchung zeigt – der dadurch erreichbare Anstieg der Selbststeuerung als Motivationsfaktor wirken kann.

Ähnliche Wirkungen lassen sich auch im Hinblick auf die emotionale Kompetenz des Selbstwirksamkeitserlebens erwarten: Wer sein Selbstkonzept infolge der Erfahrung einer optimaleren Selbststeuerung seines Lernprozesses verbessern konnte, der traut sich in folgenden Lernprozessen auch mehr zu, was wiederum im Sinne der schon erwähnten Zirkularität seinem Selbststeuerungsverhalten zugute kommt. Zu dieser Frage stellt Abele fest:

„In negativem emotionalen Zustand ist die Motivation stark am Ziel der Emotionsbewältigung orientiert, die Aufgabenbearbeitung dient u.a. diesem Zweck. Die Motivation in positiver Stimmung ist variabler und hinsichtlich der Aufgabenbearbeitung intrinsisch orientiert" (Abele 1999, S. 34).

Stressmindernd kann dabei auch die gemeinsame Analyse auftretender Lernschwierigkeiten wirken, da auf diese Weise Angst und Furcht minimiert bzw. entsprechende Versagenserwartungen entdramatisiert werden können, welche als solche sich eher lähmend auf das Vertrauen in die eigene Selbstwirksamkeit auszuwirken vermögen.

Hieran schließt sich die noch zu klärende Frage nach einer Didaktik sowie den Konsequenzen für erwachsenenbildnerisches Vorgehen an, die im Folgenden erörtert werden soll.

3. Lernkulturwandel:
Von der Behaltensschulung zur Kräfteschulung

> „Jede Tatsache, der wir begegnen,
> ist also gezeichnet durch eine Einstellung.
> Aber nun gehen wir einen Schritt weiter.
> Einige Einstellungen laden zum Denken,
> zur Reflexion,
> zur genauen Ausarbeitung,
> zur Fantasie ein."
>
> *(Jerome Bruner 2003 (1982), S. 491)*

Die gewandelten Anforderungen an Lernen und die Kompetenzentwicklung legen eine Überprüfung, Weiterentwicklung und Änderung unserer vertrauten Vorstellungen nahe. Bildung muss – wie wir bereits gesehen haben – neu gedacht werden (vgl. von Hentig 2003), wobei es auch gilt, sich von Illusionen zu verabschieden. Eine dieser Illusion ist die Annahme, dass die Lehre das zentrale Ereignis für einen Lernprozess darstellt, eine andere die Vorstellung, dass vornehmlich Kognitionen die Lernprozesse leiten. Die vertrauten Annahmen müssen angesichts der Erfahrungen und Erkenntnisse der Lehr-/Lern-Forschung und der neueren Hirnforschung überdacht werden. Lernen erschöpft sich nicht in Wissensaneignung, sondern Kompetenzentwicklung ist vielmehr ein erfahrungsbasierter Prozess, der durch Reflexion begleitet und gestärkt wird, er folgt einer Logik der „Verschränkung der Blicke" (Arnold/Siebert 2006).

Die Frage, was unter Lernen zu verstehen ist und wie sich dieses Verständnis auf die Gestaltung von Lehr-/Lernarrangements auswirkt, soll hier nochmals auf der Grundlage lerntheoretischer Erkenntnisse diskutiert werden. Dies erleichtert es, die ermöglichungsdidaktische Wendung in der erwachsenenpädagogischen Diskussion besser zu verstehen. Im Folgenden steht deshalb zunächst die Frage nach traditionellen und neuen Vorstellungen von Lernen im Mittelpunkt, bevor daraus verschiedene Konsequenzen für nachhaltige Lehr-/Lernarrangements abgeleitet werden und ein kurzer Blick auf die Qualitätssicherung von Lehr-/Lernsituationen geworfen wird.

3.1 Abschied von der Lehrkultur

Die aktuellen Umbruchsituationen in Wirtschaft, Technik und Gesellschaft, die in einen verstärkten internationalen Wettbewerb münden, hinterlassen auch auf dem Bildungssektor ihre Spuren. Flexibilität, Individualisierung, Globalisierung oder beschleunigte Veralterung des Wissens werden immer häufiger als Grund für die Notwendigkeit des Erwerbs von verschiedenen Kompetenzen genannt, die Lernende zur Bewältigung dieser neuen Anforderungen benötigen. In Bildungs- und Arbeitsprozessen muss somit auf die Kontinuität von Wechsel und Veränderung vorbereitet werden, denn in Zeiten wissenschaftlicher, technologischer und gesellschaftlicher Veränderungen bleibt der Wechsel das einzig Beständige (Wittwer 1999).

Demgegenüber steht die – zumindest augenscheinlich – magere Leistungsbilanz des deutschen Schulsystems in verschiedenen Internationalen Studien, wie TIMSS (Baumert/Bos/Watermann (2000) oder PISA (Deutsches PISA-Konsortium 2001, 2005), um nur einige zu nennen, die immer wieder die Lernprobleme der Schülerinnen und Schüler und die nicht ausreichenden Unterrichtsangebote der Schulen hervorheben. Bisweilen werden die Probleme damit in Verbindung gebracht, dass der Unterricht in Deutschland noch zu stark inhaltsfixiert angelegt und zu wenig an einer nachhaltigen Kompetenzentwicklung (vgl. Schüßler 2006) orientiert sei und auf diese Weise der Wissenstransfer wenig unterstützt werde. Außerdem stehe in vielen Fällen der Aspekt der Leistungsüberprüfung im Vordergrund, der den Blick auf die Kompetenzentwicklung verstelle.

Geboten ist es aber, den Spagat zu schaffen zwischen der nach wie vor notwendigen Aneignung von sachlogisch aufgebauten und systematischen Informationen durch die Lernenden, aus denen sich flexibel nutzbares, intelligentes Wissen gestalten lässt, und der Förderung von grundlegenden sozialen, personalen oder methodischen Kompetenzen, mit deren Hilfe die Lernenden auf ein lebenslanges Lernen vorbereitet werden können. Erschwerend kommt hinzu, dass dieser Spagat auch bewältigt werden muss angesichts der knapp bemessenen Zeit, die für institutionalisierte Lehr-/Lernsituationen zur Verfügung gestellt werden kann. Eine Frage, die sich hieraus ergibt, ist diejenige nach gutem Unterricht bzw. guter Lehre und der Messbarkeit der Lernergebnisse bzw. auch des Lernprozesses. Zur Klärung dieser Frage ist es notwendig, sich den Begriff der Qualität näher zu betrachten. Gerade der Begriff der Qualität von Bildung hat auch eine politische Dimension, da Qualität hier immer abhängig ist von der Frage nach den Zielen von Bildung und Unterricht, die in einem demokratischen Prozess gemeinsam von allen Beteiligten beantwortet werden sollte.

Der Weg in die Wissensgesellschaft scheint mit der Bedeutungsrelativierung von archiviertem Wissen verbunden zu sein, das leicht statische Züge annehmen kann, wenn es nur darum gehen soll, Inhalte anzueignen und zu „behalten". Aber, was ist nun eigentlich Lernen und wer ist daran beteiligt, wenn der bislang aufgestellte und vertretene Mechanismus – die Lehrkraft stellt Wissen zur Verfügung, die Lernenden nehmen dieses Wissen auf – so einfach doch nicht funktioniert? Den Lernbegriff und die damit zusammenhängenden Prozesse näher zu beleuchten macht Sinn, wie Spitzer feststellt, denn:

> „Jeder Koch sollte über Ernährung und Verdauung Bescheid wissen, und jeder Trainer sollte wissen, wie Muskeln funktionieren. Der Frisör weiß etwas von Haaren und die Kosmetikerin kennt sich aus mit der Haut und den Nägeln. Wer lehrt, sollte etwas vom Lernen und dem Organ des Lernens, dem Gehirn, verstehen" (Spitzer 2002, S. 19).

In den bisherigen Ausführungen wurde schon verdeutlicht, dass von einem Lernbegriff Abstand genommen wird, der ausschließlich davon ausgeht, Lernende würden den dargebotenen Lernstoff einfach in sich aufnehmen und zu ihrem bisherigen Wissen hinzufügen, wenn dieser durch geeignete Methoden dargeboten wird. Hinter solch einer Auffassung verbirgt sich die mechanistische Vorstellung, dass ein bestimmter Reiz eine Reaktion auslöst und nach dem Prinzip des Nürnberger Trichters der Lernstoff in die Köpfe gefüllt werden kann. Die Lernenden haben bei dieser Vorstellung kaum die Gelegenheit, sich aktiv mit dem Wissen auseinander zu setzen, sondern der lehrerzentrierte Unterricht schreibt vor, was gelernt werden soll. Lernende werden dann mit ihren spezifischen Bedürfnissen unter dieser Perspektive nur am Rande wahrgenommen. Eine Aufgabe von Lehrenden ist es, die Lernprozesse der Lernenden zu initiieren, zu begleiten und zu entwickeln, auch wenn diese Prozesse lerntheoretisch unterschiedlich interpretiert werden können. Die neueren Konzepte von Lernen basieren gegenüber der mechanistischen Sichtweise darauf, dass nur dann gelernt wird, wenn Lernende für ihren eigenen Lernprozess selbst verantwortlich sind und diesen aktiv steuern. Dies bedeutet, dass Lernende mit den neuen Informationen an bereits vorhandenes Wissen bzw. an vorhandene kognitive Strukturen anknüpfen und diese umgestalten. Wissen wird demzufolge nicht einfach nur aufgenommen, sondern aktiv verarbeitet, d.h. an die eigenen Erfahrungen angebunden. Lernen ist damit auch abhängig von der individuellen Wahrnehmung der lernenden Person.

Im folgenden wollen wir uns um eine überblicksartige Klärung der Fragen bemühen, wie Lernen geschieht, welche Rahmenbedingungen eine Rolle spielen und wie Lernprozesse unterstützt werden können [20].

---

[20] Einen guten Überblick über die unterschiedlichen lerntheoretischen Ansätze erhält man bei Werner Stangl unter http://www.stangl-taller.at/, der zu Fragen des Lernens, der Rahmenbedingungen und Voraussetzungen eine ausführliche Darstellung der einzelnen Begriffe und Themen mit weiterführenden Links bietet.

Ausgangspunkt der folgenden Überlegungen ist die Feststellung, dass der Mensch von Natur aus ein lernendes Wesen ist, das im Vergleich zu manchen Tieren noch unfertig zur Welt kommt. „Unsere Persönlichkeit bildet sich aus einem komplexen erfahrungsgesteuerten Dialog zwischen den genetischen Instruktionen unseres Erbguts und Erfahrungen, die wir in aktiver Auseinandersetzung mit unserer Umwelt machen" (Kluge 2003, S. 451). Damit können wir eine allgemeine Definition von Lernen aufstellen: *Unter Lernen wird der Vorgang verstanden, bei dem relativ dauerhaft eine Verhaltensänderung oder ein Zuwachs an Wissen eintritt, die nicht durch angeborene Verhaltensreflexe oder Reifung, sondern durch Übung oder Erfahrung, also durch die aktive Bearbeitung eines Inhalts durch das Individuum, erklärbar ist. Bedeutsam ist hierbei, dass der Vorgang des Lernens nicht beobachtbar ist.*

Die lernende oder eine beobachtende Person kann lediglich retrospektiv – nach dem Lernprozess – feststellen, ob eine wie auch immer geartete Veränderung des Verhaltens oder Wissens eingetreten ist, die relativ dauerhaft, also bis zur nächsten Veränderung, bestehen bleibt. Ein entscheidender Faktor für Lernen stellt hierbei das Gedächtnis dar, das sowohl für die Art und Weise der Speicherung von Wissen als auch für die Möglichkeiten des Abrufens eine wesentliche Rolle spielt.

Lernvorgänge müssen also in einem engen Zusammenhang mit Gedächtnisprozessen betrachtet werden, d.h. mit der Fähigkeit, Informationen zu organisieren und zu speichern sowie wieder abzurufen. Das Gedächtnis wird deshalb häufig als Informationsspeicher aufgefasst. Neuere Erkenntnisse belegen aber, dass das Gedächtnis nicht statisch ist, sondern aktiv und assoziativ arbeitet, wobei die Speicherprozesse und die gespeicherten Inhalte nicht ganz voneinander getrennt werden können. Die Informationselemente sind eher als eine Art vernetztes System vorstellbar (Spitzer 2002), wobei unterschiedliche Informationen an unterschiedlichen Orten im Gehirn verarbeitet werden, das bedeutet, „Wissen wird nicht in Form allgemeiner Vorstellungen gespeichert, sondern in einzelne Kategorien unterteilt" (Kandel et al. 1996, S. 18).

Insgesamt können nach Vester (2001) verschiedene Speicherarten des Gehirns festgehalten werden. So stellt das *Ultra-Kurzzeitgedächtnis* den ersten Filter für Wahrnehmungen dar. Mangelndes Interesse, fehlende Assoziationsmöglichkeiten oder störende Rahmenbedingungen erschweren hierbei grundlegend die Speicherung der „elektrisch kreisenden Erstinformationen" (Vester 2001, S. 62). Nur wenn die ankommenden Informationen innerhalb der ersten Sekunden abgerufen und bereits gespeicherten Gedächtnisinhalten zugeordnet werden, können die neuen Eindrücke vor dem sofortigen Verlöschen gerettet und an den *Kurzzeitspeicher* weitergegeben werden, der einen zweiten Filter für Wahrnehmungen darstellt. Wird auch dieser Filter überwunden, so gelangen die Informationen in das *Langzeitgedächtnis,* aus dem sie wieder abrufbar sind, solange sie nicht durch Interferenz oder Blockierung zeitweise davon abgehalten werden. Festgehalten werden kann deshalb, dass beim

Lernen Informationen von Lernenden aktiv bearbeitet werden müssen, wenn sie gespeichert werden und als Wissen wieder abrufbar sein sollen. Frederick Vester (ebd., S. 89) schreibt hierzu:

> „Erst wenn mehrere Synapsen aus möglichst vielen Gehirnbereichen gleichzeitig angeregt werden [...], löst dies in der Zelle eine Kaskade von Prozessen aus, die nötig sind, um den elektrischen Schwellenwert dauerhaft zu senken und die spätere Aktivierung dieser synaptischen Verbindung, also das Erinnern, zu erleichtern. [...] Wie wir wissen, sollten wir alles zu Lernende, also jede neue Information, mehrfach wiederholt aufnehmen. Sie muss wiederholt über das Ultrakurzzeit-Gedächtnis angeboten werden. Offenbar muss dabei unser Gehirn die neue Information mit bereits vorhandenen Gedächtnisinhalten assoziieren. [...] Dabei erfolgt eine gezielte Strukturveränderung von Synapsenverbindungen, wodurch weitere neuronale Netze geknüpft werden."

Lernen kann als die kompetenzbildende Aneignung von Kenntnissen, Fähigkeiten und Fertigkeiten bezeichnet werden, wobei dies nicht nur absichtsvoll (intentionales Lernen), sondern auch beiläufig (funktionales Lernen) stattfindet, und zwar einerseits in institutionalisierten Kontexten von Schule, Ausbildung, Hochschule etc. (formelles Lernen) und andererseits in der Lebenspraxis (informelles Lernen) (vgl. Dohmen 2001). Folgt man internationalen Studien, so kann sogar davon ausgegangen werden, dass das informelle Lernen zwischen 60 und 80% des gesamten Kompetenzerwerbes ausmacht (u. a. OECD 1977; Laur-Ernst 1988). Vor diesem Hintergrund greifen manche der im folgenden dargestellten Lerntheorien zu kurz. Ihnen sowie auch der von ihnen interpretierten und konzeptionell angeleiteten Lernkulturpraxis in den Bildungsinstitutionen entgehen viele der eigentlich kompetenzbildenden Lernbemühungen und Lernprozesse jugendlicher und erwachsener Lerner.

In einer groben Unterscheidung lassen sich behavioristische, kognitivistische und konstruktivistische sowie subjektwissenschaftliche Lerntheorien voneinander unterscheiden. Diese Theorien sind entweder stärker objektorientiert (im Blick auf das Anzueignende) oder subjektorientiert (im Blick auf die Kompetenzbildung) sowie für unterschiedliche Komplexitätsstufen des Lernens unterschiedlich erklärungsstark. So lassen sich z. B. einfache Fremdsprachlernprogramme (z. B. Vokabeltrainer) zu guten Teilen auf der Basis behavioristischer Lerntheorien planen und gestalten, während diese Theorien nur begrenzt geeignet sind, die Entwicklung komplexer Problemlösungs- oder Schlüsselqualifikationen zu erklären.

Traditionelle Lerntheorien betrachten also das Lernen unter der Perspektive, dass die Lehrenden eine sehr starke Steuerungsfunktion einnehmen und den Behaltensprozess durch das häufige Anbieten der Inhalte beeinflussen können. Unterschieden werden können die traditionellen Lerntheorien außerdem danach, ob sie Lernen eher als Verhaltensänderung oder als Vorgang des Wissenserwerbs auffassen. Zu den stärker verhaltensändernden Lerntheorien gehören die Ansätze des Behaviorismus, die von bloßen Reiz-Reaktions-Mustern ausgehen. Wissenserwerbendes Lernen wird in kognitivistischen Lerntheorien beschrieben (Wild, Hofer & Pekrun 2001). Bevor auf die komplexere Sichtweise von Lernen, die Lernen nicht einseitig als Verhaltensänderung oder als Wissensanhäufung auffasst, unter einem sozialkonstruktivistischen Paradigma näher eingegangen wird, soll zunächst über die Wurzeln lerntheoretischen Denkens kurz informiert werden. Dies verhilft dazu, von den Grundpositionen über das Lernen ausgehend die didaktischen Konsequenzen zu verstehen, die über die Jahre hinweg die Diskussion bestimmen.

a) Allgemeine Lerntheorien

Klassische Konditionierung

Es dürfte hinlänglich bekannt sein, dass der russische Physiologe Ivan Pawlov Anfang des 20. Jahrhunderts Experimente mit Hunden durchführte, bei denen er feststellen konnte, dass unwillkürliche Reaktionen des Hundes (Speichelfluss) nicht nur durch einen gewöhnlichen, *unkonditionierten* Reiz (Geruch von Fressen) ausgelöst werden, sondern auch unter bestimmten Bedingungen auf einen eigentlich *neutralen Reiz*, z. B. einen Glockenton, wenn der neutrale Reiz gleichzeitig oder in unmittelbarer Folge mit dem Futter verabreicht wird. Der Glockenton hatte damit für den Hund eine spezifische Bedeutung erlangt, er wurde damit auf diesen Reiz *konditioniert*.

Aber nicht nur mit Hunden, sondern auch mit Menschen wurden Anfang des vorigen Jahrhunderts Versuche zur Konditionierung durchgeführt. Berühmt wurde der 11-monatige Albert (Little-Albert-Experiment), der durch die Experimente von Watson, die er 1920 durchführte, die Angst auf Ratten erlernt hatte und später auf andere Tiere übertrug (Watson 1925). Ihm wurde eine weiße Ratte gebracht *(neutraler Reiz)*, vor der er zunächst keine Angst hatte. Jedes Mal, wenn er sie streicheln wollte, war im Hintergrund ein lautes Geräusch *(unkonditionierter Reiz)* zu hören, das den Jungen erschreckte. Nach einer gewissen Zeit erzeugte der bloße Anblick der Ratte Angst, die Ratte war zum *konditionierten Reiz* geworden und führte durch Übertragung auf andere Tiere zur *Reizgeneralisation.*

Bestimmte Reize können also dazu führen, dass sie in Kombination mit anderen Reizen eine bestimmte Reaktion und damit einen Lernvorgang auslösen. Dieses Phänomen wird nach wie vor in verhaltenstherapeutischen Settings genutzt, um bestimmte Verhaltensweisen dadurch zu verändern, dass neutrale Reize und unkonditionierte Reize, die ja nicht immer negativ besetzt sein müssen, verbunden werden.

Die Lernvorgänge enthalten eine klare Steuerung von außen. Durch die manipulierte Umgebung soll der geplante Effekt erzielt werden, wobei allerdings fraglich bleibt, inwieweit das erlernte Verhalten nachhaltig verankert werden kann, denn möglicherweise wird beim längeren Ausbleiben des Reizes auch die konditionierte Reaktion allmählich wieder verschwinden.

Operante Konditionierung

Das operante Konditionieren ist eine Weiterentwicklung des klassischen Konditionierens, das davon ausgeht, dass der Mensch nicht erst durch einen bestimmten Reiz aktiv wird, sondern prinzipiell aktivitätsbereit ist. Die von B. F. Skinner (1978) entwickelte Vorstellung des *Lernens am Erfolg* geht davon aus, dass auf das Verhalten einer Person Konsequenzen in Form von Verstärkungen (Belohnungen oder Bestrafungen) oder Nicht-Verstärkungen (Ignorieren) folgen. Die sich hieran anschließende Verhaltensänderung aufgrund von Belohnungen oder Bestrafungen (Verstärker) tritt sowohl bei den Versuchstieren als auch bei Versuchspersonen ein, indem ein einmal gezeigtes Verhalten nun dauerhaft gezeigt oder unterlassen wird. Gerade auf die Erziehungs- und Unterrichtspraxis hatte dieser Forschungsansatz einen deutlichen Einfluss, denn im Anschluss an die veröffentlichten Forschungsergebnisse wurde vermehrt das Prinzip der Verstärkung angewendet, um die Auftretenswahrscheinlichkeit von erwünschtem Verhalten zu erhöhen. Auch in die Verhaltenstherapie fand dieser Ansatz Eingang. Aber dennoch konnten auch jetzt nicht alle Phänomene erklärt und nicht alle Lernvorhaben durch das Prinzip der Verstärkung in die gewünschten Bahnen gelenkt werden. Eindrucksvoll zeigt die Erziehungsstilforschung, die sich vor allem in den 60er Jahren des letzten Jahrhunderts mit den Auswirkungen unterschiedlicher Erziehungsstile auf das Lernverhalten auseinander setzte (vgl. Tausch/Tausch 1991), dass das neue bzw. gewünschte Verhalten nicht automatisch und nachhaltig auftritt. Probleme stellen sich beispielsweise dann ein, wenn die Lehrenden oder Erziehungspersonen abwesend sind. Dies verweist auf die Schwierigkeit dieses Vorgehens, Verhalten ohne autoritären Druck zu verselbständigen, d. h. das gewünschte Verhalten zeigt sich tatsächlich später häufig nur dann, wenn Lehrende oder Erziehungspersonen anwesend sind und das Verhalten einfordern bzw. dies kontrollieren. Die angenommene Aktivität des Menschen, die ihn eigentlich zu selbstgesteuertem Handeln verhelfen soll, wird bei diesem Vorgehen also gleichsam durch die Initiierung der Aktivierung von außen wieder gehemmt. So gesehen wird hier deutlich, dass die extrinsisch aufgebaute Motivation nur temporäre Erfolge nach sich zieht und der Ergänzung durch ein intrinsisches Motivationsgefüge bedarf, sollen die Lernenden selbst aktiv sein. Ergebnisse aus Untersuchungen zu intrinsischer und extrinsischer Motivation bestätigen hierzu, dass über den Weg der extrinsischen Motivation eine intrinsische Motivation entwickelbar ist (Deci/Ryan 1993). Ein anderes Problem ergibt sich aus der Bewertung der Verstärker, denn nicht alle Personen nehmen die ihnen angebotenen Verstärker (materielle und immaterielle Belohnungen) aufgrund ihrer individuellen Bewertung als gleich wichtig, interessant und damit verstärkend wahr. Intrinsische Motivation über die Verstärker aufzubauen, könnte also an diesem Umstand scheitern.

Insgesamt lässt sich sagen, dass den verhaltenstheoretischen Ansätzen ein eher schlichtes und mechanistisches Menschenbild zugrunde liegt, das von einer prinzipiellen Formbarkeit und Passivität des Menschen ausgeht. Dieses schlichte Modell wurde in einigen didaktischen Ansätzen als Grundlage der didaktischen Überlegungen genommen, wodurch die tradierten Machbarkeitsphantasien noch einen lerntheoretischen Unterbau erhalten haben.

Fragt man nach der unterrichtlichen Relevanz der behavioristischen Lernansätze, so lässt sich aus ihnen zunächst einmal nur ableiten, dass Lehrende die Reaktionen der Lernenden immer dann verstärken sollen, wenn diese „auf dem richtigen Weg" sind. Oder mit anderen Worten: Die Nicht-Verstärkung von erwünschten bzw. erwarteten Verhaltensweisen begünstigt eher, dass diese wieder verloren gehen bzw. „ausgelöscht" werden.

Bereiche oder Phänomene menschlichen Lernens, die mit Hilfe behavioristischer Ansätze „gut" erklärt werden können sind im Allgemeinen die eher einfachen Lernvorgänge, die sich beispielsweise auf der unteren Stufe der Lernzielhierarchie ansiedeln lassen. So lernt man beispielsweise durch Bekräftigungen, wie Lob und Anerkennung, die Hand zu geben. Andererseits ist das Konditionierungsmodell auch in der Lage, das Lernen bzw. Verlernen von komplexen Verhaltensweisen zu „erklären", wie beispielsweise Ängste vor Prüfungssituationen, und kann hier nützlich sein. Wie die zuvor schon ausgeführten aktuellen Anforderungen an Lernende aufzeigen, erschöpft sich aber Lernen nicht in der simplen Aufnahme von Fakten, sondern erfordert die erfahrungsreiche Auseinandersetzung mit komplexen – teilweise unüberschaubaren – Situationen und bedarf nicht nur des Faktenwissens, sondern verlangt auch Fähigkeiten und Fertigkeiten in sozialen, methodischen oder emotionalen Bereichen.

Modell-Lernen

Die Komplexität des menschlichen Verhaltens ließ sich durch die bereits beschriebenen lerntheoretischen Ansätze nicht umfassend erklären, wie schnell klar wurde. Seit den 60er Jahren des letzten Jahrhunderts entstanden dementsprechend weitere und differenziertere Lerntheorien, wie zum Beispiel das Modell-Lernen von Albert Bandura (1976). Danach lernen Menschen nicht nur durch die Verstärkung eigener Verhaltensweisen, sondern auch durch die Nachahmung anderer Menschen. Das Lernen am Modell bzw. das Imitationslernen impliziert eine entsprechend erweiterte Sicht auf Lernen, die über einfache Reiz-Reaktions-Schemata hinausgeht. Das Modell-Lernen kann Situationen erklären, die durch die einfachen Lerntheorien nicht erfassbar sind. Aufgrund seiner Untersuchungen an Kindergruppen konnte Bandura feststellen, dass Personen die Modelle aus Filmen oder aus der Realität nachahmen. Dies hat dabei umso mehr Erfolg,

- je ähnlicher das Modell in seiner Lebensweise und Art mit der beobachtenden Person ist,
- je höher das Ansehen des Modells ist,
- je besser sich die Beziehung zwischen dem vorhandenen Modell und der beobachtenden Person darstellt,
- je unsicherer und ängstlicher die beobachtende Person ist.

Diesen einfachen Ansatz hat Bandura im Anschluss an diese Ergebnisse weiterentwickelt und auf das sozial-kognitive Modell-Lernen ausgeweitet (Bandura 1979). Nicht zuletzt spielte auch hier die Erkenntnis eine Rolle, dass sich zwischen Reiz und Reaktion kognitive Prozesse abspielen, d. h. dass Reize im Gehirn verarbeitet und gespeichert werden. Lernen geschieht dabei in vier Phasen und setzt zunächst die aufmerksame Beobachtung des Modells voraus. Erst unter dieser Bedingung kann das beobachtete Ereignis in Vorstellungsbilder übersetzt und im Gedächtnis gespeichert werden, d. h. es entsteht eine symbolische Repräsentation des Modells. In der dritten Phase wird durch Vorstellung und Übung des Gespeicherten die beobachtete Verhaltensform gefestigt, also angeeignet und schließlich wieder ausgeführt, wenn eine hinlängliche Motivation zur Ausführung, beispielsweise durch den Einsatz von Verstärkern, vorliegt.

Dass das Modell-Lernen für Lernende eine wichtige Rolle spielt, zeigte sich an der schon erwähnten Kaiserslauterer Studie (Arnold / Gómez Tutor / Kammerer 2005), in der auf die Frage nach den Aufgaben von Lehrenden die Befragten den Wunsch nach einem nachahmenswerten Modell äußerten. Interessanterweise waren es die hoch-selbstgesteuert Lernenden, die diese Vorbildfunktion besonders hervorhoben. Dies könnte an der höheren Eigenaktivität dieser Lernenden liegen, die Lernprozesse tiefenverarbeitender, also geplanter und strukturierter sowie auf der Metaebene reflektierend angehen. Innerhalb ihrer aktiven Lernstrategien sind dann auch die nachahmenswerten Modelle für diese Lernenden eine wichtige Quelle. Wenig-selbstgesteuert Lernende hingegen suchen nach Beratung, vorgegebener Struktur und adäquater Wissensweitergabe sowie Motivierung durch die Lehrenden. Ihr Lernprozess scheint in stärkerem Maße von einer externalen Aktivierung abhängig zu sein. Modelle, die aktiv angeeignet werden, spielen dann eine eher untergeordnete Rolle.

Selbstregulations-Modell
Als eine Weiterentwicklung der behavioristischen Ansätze beschrieb Frederick Kanfer seit 1970 die Selbstregulationstheorie (Kanfer 1987). Diese geht davon aus, dass der Mensch von den Einflüssen seiner Umwelt bis zu einem gewissen Grad unabhängig werden kann, weil er die Möglichkeit hat, sich selbst zu verstärken und zu steuern. Er kann also selbst Ziele auswählen und bewusst bzw. intentional lernen. Hier geht dann die externale Steuerung in eine internale über, sobald das Individuum eine Irritation in seinem bisherigen Verhalten erlebt und keine Passung mehr besteht. Die Selbstregulation setzt also immer dann ein, wenn bereits automatisiertes Verhalten unterbrochen oder nicht mehr als zielführend betrachtet wird. Sobald also diese Irritation bei der Durchführung bislang zielführender Handlungen eintritt, fängt das Individuum an, die bisherigen Verhaltensweisen auf ihre Brauchbarkeit hin zu bewerten und gegebenenfalls zu ändern. Eine neue Zielsetzung motiviert die Person und setzt den Regulationsprozess in Gang. Dieser Ansatz macht deutlich, dass Lernen abhängig ist von der lernenden Person und ihrem Willen, etwas zu verän-

dern. Auch in diesem Erklärungsansatz geschieht Lernen in Phasen: zu Beginn des Lernens in der Phase der Selbstbeobachtung des eigenen Verhaltens wird dieses mit dem entsprechenden Zielverhalten verglichen und in einer zweiten Phase anhand der eigenen Vergleichskriterien bewertet. Erst im Anschluss daran, wenn Änderungsbedarf erkannt wird, erfolgt der Lernprozess im engeren Sinne. Hieran schließt sich eine erneute Bewertungsphase an, wobei die Änderung und Neubewertung durchaus mehrmals vorgenommen werden können, bis das Verhalten den gewünschten Standards entspricht. Abschließend erfolgt eine Selbstverstärkung, häufig durch das Gefühl der Zufriedenheit mit sich selbst. Gerade dies zeigt, wie abhängig das selbstregulierte Lernen hinsichtlich des Eintretens von Selbstverstärkung von der emotionalen Färbung der Situation sowie der Selbstwirksamkeitsüberzeugung (Deci/Ryan 1993) ist.

Diese lerntheoretischen Vorstellungen gehen als Grundlage in einigen Ansätzen des selbstgesteuerten Lernens ein, das ebenfalls davon ausgeht, dass Lernende aus eigener Kraft und mit eigenem Antrieb ihre Lernprojekte vorantreiben.

Lernen durch Einsicht

Die bisher beschriebenen Lerntheorien können spezifische Formen reflexiven Lernens, d. h. eines Lernens, das Sinn, Sprache sowie Nachdenken und Reflexion einsetzt, und somit nicht nur im Wege der Konditionierung abläuft, nicht hinlänglich deuten. Nicht erklärbar sind beispielsweise spezifische Lernsituationen, in denen plötzliche Einsichten die Lernenden einen ganzen Schritt weiter bringen. Beispielsweise geschieht dies beim Lernen durch Strukturieren, indem einzelne Lernschritte in Blöcke zusammen gefasst werden und plötzlich ein höheres Lernniveau erreicht wird. Das Lesen lässt sich so erklären: zunächst sind die Blöcke auf Buchstaben begrenzt, nach einer gewissen Zeit – jedoch nicht linear ansteigend, sondern nach einem anscheinenden Stillstand im Lernfortschritt – werden mehrere Buchstaben (Wörter) als ein Block wahrgenommen. Dies lässt sich durch Übung steigern zu einer Blockbildung auf Satz- oder Abschnittsniveau. Der Lernsprung nach dem Prinzip des „Alles-oder-Nichts" kann aber auch bei anderen Strukturierungen festgestellt werden, beispielsweise beim Finden von Oberbegriffen oder Regeln.

Es gibt demnach, wie dieses Beispiel zeigt, plötzliche Durchbrüche aufgrund einer konzentrierten Lernanstrengung, die nicht durch die Dosierung von verstärkenden Reizen „ausgelöst" wird. Der Durchbruch folgt vielmehr einer inneren Logik, ganz plötzlich wird der Zusammenhang klar, das Lösungsmuster begriffen. Die „Angelegenheit" erscheint in einem anderen Licht.

Dieses Lernen durch Einsicht wird in der Gestaltpsychologie favorisiert. Danach wird menschliches Lernen vor allem auf Einsicht und das sogenannte „Aha-Erlebnis" zurück geführt. Probleme werden nicht durch bloßes Probieren, sondern durch Nachdenken gelöst, indem sie umstrukturiert und neu organisiert werden. Als Ergebnis des Denkprozesses ergibt sich ein geändertes Verhalten und neue Erkenntnis. Lernen durch Einsicht geschieht strukturiert und läuft ebenfalls in Phasen ab, wobei das aufgetretene Problem als Diskrepanz zwischen Verhalten und Ziel aufgefasst werden kann, die eine Blockade oder Barriere schafft. Zur Lösungssuche werden zunächst Probehandlungen auf der Basis bewährter und bekannter Strategien sowie Umstrukturierungen vorgenommen. Die so jedoch erfolglose Problemlösung wird erst dann durch die Erfassung der Situation durch Nachdenken, In-Beziehung-Setzen oder Kombination betrachtet, wodurch ein plötzliches Aha-Erlebnis eintritt und die Einsicht in die Lösung des Problems gibt. Nun können sinnvolle Beziehungen erkannt werden und das neue Verhalten – praktisch auf höherem Niveau – angewandt, erprobt und auf ähnliche Problemsituationen übertragen werden.

Die bisher angeführten Lerntheorien stellen eine kleine Auswahl dar, die zeigt, dass sich im letzten Jahrhundert die Vorstellungen von einem mechanistischen Menschenbild hin zu der Einsicht, dass der Mensch ein aktives Wesen ist und nicht nur auf die Reize der Umwelt reagiert, gewandelt haben. Bei der Frage, wie Lernprozesse in Gang gesetzt werden können, beharren diese Theorien jedoch alle auf der Idee, dass der Lernprozess als solcher von außen geregelt und beeinflusst werden kann. Die damit verbundene Sicht ist diejenige einer Lehrkultur, die den Blick von außen auf das Individuum richtet und versucht, dieses mehr oder weniger – je nach angenommener Eigenaktivität im Lernprozess zu unterstützen. Den instruktionalen Vorstellungen steht aber inzwischen die Sicht von Lernen gegenüber, die den Prozess mit einem veränderten Blick von innen – aus dem Individuum heraus – als einen konstruktiven Prozess betrachtet, der nicht durch Instruktion von außen initiiert wird, sondern durch die alleinige Aktivität des Individuums möglich ist.

Solange Instruktion als Möglichkeit der Lerninitiierung betrachtet wird, dienen die traditionellen Lerntheorien einem solchen Lehrparadigma als theoretische Grundlage und als Begründung für die Notwendigkeiten einer Intervention. Die stärkere Fokussierung auf den Lernenden und seine Aneignung lässt jedoch andere theoretische Grundlagen notwendig werden. Ausgangspunkt entsprechend konstruktivistischer Vorstellungen sind u. a. die kognitive Lerntheorie von Gagné – einem Vorreiter mit behavioristischen Wurzeln – oder Ausubel. Gemeinsam ist diesen Ansätzen, dass sie ein Modell eines „produktiv realitätsverarbeitenden Subjekts" (Hurrelmann 1993) favorisieren.

So geht Gagné (1985, 1973) in seinem Ansatz des kumulativen Lernens davon aus, dass unterschiedliche Lernarten in einer Art hierarchischer Abfolge aufeinander folgen und von der einfachsten Stufe – dem Signallernen – ausgehend bis zum problemlösenden Lernen aufsteigen. Er unterschied insgesamt 8 Lernarten: 1. Signal-Lernen, 2. Reiz-Reaktions-Lernen, 3. Lernen motorischer Ketten, 4. Lernen sprachlicher Ketten, 5. Lernen von Unterscheidungen, 6. Begriffsbildung, 7. Regel-Lernen und 8. Problemlösen (vgl. Gagné 1973). Lernunterstützend wirkt demzufolge eine Beachtung dieser Lernhierarchien bei der Weitergabe von Wissen.

Noch weiter geht der Ansatz von Ausubel (1974), der die bestehenden kognitiven Strukturen von Lernenden in den Mittelpunkt des Lerngeschehens rückt. Die kognitive Struktur ist es, die die weiteren Lernprozesse beeinflusst, weshalb es Ziel des Lerngeschehens sein muss, diese kognitive Struktur weiterzuentwickeln. Zur Unterstützung des Lernens sieht dieser Ansatz eine sinnvolle Organisation und Strukturierung des Materials vor, das an Vorwissen bei Lernenden anschließen kann. Diesen Ansätzen ist aber immer noch deutlich der instruktionale Charakter anzumerken, wobei auf der Grundlage eines reduktionistischen Vorgehens das Lernmaterial zumeist nicht in seiner Ganzheit, sondern als getrennte Teile angeboten wird, was dazu führen kann, dass Verstehensprozesse nicht optimal ablaufen können.

Zusammenfassung

Es kann festgestellt werden, dass die *behavioristischen Lerntheorien* von Menschen ausgehen, die durch Reiz-Reaktions-Konditionierungen ihre Verhaltensweisen aufbauen bzw. verändern: „Lernen nach dem Prinzip des klassischen Konditionierens beruht auf der Kontiguität (zeitlichen Koppelung) von unbedingtem und neutralem Reiz" (Zimbardo / Gerring 1996, S. 212). Dies bedeutet, dass positive Konsequenzen (z. B. Anerkennung oder Lob) zu einer Verfestigung des angeeigneten und gezeigten Verhaltens führen, während ein Ausbleiben von Bestätigungen oder gar negative Konsequenzen umgekehrte Konsequenzen haben. Bei genauerer Betrachtung zeigt sich allerdings der begrenzte Erklärungswert der behavioristischen Lerntheorien, was sich in der praktischen Umsetzung daher auch in begrenzten Konzepten niederschlägt, wie z. B. bei den behavioristischen Instructional-Design-Ansätzen des multimedialen Lernens. Robert Gagné hat aber bereits früh darauf verwiesen, dass das Reiz-Reaktions-Lernen nur eine von vielen Lernarten sei, mit denen Menschen sich Informationen aneignen und Kompetenzen entwickeln.

Kognitivistische Lerntheorien befassen sich damit, dass Lernen auch ohne Verstärkung bzw. Modellbeobachtung eintreten kann. Sie gehen zwar davon aus, dass bei bestimmten Lernsituationen die Zusammenhänge erfasst werden, aber bei ihrer Anwendung wird die Instruktion durch Lehrende nach wie vor als zentral betrachtet. Diese Theorien versuchen interne Informationsverarbeitungsprozesse zu erfassen und beschreiben beispielsweise die Speicherung von Handlungssequenzen. Denken als „Das Ordnen des Tuns" (Aebli 1980) ist damit ein Prozess, bei dem planende, durchführende und kontrollierende Schrittabfolgen aufeinander folgen und problemlösungsorientiertes Wissen sowie die entsprechenden Kompetenzen entstehen. Die kognitivistischen Lerntheorien betonen also das problemlösende, einsichtsvolle und schlussfolgernde Lernen und sind deshalb besonders geeignet, komplexere Lernprozesse zu erklären, wie sie etwa in der beruflichen Bildung (aber auch in der gymnasialen oder akademischen Bildung) bei der Entwicklung umfassender Schlüsselqualifikationen anzutreffen sind. Bei diesen Lernprozessen findet Lernen nicht nur durch die Aneignung von Neuem (Assimilation), sondern auch durch die Anwendung, Restrukturierung und Weiterentwicklung der bereits vorhandenen kognitiven Strukturen (Akkomodation) statt. Als determinierend für Lern- und Handlungsprozesse werden dabei „[...] nicht mehr allein das Verhältnis von Außenreiz zur Reaktion angesehen, sondern zusätzlich wurden interne Steuerungsmechanismen wie Selbstreflexion, selektive Wahrnehmung, kognitive Strategien, Ideen und Wünsche hinzugenommen", wie Baumgartel (1986, S. 470) den kognitivistischen Ansatz charakterisiert.

b) Erwachsenenpädagogische Lerntheorien

Als produktive Weiterentwicklung der psychologischen Lerntheorien sind in den letzten Jahren im Rahmen der Erwachsenenbildung verschiedene Lernkonzepte entstanden, die die kognitivistischen Ansätze aufnahmen und konstruktivistische Elemente integrierten. Ingeborg Schüßler (2006) hat in ihrer Habilitationsschrift hierzu eine äußerst detaillierte Zusammenstellung der unterschiedlichen erwachsenenpädagogischen Lerntheorien vorgenommen und konstatiert, dass vor allem zwei Strömungen zu erkennen sind:

> „Zum einen sind es systemisch-konstruktivistische Lerntheorien, die sich entweder in ihrer radikalen Postition mehr den *intrapsychischen* Vorgängen der Wahrnehmungsverarbeitung und Wissenskonstruktion zuwenden oder aber in einer mehr sozial-konstruktivistischen Ausrichtung die interpsychische Ebene zur Erklärung der Erkenntnisgewinnung und Bedeutungsgenerierung heranziehen. Evolutionstheoretische Ansätze, die häufig mit systemtheoretischen Positionen verknüpft werden, betrachten Lernen darüber hinaus noch stärker in seiner prozessualen Form und versuchen, Veränderungen mit Hilfe biologisch-evolutionärer Mechanismen von Variation und Selektion zu beschreiben [...]. Zum anderen ist es die subjektwissenschaftliche Lerntheorie von Klaus Holzkamp (1993), die für einen Wandel vom Bedingtheits- zum Begründungsdiskurs steht (vgl. Faulstich/Zeuner 1999, S. 32)" (Schüßler 2006, S. 202–203).

Auf dieser Basis führt Schüßler (ebd.) verschiedene Ansätze aus, die einerseits eher kognitivistisch, andererseits eher emotionstheoretisch begründet werden. Insgesamt handelt es sich um die folgenden Ansätze (vgl. auch Abbildung 3):

- Expansives Lernen (Holzkamp 1993): Im Zentrum steht das aktive, handelnde Subjekt, das dadurch seine Lebensbedingungen aktiv umgestalten kann.
- Transformatives Lernen (Mezirow 1997): Durch kritische Reflexion werden begrenzte und willkürlich ausgewählte Wahrnehmungs- und Erkenntnismodi überwunden und in funktionale Bedeutungsperspektiven transformiert.

- Deutungslernen (Arnold / Siebert 1995; Schüßler 2000): Erwachsene leben und lernen im „Modus der Deutung", wobei die Deutungsmuster sich auf dem Hintergrund biographischer Erfahrungen und Ereignisse entwickeln.
- Signifikantes Lernen (Rogers 1976): Mit diesem Konzept ist das bedeutungsvolle Lernen angesprochen, das die ganze Person mit ihren rationalen wie emotionalen Anteilen umfasst. Damit sind persönliches Engagement, Eigenaktivität, Ganzheitlichkeit und Selbstevaluation angesprochen.
- Emotionslernen (Arnold 2005): Lernen basiert auf den psychodynamischen Mustern, die das Denken, Handeln und Fühlen bestimmen. In Lernprozessen werden dann solche Situationen rekonstelliert, die es Lernenden ermöglicht, vertraute Gefühle zu aktivieren.

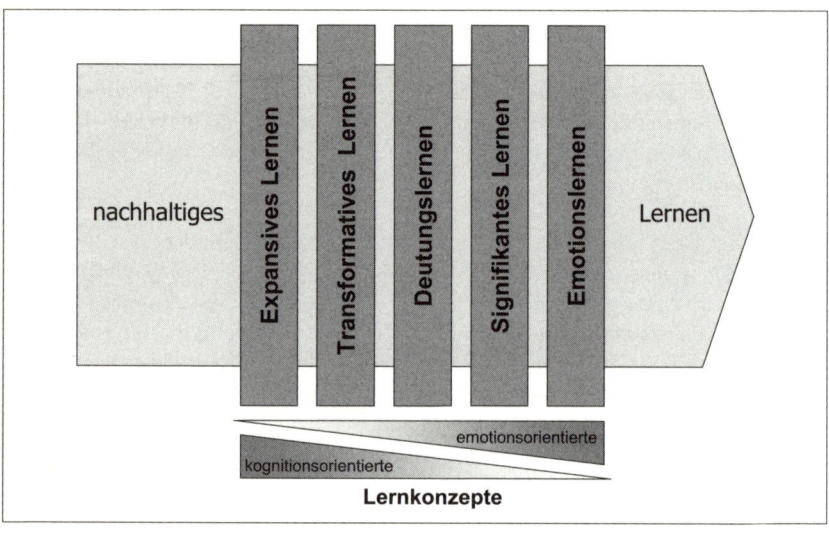

Abb. 3: Erwachsenenpädagogische Lernkonzeptionen (nach Schüßler 2006, S. 204)

Gemeinsam ist den einzelnen Ansätzen, dass jeweils ein kritisches Ereignis den Lernprozess initiiert und es unter diesen Umständen zu einer „nachhaltigen Transformation von kognitiven und emotionalen Schemata und Perspektiven" (Schüßler 2006, S. 220) kommt. Im folgenden soll nun die hier schon angedeutete sozial-konstruktivistische Sicht auf Lernen vertieft werden.

3.2 Komplexität von Lehren und Lernen: Lernen aus sozial-konstruktivistischer Sicht

Mit der Hinwendung zu konstruktivistischen Betrachtungen von Lernprozessen wird das beschriebene Konzept der Behaltenschulung in Frage gestellt und die Lernkultur in den Mittelpunkt gerückt. Indem Lehrende vor diesem Hintergrund ihre eigene Rolle definieren, treten sie gewissermaßen aus dem Lernprozess zurück und nehmen aus dieser veränderten Perspektive auch eine andere Haltung gegenüber der Aneignung von Fachwissen ein, indem sie sich von der Illusion des Faktischen loslösen und erkennen, dass „dieses Wissen konstruiert und auch unfertig und vorläufig ist und es auf eine aktive Haltung im Prozess der Entwicklung, Erschließung und Anwendung dieses Fachwissens ankommt" (Arnold & Schüßler 1998, S. 78).

Der Begriff der Lernkultur kann als ein dynamischer Begriff aufgefasst werden, der sich nicht mit einem Kulturverständnis im Sinne der „schönen Künste" deckt, sondern die grundlegenden normativen Orientierungen, Rollenmuster und Verhaltensweisen, in die man hineinwächst bzw. „enkulturiert" worden ist, bezeichnet. Lernkultur ist damit die Orientierung und Haltung, die eine Person, aber auch eine Institution gegenüber Lernen und den damit verbundenen Rahmenbedingungen einnimmt. Die Selbstverständlichkeiten und unhinterfragten Vorstellungen darüber, wie gelernt werden kann, gehören hierzu ebenso wie das offizielle Curriculum, aber auch das „hidden curriculum" oder beispielsweise das Leitbild einer Institution.

Mit dem Begriff der Lernkultur wird der ganzheitliche Bezug auf die Besonderheiten des Lernens und seiner gesellschaftlichen Organisation in den Blick gerückt. Schmidt (2005, S. 104) beschreibt Lernkultur folgendermaßen:

> „*Lernkultur* kann [...] konzipiert werden als Programm der Bezugnahmen auf alle Momente, die in einer Gesellschaft für Lernprozesse jeder Art relevant sind. Dabei ist Lernkultur ein erlerntes und zugleich lernendes Programm, also ein dynamisches Selbstorganisationsprodukt hinsichtlich der Bezugsordnung für die Beobachtung von Lernprozessen. Diese Ordnung entsteht durch die Ordnung von Kommunikationszusammenhängen in Lernerwartungsräumen und Lernbewertungsordnungen. Das heißt, Lernkultur wird als dynamisches Programm konzipiert, das die bewertende Bezugnahme auf die in konkreten Kommunikationszusammenhängen vollzogenen Lernprozesse kollektiv verbindlich regelt."

Der Begriff enthält gleichzeitig aber auch die Chance zur Selbstdistanzierung, indem wir uns bewusst werden lassen, dass unsere individuelle Art über Lernen und Lehren nachzudenken jeweils unsere eigenen lernbiographischen Prägungen widerspiegeln. Von dieser Warte aus lassen sich dann auch alternative Modelle denken und Gegenentwürfe herstellen. Dies drückt sich im dynamischen Verständnis des Begriffs aus, d. h. die Lernkultur ist veränderlich und nicht dauerhaft festgeschrieben. „Bildung können wir nur selbst erwerben, nicht, weil ein anderer es will" schreibt Kluge (2003, S. 449). Dieses Zitat drückt den gerade angesprochenen Lernkulturwandel aus, der unter anderem von der Vorstellung ausgeht, dass erfolgreiche Lernprozesse selbstgesteuert ablaufen. Die zuvor skizzierten Positionen aus den lerntheoretischen Ansätzen vertreten hingegen eher die Auffassung, dass Bildung erworben wird, weil andere – die Lehrenden – es bewirken. Die dem Lernkulturparadigma eigene Didaktik vertritt dagegen die Vorstellung, dass es sich beim Lernen um einen eigenaktiven und konstruktiven Prozess handelt. Durch diese Vorstellung wird der Idee der „Machbarkeit" von Wissen und Kompetenz eine Absage erteilt und das lernende Individuum mit seiner prinzipiellen Eigensteuerung in den Vordergrund gerückt, oder wie Juan Ignacio Pozo (2000, S. 37) es ausdrückt:

„Lernen bedeutet nicht, mentale *Photokopien* der Welt herzustellen noch bedeutet Lehren, ein Fax an das Gehirn der Lernenden zu schicken, damit dieses eine Kopie macht, die der Lehrer am Tag der Prüfung mit dem geschickten Original vergleichen kann" (Übers. d. Verf.).

Lernen bedeutet somit, dass die Lernenden die neuen Inhalte mit solchen Inhalten verbinden, die schon in ihren Wissensnetzen vorhanden sind und so individuelle Verankerungen (Spitzer 2002, S. 34) entstehen können. Die Vertreter einer konstruktivistischen Auffassung heben den Umstand hervor, dass die Eigenaktivität des Lernenden und der Kontextbezug eine entscheidende Rolle beim Lernen spielen. Was und wie gelernt wird, hängt demnach sehr stark von den individuellen Voraussetzungen und Rahmenbedingungen ab. Humberto Maturana (1983, S. 60) beschreibt Lernen in diesem Zusammenhang folgendermaßen:

„Der Mensch lebt in einem ihm umgebenden Medium, das als Welt angesehen wird, in der er existiert und handeln muss. Die Welt liefert dem Menschen Informationen, Daten und Bedeutungen, die er für den aktiven Aufbau einer Repräsentation der Welt benötigt, um adäquates und sinnvolles Verhalten zu erzeugen. Lernen wird damit als konstruktive Aneignung von Realität begriffen."

Heinz von Foerster (in Kahl 1998) bringt in einem Interview den Gedanken des individuellen Vorgehens beim Lernen auf den Punkt: „Der Mensch ist ein Möglichkeitswesen, dessen Reaktionen und Verhaltensweisen prinzipiell unvorhersehbar sind. Es könnte prinzipiell auch anders sein, es könnte immer etwas ganz Unvorhersehbares geschehen" (Kahl 1998, S. 67).

Lernen ist also unter dieser Perspektive ein aktiver Aneignungsprozess, der die Eigenleistung der Lernenden betont und nur zustande kommt, wenn das neue Wissen an schon vorhandenes Wissen anschließen kann, d. h. neue Informationen werden mit vorhandenen verglichen und nur dann aufgenommen, wenn diese an die bisherigen Lernerfahrungen andocken können. Motor des Lernens bzw. der Entwicklung sind dann die Diskrepanzen, die bei der Deutung neuartiger Wahrnehmungen zur bisherigen Erwartungsstruktur entstehen. Schafft es das lernende Individuum, die Erfahrungen erfolgreich zu organisieren, so findet Lernen statt. Der entscheidende Unterschied zu den zuvor aufgezeigten kognitiven Positionen liegt darin, dass der sozial-konstruktivistische Ansatz nicht davon ausgeht, dass die Neuorganisation von außen gesteuert werden kann, sondern dass dies nur die lernende Person selbst vollziehen kann. Die im Gehirn sich verankernden Lernergebnisse, also die Repräsentationen, sind damit nicht statisch:

> „Diese Repräsentationen entstehen und ändern sich, und man bezeichnet genau diese Vorgänge als Lernen. Gehirne und deren Bauteile, die Nervenzellen (Neuronen), sind darauf spezialisiert, Repräsentationen in Abhängigkeit von der Umgebung auszubilden und zu verändern" (Spitzer 2002, S. 12).

Die Um- oder Neukonstruktion geschieht vor allem dann, wenn sich diese Informationen für die Praxis bzw. die aktuelle Lebenssituation als relevant und hilfreich erweisen. Diese Flexibilität des Gehirns, sich immer wieder aufgrund der Umweltbedingungen bzw. Reize zu verändern, wird nach Spitzer (2002, S. 94) auch als „Neuroplastizität" bezeichnet. „Dabei handelt es sich um einen sehr allgemeinen Begriff, denn Neuroplastizität lässt sich auf verschiedenen Betrachtungsebenen des Nervensystems ausmachen [...]" (ebd., S. 94).

Entscheidend für die Auswahl der neuen Informationen sind dabei nach Siebert (1999) die drei Detektoren „Wiedererkennungsdetektor", „Neuigkeitsdetektor" sowie „Relevanzdetektor".

> „Alle drei Detektoren sind handlungsrelevant und lebensnotwendig, der Wiedererkennungsdetektor macht Erfahrungen nutzbar (zum Beispiel das Wissen über Anzeichen für ein Gewitter). Der Neuigkeitsdetektor ermöglicht Innovation. Der Relevanzdetektor unterscheidet Wichtiges von Unwichtigem" (ebd., S. 125).

Auf diese Weise gelangen neue Informationen in den „Kopf" und werden in Verbindung mit vorhandenem Wissen zu neuem Wissen. Hierbei spielen auch körpereigene Belohnungssysteme eine Rolle, d. h. biochemische Vorgänge, mit denen Reize ständig bewertet werden und die emotionale Grundlage des Lernens liefern bzw. die wichtigen von den unwichtigen Reizen trennt.

„Bedeutsam ist, was neu ist (wir kennen es noch nicht und sollten damit bekannt werden), was für uns gut ist und vor allem, was für uns besser ist, als wir das zuvor erwartet hatten. Dieses System treibt uns um, motiviert unsere Handlungen und bestimmt, was wir lernen" (ebd., S. 195).

Kersten Reich (1998, 2002) verweist in seinem Ansatz des interaktionistischen Konstruktivismus im Vergleich zu der Position von Maturana auf die Bedeutung der kulturellen und lebensweltlichen Interaktion. Diese sozialen Komponenten wurden allerdings auch schon bei Berger/Luckmann (1980) diskutiert, die in ihrem Beitrag davon ausgingen, dass der Mensch in eine vorstrukturierte und damit für ihn sinnhafte Welt hineinwächst und die relevanten Prinzipien der Wirklichkeitskonstruktion durch Sprache vermittelt und in ihm internalisiert werden. Auch Kersten Reich beschreibt die Wirklichkeit als eine „bloße Konstruktion von Beobachtern" (Reich 2002, S. 70), die jeweils abhängig ist von Zeit und Ort des Beobachters und seinen Voraussetzungen. Hierbei können drei Beobachterperspektiven ausgemacht werden, die Lernprozesse auslösen:
- *Konstruktion als Erfindung der Wirklichkeit.* Dieser Aspekt verweist auf die schon von Maturana festgestellten autopoietischen Systeme, die selbsterzeugend, selbstorganisierend, selbsterhaltend und selbstreferentiell agieren und sich so ihre eigene Welt schaffen.
- *Rekonstruktion als Entdeckung der Wirklichkeit.* Vorhandene Erfindungen bzw. Konstruktionen werden individuell (wieder)entdeckt bzw. nachempfunden und auf diese Weise in die eigenen Konstrukte eingearbeitet. In Lehr-/Lernprozessen wird dabei unter der traditionellen Sicht von Lehren und Lernen das Rekonstruierte an die Lernenden weitergegeben, wobei gerade hier die Probleme liegen, wie Reich (2002, S. 86) schreibt:
„Die Lehrer finden ihre fachliche Stärke in der Rekonstruktion von Fachinhalten. So zumindest werden sie ausgebildet. Aber ihre Schwäche besteht schon in der Umsetzung in die Konstruktion für die Schüler, weil sie selbst im Lehrerstudium viel zu wenig die eigene Konstruktion an den Rekonstruktionen erproben durften."

- *Dekonstruktion als Reflexion der Wirklichkeit.* Um den Auslassungen und Begrenztheiten von Konstruktionen entgegen zu treten, sind kritische Dekonstruktionen der Konstruktionen notwendig, denn jedes Entscheiden für eine bestimmte Konstruktion bedeutet die Entscheidung gegen eine bestimmte andere Sichtweise und deren Ausschluss bzw. Einseitigkeit. „Es könnte prinzipiell auch anders sein", so beschreibt Heinz von Foerster diesen Aspekt. Kritische Dekonstruktionen ermöglichen daher eine Weitung der Perspektive und das Einbringen von Ergänzungen oder auch einen Perspektivenwechsel. Mit Fragen nach den anderen möglichen Sichtweisen und Vorstellungen „treten wir immer auch in den Zirkel eigener Konstruktionen und in die Rekonstruktionen von anderen zurück, ohne uns jedoch je mit dem Erreichten zufrieden geben zu können und der Illusion unterliegen zu dürfen, dass wir nun die schlüssige letzte Wahrheit gefunden hätten." (Reich 2002, S. 87).

Ob eine Information als relevant eingestuft und konstruiert, rekonstruiert oder dekonstruiert wird, hängt davon ab, ob diese Information eine Irritation oder Störung – der konstruktivistischen Terminologie folgend eine Perturbation – herstellen kann und die bisherigen mentalen Modelle irritiert. Aus dieser Sicht heraus sind dann Lernstörungen oder Lernwiderstände auch nicht mehr als lästig oder hinderlich zu begreifen, sondern sie zeigen auf, wo ein lernendes Individuum bei der Konfrontation mit neuen Informationen zunächst auf die Verteidigung der bestehenden Strukturen „beharrt". Insofern sind viele Lernschwierigkeiten auch als Sensor zu betrachten, der andeutet, welche Themen eine lernende Person gerade „bearbeitet". Fragen oder Äußerungen, die nicht zum Thema zu passen scheinen, sind so betrachtet nicht ein Zeichen für Unkonzentriertheit, sondern konstruktivistisch gewendet ein Zeichen dafür, worauf die lernende Person ihre Aufmerksamkeit richtet. Die Zurückweisung eines Beitrags durch die Lehrenden kann dann bei Lernenden das Gefühl der Nicht-Wertschätzung hinterlassen, und dazu beitragen, dass eine noch deutlichere Entfremdung gegenüber dem aktuellen Lehr-/Lerngeschehen eintritt, weil nun neben dem „eigenen" Thema parallel dazu die Situation der Zurückweisung und des „Nicht-verstanden-werden" bearbeitet werden muss. Störungen sind unter diesem Blickwinkel deshalb eher als Chance zu begreifen, die wesentlichen Fragen zu vertiefen bzw. in das Thema tiefer einzusteigen, sobald diese Hürde genommen ist. Je eingehender dabei das Thema angeboten wird und eine aktive Auseinandersetzung auch mit den Widerständen stattfindet, desto eher kann die Störung aufgehoben werden und eine kognitive Umstrukturierung stattfinden.

Lernsituationen vorzubereiten und in Form von Unterricht oder Weiterbildung einzusetzen ist nach wie vor eine der wichtigsten Aufgaben von Lehrenden. Erfolgreiches Lernen ist dabei von verschiedenen Faktoren abhängig, die jedoch je nach lerntheoretischem Hintergrund unterschiedlich gewichtet werden. Persönliche Beziehungen zwischen Lernenden sowie zwischen einer Lerngruppe und den Lehrkräften prägen beispielsweise das Lernklima und beeinflussen so den Lernerfolg. Overmann (2004) macht in seinem Internetartikel die Bedeutung der positiven Stimmungen für das Auswendiglernen oder Problemlösen aufmerksam. Lernen ist von vielerlei Voraussetzungen, Einflüssen und Rahmenbedingungen abhängig, auf zwei Aspekte soll noch etwas genauer eingegangen werden.

a) innerpsychische Faktoren

Zunächst ist festzustellen, dass der Lernprozess in einzelne Teiltätigkeiten aufgeteilt werden kann. Nach Friedrich & Mandl (1990) ist Lernen ein Prozess, der aus vier unterschiedlichen Teiltätigkeiten besteht, nämlich den informationsverarbeitenden Prozessen, der Lernorganisation, der Lernkoordination sowie der Lernzielbestimmung (vgl. Abbildung 4).

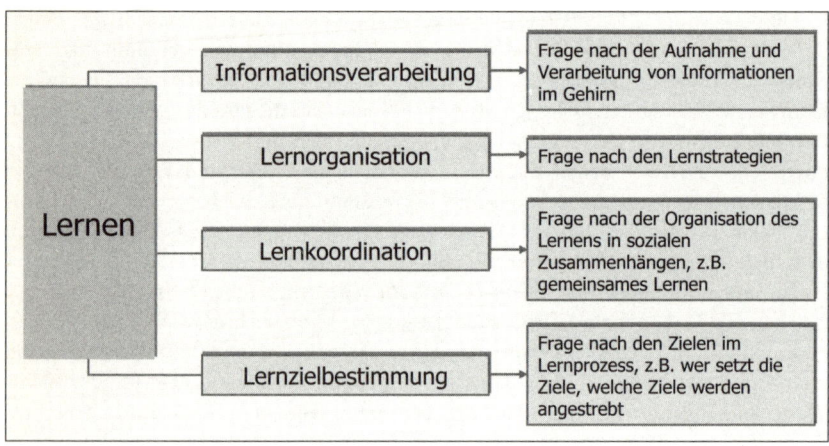

Abb. 4: Teiltätigkeiten des Lernprozesses

Hierbei wird die „Zuständigkeit" für diese Teiltätigkeiten gemeinsam von Lehrkräften und Lernenden bewältigt, wobei es von den theoretischen Grundannahmen abhängt, wer welche Tätigkeiten vollzieht. Je stärker die Lernenden in die Teiltätigkeiten aktiv einbezogen werden, desto deutlicher ist eine Selbststeuerung im Lernprozess zu verzeichnen.

Betrachtet man Beschreibungen von Stundenvorbereitungen verschiedener Lehrerinnen und Lehrer, so zeigt sich häufig ein Vorgehen, das Krapf (1995, S. 23) folgendermaßen beschreibt:

„Wenn sie [die Lehrerinnen und Lehrer] neue Unterrichtsinhalte in den Stoffplan integrieren wollen, wählen sie recht rigoros aus, was ihnen dienlich erscheint. Dann lesen sie in den meisten Fällen, sie bearbeiten das Gelesene, schreiben sich wichtige Stellen heraus oder streichen sie mindestens an. Sie stoßen auf Interessensschwerpunkte und ergänzen ihre Informationen. Besonders willkommen sind Bild- und Tondokumente. Auch da wird wieder gesichtet und aussortiert. Vieles wird weggelegt. In eigener Anordnung und persönlicher Logik verschaffen sich Lernende einen Überblick und prägen sich zentrale Aspekte ein. Dabei benützen sie Notizen oder Auszüge als Gedächtnisstützen."

Häufig wird hierbei noch festgestellt, dass erst der zweite Durchgang mit einem Lehrbuch die Sicherheit verschafft, den Stoff auch „richtig zu beherrschen". Dies bringt den für die Lernsituation nicht zu unterschätzenden Konflikt mit sich, dass der erste Jahrgang noch mit einem nicht optimalen Unterricht konfrontiert ist und andererseits von den Lernenden jedoch erwartet wird, dass sie die Inhalte schon bei der einmaligen Konfrontation erwerben. Krapf (1995, S. 23) schreibt hierzu weiter:

„Die Banalität der Erkenntnis liegt darin, dass alle Lehrerinnen und Lehrer diese Lerntätigkeiten beherrschen, die Schüler aber in ganz seltenen Fällen eine Gelegenheit haben, solche Lerntätigkeiten während der Unterrichtszeit zu praktizieren. Die Schüler müssten in der Schule das tun, was Lehrerinnen und Lehrer bei ihrer Vorbereitung tun: Auswählen, das weglegen, was ihnen als wenig sinnvoll erscheint, lesen, anstreichen, zusammenfassen, anschauen, sich anhören, ordnen, gruppieren, darstellen, erzählen, lehren, mit Hilfe von Gedächtnisstützen weitererzählen usw."

Bei dieser Beschreibung wird deutlich, dass Lernende häufig lediglich in einem der vier Felder des Lernprozesses, nämlich der Informationsverarbeitung, überhaupt zum Zug kommen, weil dies der Ort ist, an dem Lehrende von außen nicht so viel regeln können, obwohl hier die Hirnforschung immer mehr Fortschritte macht und inzwischen anhand der visualisierten Aktivitätsmuster aufzeigen kann, wo bestimmte Informationen im Hirn der Lernenden verarbeitet werden (Kraft 2004). Auch das vorliegende Buch wird von unseren Interessen und Vorstellungen geleitet, die die Auswahl der Themen bestimmten, und „vorgedacht" sind. Was Leserinnen und Leser nun tatsächlich mit den Inhalten anfangen, dies kann nicht genau vorausgeplant werden. Festzuhalten bleibt also: die didaktische Reduktion des Themas bedeutet nicht automatisch, dass damit Inhalte besser (beziehungsweise überhaupt) gelernt werden.

Solange Lehrende mit der Vorstellung aus einer Lehrveranstaltung kommen: „Heute habe ich Finanzbuchhaltung, Integralrechnung, Futur II ... gemacht", solange bleibt die Frage legitim: „Und was haben die Lernenden gemacht?". Die didaktische Reduktion muss also jeweils vom Individuum ebenfalls vollzogen werden, lediglich die Rahmenbedingungen lassen sich beeinflussen, indem versucht wird, Lernende an allen vier Feldern teilhaben zu lassen. Auf diese Weise können die von Reich (2002) beschriebenen Prozesse der Konstruktion, Rekonstruktion und Dekonstruktion vollzogen werden. Mit einer Reduzierung der Lernenden auf den Bereich der Informationsverarbeitung würde die Aktivität der Lernenden eingeschränkt. Dies hat dann auch Auswirkungen auf die Aufmerksamkeit, die andererseits den Lernerfolg beeinflusst. Eng damit verbunden ist außerdem die Lernmotivation sowie die Leistungsmotivation (Weiner 1994), die wiederum sehr stark von den emotionalen Besonderheiten der Situation beeinflusst sind. Die Bedeutung von Gefühlen beim Lernen wird nach wie vor unterschätzt, denn hirnphysiologische Erkenntnisse zeigen inzwischen, dass die Gefühle die Aufgabe haben, „Sinneseindrücke so schnell wie möglich zu bewerten und das nachfolgende Verhalten zu steuern" (Scheunpflug 2000, S. 50). Die Idee in uns, was gut für uns ist, motiviert unsere Handlungen – wie oben schon erwähnt wurde. So lernt eine Person wesentlich besser, wenn die emotionale Befindlichkeit positiv gestimmt ist. Sie hat einen größeren Lernzuwachs, bessere und längere Erinnerungsleistungen und erbringt bessere Transferleistungen. So schreibt Spitzer (2002, S. 165 f):

„Wir konnten nachweisen, dass der emotionale Kontext, in dem die Einspeicherung der Wörter geschieht, einen modulierenden Einfluss auf die spätere Erinnerungsleistung hat. So wurden diejenigen Wörter am besten erinnert, die in einem positiven emotionalen Kontext eingespeichert wurden. Darüberhinaus konnten wir zeigen, dass unterschiedliche Hirnregionen ein späteres Erinnern vorhersagen, je nachdem in welchem emotionalen Kontext die Wörter eingespeichert wurden. Während das erfolgreiche Einspeichern von Wörtern in positivem emotionalem Kontext eine Aktivität im Bereich des Hippokampus und Parahippokampus zeigte, fand sich eine Aktivierung der Amygdala während des erfolgreichen Einspeicherns in negativem emotionalem Kontext".

Diese Ergebnisse verdeutlichen die engen Zusammenhänge zwischen Emotion und Kognition und zeigen auf, dass Angst die Transferleistungen verhindern kann.

b) Geschlechtsspezifische Bedingungen des Lernens

Frauen und Männer verhalten sich aufgrund der unterschiedlichen Wahrnehmung der Geschlechterrollen unterschiedlich, sie übernehmen die charakteristischen Vorstellungen in ihr Selbstbild und akzeptieren die damit verbundene Ungleichheit häufig als unabänderlich ohne sie zu hinterfragen. Von dieser Geschlechtsrollenidentität, also dem Bild, das sich eine Person von sich selbst als Mann oder als Frau macht, ist die Geschlechtsidentität zu unterscheiden, die die Kategorisierung in männlich oder weiblich beschreibt. Insofern umfasst die Geschlechtsidentität das biologische Geschlecht (engl. sex) und die Geschlechtsrollenidentität das psychologische Geschlecht (engl. gender), das variabel ist und von den biologischen Voraussetzungen, der Eingebundenheit in soziokulturelle Zusammenhänge sowie von innerpsychischen Vorgängen abhängt. Hierbei ergibt sich die Frage nach dem Vorgang des Erwerbs bzw. der Konstruktion der Geschlechtsrollenidentität. Nach Alfermann (1996) sind kognitive, affektive und verhaltensmäßige Prozesse maßgeblich beteiligt. Der kognitive Aspekt meint hierbei die Zuordnung – also Rekonstruktion – des Individuums zu einem Geschlecht und die Kategorisierung anderer Personen auf dieser Basis. Dieser Prozess ist bis zum Schulalter abgeschlossen. Der affektive Aspekt umfasst die Entwicklung von Präferenzen und Einstellungen, z. B. über die Ausübung bestimmter Rollen, die Einschätzung der eigenen Geschlechtsrolle als positiv oder negativ, die Annahme bzw. Ablehnung der Geschlechterrolle. Schließlich beschreibt der verhaltensmäßige Aspekt die Übernahme von bestimmten für die Geschlechterrolle typischen Verhaltensweisen in das eigene Verhaltensrepertoire und damit in das Selbstbild.

So betrachtet ist das Geschlechterverhältnis aufgrund der Einflüsse, die auf die kognitive, affektive und verhaltensmäßige Kategorisierung von der Umgebung ausgehen eine soziale Konstruktion, die – wie zahlreiche empirische Studien zeigen – zu Unterschieden zwischen den Geschlechtern beiträgt. Im folgenden werden exemplarisch einige Bereiche angeführt werden, bei denen empirische Untersuchungen vermuten lassen, dass die unterschiedliche Entwicklung von Mädchen und Jungen sich auch auf das Lernen – um wieder mit Reich (2002) zu sprechen, auf die Konstruktion, Rekonstruktion und Dekonstruktion der Geschlechtsrolle – auswirkt und damit auch auf ihr (Lern-)Verhalten als Erwachsener ausstrahlt.

Nach Sigrun Richter (1996) lassen sich im Bereich der Leistungsmotivation ab der Pubertät Unterschiede zwischen Mädchen und Jungen dahingehend feststellen, dass Mädchen weniger Leistung zeigen, wobei sie vermutet, dass dies in der Vorstellung von Mädchen begründet sein kann, nur dann als weiblich zu gelten, wenn sie nicht zu stark leistungsbezogen auftreten. Das unterschiedlich ausgeprägte Selbstkonzept von Schülerinnen und Schülern zeigt sich vor allem im Bereich der Mathematik. Schülerinnen schätzen sich auch bei (noch) nicht nachweisbaren Leistungsunterschieden in ihren mathematischen Fähigkeiten geringer ein (Rustemeyer 1999). Dies spiegelt sich nicht zuletzt auch in den unterschiedlichen Leistungsstandsuntersuchungen wie TIMSS (Baumert/Bos/Watermann 2000) und PISA (Klieme/Neubrand/Lüdtke 2001) wider. Weiterhin zeigen sich Unterschiede in Bezug auf Interessen und Lebensziele, also hinsichtlich der Wertorientierung. So bilden Jungen ihre Interessen stärker im Technikbereich aus, Mädchen favorisieren häufiger den musisch-sprachlichen und kommunikativen Bereich. So zeigen auch die Daten des Statistischen Bundesamtes, dass sich nach wie vor wenige Frauen für ein naturwissenschaftliches oder technisches Studium interessieren, obwohl die Frauenstudierquote in den letzten 10 Jahren von 41 % auf 48 % gestiegen ist. In Mathematik und den Naturwissenschaften liegt der durchschnittliche Anteil der Frauen im Wintersemester 2004/05 allerdings nur bei 37 %, in den Ingenieurwissenschaften sogar nur bei 21 %. Im Vergleich hierzu sind für 70 % die Sprach- und Kulturwissenschaften nach wie vor das bevorzugte Studienfach.

Im Hinblick auf ihre Lebensziele stellen Mädchen bzw. Frauen ihre Karriereplanung nach wie vor hinter die Orientierung auf die Familie (Richter 1996). Dies stellt sich vermutlich auch deshalb so dar, weil die Entscheidung für oder gegen Kinder und damit Familie für viele Frauen weiterhin mit dem Verzicht auf Karriere verbunden ist, zumindest glauben dies nach einer forsa-Umfrag (Forsa 2006) 64 % der befragten Frauen – und dabei diejenigen mit höherem Bildungsabschluss mit 72 % noch weitaus häufiger. Gerade diese technische Ausrichtung von Jungen bzw. Männern erleichtern ihnen häufig den Zugang zu E-Learning-Prozessen, die gerade im Rahmen des selbstgesteuerten Lernens und unter dem Blickwinkel des lebenslangen Lernens eine immer bedeutendere Rolle einnehmen.

Empirisch können zwar allgemein betrachtet im Bereich der kognitiven Leistungen keine Unterschiede in der Höhe der Intelligenz festgestellt werden, allerdings zeigen sich in Teilleistungsbereichen Differenzen. So können Vorteile im Bereich der visuellen Wahrnehmung für Männer, und im Bereich des allgemeinen Sprachniveaus für Frauen festgestellt werden (Richter 1996). Größere Unterschiede finden sich allerdings wieder im Bereich der nonverbalen Kommunikation, vor allem solche, die den vermehrten Raumgebrauch, die höhere motorische Unruhe und die größere Distanziertheit bei Jungen bzw. bei Männern – vor allem bei persönlichen Themen – betreffen (Alfermann 1996). Diese Unterschiede lassen sich auch beim Verhalten in Lerngruppen erkenen. So reagieren Männer in Auseinandersetzungen eher mit Zurechtweisungen, Ironie und Ausweichen auf die Metaebene oder mit drastischen Abwertungen (Rosenbusch 1995), um das „letzte Wort" und damit die Macht in der Situation zu bekommen oder zu behalten. Frauen dagegen bevorzugen eine emotional getöntere Sprache, sie formulieren ihre Einwände, Ideen oder Bemerkungen eher als Vorschlag (Rosenbusch 1995). Damit steht eine eher konkurrenzorientierte Vorgehensweise der männlichen Lernenden der stärker auf

Kooperation angelegten Lern- und Arbeitsweise der weiblichen Lernenden gegenüber, was in geschlechtsgemischten Arbeits- und Lerngruppen zu Problemen führen kann.

Aufgrund der unterschiedlichen Konstruktion der Wirklichkeit auf der Grundlage der sozialen Vorstrukturierung und der damit verbundenen geschlechtsspezifischen Ausbildung von bestimmten Verhaltens- und Denkmustern ist es wichtig, die spezifischen Lern- und Arbeitsbedürfnisse von weiblichen und männlichen Lernenden in Lehr-/Lern-Arrangements zu berücksichtigen, um die vorhandenen individuellen Möglichkeiten der Lernenden entsprechend einzubeziehen. Wichtig ist es deshalb aber auch, den Dekonstruktionsprozess bezüglich der geschlechterverteilten Rollen in Lernsituationen zu unterstützen, um so auf die Auslassungen von bestimmten Sichtweisen und die möglichen anderen Blickwinkel zu verweisen. Interessant sind hier neuere Untersuchungen, die davon ausgehen, dass Jungen gerade durch diese immer wieder belegten Verhaltensweisen, also ihre spezifische Konstruktion bzw. Rekonstruktion der Wirklichkeit, Nachteile im Unterricht erfahren und ihre Leistungen sinken (vgl. Thimm 2004). Die Ursachensuche wird unter anderem im Bereich der fehlenden männlichen Leitbilder festgemacht, was verstärkt zu Verunsicherung bei Jungen führt und teilweise Überreaktionen verursacht. Jungen können aufgrund der vor allem in den ersten Jahren fehlenden männlichen Erzieher oder Lehrer und der immer weniger „anwesenden" Väter keine Identifikationsfiguren mehr finden, mit denen sie ihre Wirklichkeitskonstruktion diskutieren und kritisch hinterfragen können. Zudem bewegt sich der Unterricht häufig enger an den Interessen der Mädchen, was auch der Jugendforscher Hurrelmann (2005) beschreibt, der in den fehlenden männlichen Vorbildern für Jungen langfristig eine problematische Entwicklung für männliche Selbstbilder sieht.

Zusammenfassend kann festgestellt werden, dass konstruktivistische Lerntheorien davon ausgehen, dass kognitive Systeme in sich geschlossene autopoietische (selbstorganisierte) Systeme sind, die selbstreferentiell bezogen sind. Lernen kann deshalb nicht als ein Prozess verstanden werden, in welchem Informationen „von außen nach innen transportiert werden können", es stellt sich vielmehr „als Prozess der Restrukturierung innerhalb eines geschlossenen Systems" (Luhmann 1987, S. 60) dar. Lehren kann demzufolge Wissensbestände in anderen nicht erzeugen oder Kompetenzen entwickeln, es kann Restrukturierungs- oder Aneignungsprozesse lediglich anregen und ermöglichen. In diesem Sinne stellt Siebert fest: „Es kann nicht von außen gesteuert oder determiniert, sondern allenfalls angeregt und ‚perturbiert' (gestört) werden. Auch der Zuhörer eines Vortrages bildet das Gehörte nicht – wie ein Tonbandgerät – ab, sondern der Vortrag löst eigene Gedanken, Assoziationen, Emotionen aus, aber auch Überlegungen, die mit dem Vortrag nur lose gekoppelt sind" (Siebert 2001, S. 195). Die konstruktivistischen Lerntheorien sind Ausdruck einer „Trendwende in der Psychologie des Lernens" (Reinmann-Rothmeier/Mandl 1997, S. 74). Lernen wird nicht länger als individuelle Informationsaneignung und Verhaltensänderung angesehen, sondern als eines in komplexen Bezügen zwischen den biologischen Gegebenheiten, der soziokulturellen Eingebundenheit sowie den emotionalen und motivationalen Vorgängen verankerte „Suchbewegung" (Tietgens 1986) des einzelnen Lerners. Im Rahmen einer solchen mehrperspektivischen Betrachtung stellt sich Lernen mehr und mehr als „Wissenskonstruktion" dar:

> „Lernen meint vielmehr, aufbauend auf ‚biologischer Bereitschaft', individuellen Erfahrungen und vorhandenen Wissensstrukturen Wissen und Kompetenzen zu entwickeln, die in realen Situationen nützlich und nutzbar sind. Neue Informationen werden mit Vorwissen verknüpft, vor dem Hintergrund eigener Erfahrungen interpretiert und damit ‚Netzwerke' konstruiert, die in konkreten Situationen zum Handeln befähigen" (Reinmann-Rothmeier/Mandl 1997, S. 74).

Im Hinblick auf die geschlechtsspezifischen Bedingungen des Lernens bedeutet dies: Die gesellschaftlichen Erwartungen und Vorstellungen hinsichtlich der auszufüllenden Geschlechterrolle haben Auswirkungen auf das (Lern-)Verhalten der einzelnen Personen, weil sich dieses an den vorhandenen Geschlechtsrollenvorstellungen orientiert. Konstruktivistisch gewendet lässt sich sagen, dass die auf das Individuum eintreffende Information hinsichtlich der Geschlechtsrollen seine Identität perturbieren und so auch die Auseinandersetzung mit den Geschlechtsrollen anregen und Konstruktions-, Rekonstruktions- und Dekonstruktionsprozesse in Gang setzen können.

3.3 Pädagogische Implikationen einer Lernkulturorientierung

Die traditionellen Lerntheorien sind noch in starkem Maße dem Paradigma der Lehrkulturorientierung verhaftet und gehen von einem instruktionistischen Lehren aus. Sie sehen Lernen als einen streng regelhaft ablaufenden Prozess der Informationsverarbeitung, der sich von Lehrenden erfolgreich steuern lässt (Reinmann-Rothmeier & Mandl 2001). Daraus ergibt sich als Ziel dieser technologischen Lehrstrategie die Erwartung, den

> „Gegenstand des Lehrens und Lernens als fertiges System zu vermitteln, weshalb auch von gegenstandszentrierten Lernumgebungen gesprochen werden kann. Das Lehr-/Lerngeschehen wird als ein Prozess betrachtet, bei dem der Lehrende objektive Inhalte so zu übermitteln versucht, dass der Lernende am Ende dieses „Wissenstransports" den vermittelten Wissensausschnitt (Lerngegenstand) in ähnlicher Form besitzt wie der Lehrende" (Reinmann-Rothmeier & Mandl 2001, S. 606).

Lernen ist damit in dieser Sichtweise rezeptiv und erfolgt weitestgehend linear und systematisch, es wird von den Lehrenden angeleitet, die Lernenden folgen, machen nach, nehmen auf. Rahmenbedingungen werden nur insofern beachtet, als im Prozess der Vermittlung versucht wird, sie auszuschalten oder passend zu gestalten.

Beim konstruktivistischen Verständnis von Lernen auf der Grundlage des Paradigmas der Lernkultur steht hingegen der aktive, aneignende Mensch im Vordergrund. Lernprozesse laufen dann nicht mehr nur linear ab, die Ereignisse sind nicht immer vorhersehbar. Lehrende werden zu Personen, die das Lernen begleiten. Das Wissen wird nicht vermittelt, sondern Informationen werden angeboten, die in die Strukturen der Lernenden auf individuelle Weise Eingang finden können. Im folgenden sollen einige Konsequenzen für eine konstruktivistische Lehre im Rahmen eines selbstgesteuerten Lernens näher betrachtet werden.

Den Menschen als Möglichkeitswesen zu verstehen, bedeutet, wie zuvor im Zitat von Heinz von Foerster ausgedrückt, individuelle Unterschiede im gesamten Lernvorgang anzuerkennen sowie zu unterstützen und damit den Lernenden zu dem zu verhelfen, was er sein kann. Dies eröffnet eine Vielfalt von Lernwegen und Formen des Unterrichts, was auch eine Ausweitung der Räume und der Lernorte beinhaltet. Individualisierung im Lernprozess bedeutet allerdings auch, dass die Lernenden einer neuen und ungewohnten Situation ausgesetzt sind, die auch Ängste verursachen kann, weil die neuen Lernmethoden und -wege nicht bekannt sind und die Vorstellung, sich nicht im engmaschig vorbereiteten Lernnetz des Lehrenden aufzuhalten, Unsicherheit mit sich bringen kann. Die dahinter liegende konstruktivistische Betrachtung geht davon aus, dass eine „Entkoppelung von Lehrsystemen und Lernsystemen" (Siebert 2000, S. 13) stattfindet und Lehrende das lehren, was sie gelernt haben und demzufolge für wichtig halten, aber auch Lernende das lernen, was sie in ihren kognitiven Schemata verankern und als bedeutsam und weiterführend erkennen können. Lernen wird damit grundsätzlich nur durch das einzelne Individuum selbst vollzogen, es ist also immer ‚selbstgesteuert', wobei die Lernenden ihre biographischen Erfahrungen sowie ihren lebensweltlichen Kontext einbringen.

Das Verständnis vom lernenden Subjekt enthält demnach aus Sicht des Konstruktivismus zumindest die Strukturdeterminiertheit, die Selbstreferenzialität sowie die Nicht-Trivialität als Merkmale, die Konsequenzen für Lernarrangements haben. Eine Antwort auf die Strukturdeterminiertheit ist hierbei die Anregung von Selbstlernprozessen, aus der Selbstreferenzialität resultiert die Absage an die Vermittlungsmöglichkeit von Inhalten und die Nicht-Trivialität bezieht sich auf die situative Strukturdeterminierung. Heinz von Foerster (1987) hat die Unterscheidung von trivialen und nicht-trivialen Systemen vorgenommen. Triviale Systeme sind durch eine kausale Beziehungsstruktur zwischen Input und Output gekennzeichnet. Nicht-triviale Systeme haben Geschichtlichkeit und reagieren abhängig von ihrer situativen Strukturdeterminierung. Die jeweilige Situation wird also auf dem Hintergrund der biographischen Vorgaben und der momentanen Gestimmtheit interpretiert, bewertet und weiter verarbeitet. Die lernende Person ist also kein triviales System, sondern durch eine strukturelle Dynamik gekennzeichnet. Die folgende Tabelle 1 zeigt die drei Merkmale im Überblick (vgl. hierzu auch Werning 1998):

Verständnis vom lernenden Subjekt	Konsequenzen für Unterricht
strukturdeterminiert: eine Person kann nicht von außen zu einer bestimmten Reaktion veranlasst werden, sondern die interne Struktur bestimmt, wie sich die Person mit den Anregungen aus der Umgebung auseinandersetzt	Versuch, die komplexen affektiv-kognitiven Systeme anzuregen, die nach ihrer eigenen Logik operieren. Lehren ist Anregen von Selbstlernen.
selbstreferentiell: die Handlungen des Subjekts wirken auf ihre Struktur zurück, bestätigen oder verändern diese; es besteht eine funktionale Beziehungsstruktur zwischen Umwelt und Organismus, so dass ständig die Wirklichkeitskonstruktionen angewendet, neu entwickelt, überprüft, bestätigt oder verworfen werden	Die aktive Beziehungsgestaltung zwischen der lernenden Person und der sie umgebenden Umwelt kann genutzt werden, um Inhalte dem Individuum „nahe" zu bringen. Das Individuum kann diese Inhalte aus der Umgebung in die eigenen Wirklichkeitskonstruktionen integrieren. Lehren ist nicht Vermittlung, Lernen nicht Aneignung von vorgegebenen Zielen, sondern das Subjekt kann lediglich angeregt werden, seine Wirklichkeit zu hinterfragen, zu überprüfen, weiterzuentwickeln, zu verwerfen oder zu bestätigen.
nicht-trivial: Der Organismus hat Geschichtlichkeit und eine strukturelle Dynamik und besitzt nicht wie ein triviales System (z. B. Schreibmaschine) eine kausale und lineare Beziehungsstruktur zwischen Input und Output.	Wie ein lernendes Subjekt von außen durch eine Intervention beeinflusst werden kann, z. B. durch ein Lob, hängt von der situativen Strukturdeterminierung ab, d. h. von seiner Interpretation und Wahrnehmung des Lobes.

Tabelle 1: Konstruktivistisches Verständnis von Lernen und Lehren

Mit dem Blick auf das lernende Individuum und das damit einhergehende neue Unterrichtsarrangement zeigen sich Veränderungen in den Anforderungen an Lernende und Lehrende, was auf beiden Seiten neue Kompetenzen – Selbstlernkompetenzen – erforderlich macht. Nur auf dieser Grundlage lassen sich die Unsicherheitsfaktoren in den Lernsituationen reduzieren und eine Basis für kreative Lernprozesse schaffen. Als Konsequenz aus der gewandelten Lernkultur (Arnold & Schüßler 1998) ergibt sich eine Neuorientierung der Didaktik hin zu einer Sichtweise der Ermöglichung von Lernprozessen, um der Eigenaktivität der Lernenden ausreichend Raum zu gewähren. Die damit verbundene neue Lernkultur zeichnet sich dadurch aus, dass Lernenden keine Lösungen vorgegeben werden, sondern auf ihre Möglichkeit vertraut wird, neue Lösungen für ihre Lernvorhaben zu entwickeln. Eine solche Lernkultur nimmt einen Perspektivenwechsel von der Defizitorientierung hin zu einer Ressourcenorientierung vor.

4. Ermöglichungsdidaktik –
Kompetenzentwicklung begleiten

> „Das (Er)Finden
> neuer (Lern-)Welten
> entsteht im Prozess des Redens
> und der Erarbeitung
> von Handlungsübereinkünften."
>
> *(Balgo / Voß 2002, S. 68)*

4.1 Zur Begrenztheit von Erzeugungsdidaktiken

Die Moderne versteht Bildung als Individualisierung und Selbstbestimmung durch die Auseinandersetzung mit der Welt. Hierbei entwirft das Subjekt seinen Weltbezug und reflektiert auf dieser Folie sein Handeln. Rekurs (1993) fordert hierbei den Ausbau reflexiver Fähigkeiten zur Beurteilung des Weltentwurfs in Bezug zur Gesellschaft und zu sich selbst als notwendige Ergänzung der sachlichen Fähigkeiten. Bildung muss also einerseits dazu in die Lage versetzen, sich zu informieren und sich selbst kontinuierlich Informationen zu beschaffen, um in Anbetracht des beachtlichen Wandels die Anforderungen durch das lebenslange Lernen zu bewältigen. „Auftrag der Bildung ist daher neben der Vermittlung von Basisfähigkeiten und Fachwissen die Förderung der Persönlichkeitsentwicklung sowie einer fachübergreifenden Lernkompetenz, die lebenslanges Lernen ermöglicht" (Mandl / Krause 2001, S. 7).

Mit dieser Einschätzung wird deutlich, dass traditionelle Didaktiken, die hauptsächlich darauf ausgerichtet sind Wissen zu vermitteln und von einem traditionellen Lernverständnis ausgehen, an ihre Grenzen geraten. Noch weniger kann davon ausgegangen werden, dass sie mit der unausgesprochenen Erwartung zurecht kommen, das Bildungssystem könne die gesellschaftliche Ungleichheit korrigieren oder doch zumindest die ungleichen Lebenschancen ausgleichen. Dies zu erreichen ist das Ziel der jüngsten Debatte um Standardisierung, die der Einheitlichkeit im Bildungswesen dienen soll. Individuelle Verschiedenheit – so die unausgesprochene Logik – soll durch ein *System der Vereinheitlichung* durch Standards gefasst werden. Die bei der Umsetzung der Standards produzierten individuell unterschiedlichen Leistungen werden durch die Standardisierung gerechtfertigt, die zugleich den Rahmen der noch offenen individuellen Entwicklung nach einheitlichen – chancengleichen – Maßgaben beziffern. „Leistung" wird so zum vermittelnden Element zwischen Einheitlichkeit und Vielfalt. Dass in diesem Gedanken eine grundlegende Ungleichbehandlung eingebaut ist, zeigen beispielsweise auch die vorher schon angeführten Ergebnisse zu geschlechtsspezfischen Aspekten des Lernens. Der durch die internationalen Schulvergleiche gelieferte Befund, dass in Deutschland, wie in keinem anderen Land Europas, die Bildungschancen nach wie vor vererbt werden, d. h. von der sozialen Herkunft anhängig sind, hat weder die Selektionsideologie noch die Praxis bislang grundlegend in Frage gestellt.

Lernkultur als die Summe der überlieferten und verinnerlichten „Selbstverständlichkeiten" des Umgangs mit Lehren und Lernen ist durch einige charakteristische Ausdrucksformen gekennzeichnet, von denen drei besonders hervorzuheben sind:

- *Das Muster der biographischen Versagensangst:* Erfolgreiches Lernen wird von Beginn an als biographisch entscheidende Aktivität wahrgenommen und kommuniziert, wodurch gleichzeitig Misserfolg sowie Scheitern bzw. Angst zur Grundlogik des Bildungssystems gemacht werden. Da hierbei der Misserfolg des einen zur Voraussetzung für den Erfolg des anderen wird, entwickeln sich die Lehr-/Lernprozesse zu Machtbeziehungen, in denen sich die vorherrschenden gesellschaftlichen Ungleichheiten mit subtilsten Mechanismen reproduzieren und das Lernen in den Kontext von Zwang und Nötigungserdulden rücken. Die Gleichheitsillusion entlarvt sich so als letztlich uneinlösbares Versprechen.

- *Das Muster des Widerspruchs zwischen Entfaltung und pädagogischer Nötigung:* Aus der pädagogischen Grundidee der Entfaltung der innersten Möglichkeiten der Person wurden immer wieder die Aufgabe der Pädagogik abgeleitet, nämlich diese Entfaltung anzuregen und zu begleiten, wobei man sich stets bewusst war, dass Zwang und Nötigung die sich entwickelnden Ich-Kräfte eher lähmen als entfalten. Wo der Mensch lernen muss(te), sich durch Lernen zu verteidigen, verliert er den ursprünglichen Kontakt zu seinen eigensten Lernmotiven und Lerninteressen – eine Erschlaffung, die von außen – gar in der gleichen Zwangs- und Nötigungslogik vorgetragen – nicht „behebbar" ist: Motivation als Lehreraktivität war schon stets ein Mythos, welcher übersah, dass „Motivation" eine Grundgestimmtheit des Subjekts und keine Interventionsform in das Subjekt bezeichnet. Auch hier nimmt die Pädagogik wieder die Außenperspektive auf die lernende Person ein und versäumt durch das Beharren auf dieser Perspektive so die Entwicklung ihrer Eigenkräfte.

- *Das Muster des kompetenzbildenden Kenntniserwerbs:* Schließlich sind unsere Lernkulturen auch durch die Vorstellung geprägt, dass Wissen bzw. der Erwerb von Kenntnissen eines definierten Fächerkanons für die Kompetenzentwicklung maßgebend sei[21]. Dabei wird nicht nur die stetige Veränderung des Wissens in der Wissensgesellschaft übersehen, sondern man vermeidet auch weitgehend die kritische Selbsthinterfragung, ob die Wissenszentrierung nicht in einer zwar nachvollziehbaren, heute aber als eine Sicherheit in der Unsicherheit stiftende Reminiszenz und damit einer neuen heimlichen Funktion verpflichteten „Vorkehrung" fortlebe („Da weiß man doch, worauf es ankommt, wenn schon ansonsten alles unsicher wird!"). Die Begründung, gerade die Wissensgesellschaften müssten sich in Bildungseinrichtungen auf die Vermittlung von Wissen konzentrieren, übersieht, dass es genau umgekehrt zu sein scheint: Wissenszentrierung verdankt sich der Tatsache, dass das jeweilige gesellschaftliche Wissen lange Zeit nicht anders distribuiert werden konnte. Die Wissensgesellschaft jedoch ist gerade durch eine Vielfalt der Distribuierungsformen und eine prinzipielle Universalität des Zugangs zu Wissen geprägt, weshalb Bildung und Bildungsinstitutionen heute anders als auf der Basis eines fortgeschriebenen Distribuierungsmonopols begründet werden müssen.

Diese beschriebenen Muster sind die prägenden Elemente in vielen vorfindbaren Lernkulturen. Es sind Lehrkulturen, keine Lernkulturen, welche wir in den Wissensgesellschaften nach wie vor vorfinden. Die unausgesprochenen Selbstverständlichkeiten dieser Lehrkulturen sind die bis in die architektonische Gestaltung der Bildungsräume hinein sichtbare Hochschätzung der Lehrfunktionen sowie die Beseitigung der Vielfalt, aus welcher sich Individualisierung und Persönlichkeitsentwicklung speisen. „Lernen" wird als abgeleitete Funktion von Lehren angesehen, und das eigentliche Lernen der Subjekte entfaltet sich subkulturell und findet allenfalls in deren Lernwiderständen, Bankkritzeleien oder Toilettensprüchen sowie Grafities ihren Ausdruck. Lehren ist häufig in einen zumeist mit pädagogischen Überhöhungsmetaphern bemäntelten Selektionsauftrag gekleidet, wobei die Lehrenden ihre Macht zumeist aus diesem Auftrag beziehen, bisweilen „genießen" sie diese auch deutlich spürbar, weil diese Macht narzisstische Bedürfnisse in ihnen zu befriedigen vermag. Doch welche Macht ist das in Wahrheit? Und welche gesellschaftlichen Nebenwirkungen sind mit solchen hierarchisch-mechanistischen Lernkulturen verbunden?

---

[21] Rauner und Bremer verweisen demgegenüber auf Tendenzen, welche zeigen, dass „Fachkompetenz [...] sich als eine Form domänenspezifischer Methodenkompetenz verflüchtigen [würde]" (Rauner/Bremer 2004, S.154). Demnach kommt berufliche Handlungskompetenz zwar nicht ohne domänenspezifisches Wissen und Können aus, doch muss dieses durch die Ausbildung methodischer Erschließungsstrategien mit dem Subjekt verbunden werden. Rauner und Bremer warnen davor, „[...] die Trennung von der Methode des Lernens von der Domäne des zu Lernenden empirisch [abzuschneiden]" (ebd., S.155) – eine Gefahr, die nach ihrem Eindruck mit den konstruktivistischen Lerntheorien einhergeht – eine „Forderung", die ihren eigenen Referenzpunkt allerdings nicht deutlich zu markieren vermag.

Es ist eine selbstwidersprüchliche Macht, welche in den mechanistischen Lehrkulturen anzutreffen ist. Zudem ist es eine Macht, welche in der „Mehr-Desselben"-Paradoxie zunehmend zu erschlaffen droht und in dem letztlich oft hilflosen und mäßig erfolgreichen Bemühen endet, Menschen durch geeignete Vorkehrungen zum Lernen zu (ver)führen. Dieses Bemühen ist – so könnte man folgern – Ausdruck einer inneren Widersprüchlichkeit der Pädagogenrolle, wie auch des Bildungswesens insgesamt. Beide folgen in ihrer Grundlogik einem hoheitlich definierten Interventionsauftrag („Selektion"), während sie zugleich vorgeben und auch vorgeben müssen, Effekte erreichen zu wollen, welche gerade durch diese Logik nicht erreicht werden können. Sie müssen in mechanistischer Manier versuchen, systemische Wirkungen in der Persönlichkeit des Lernenden zu erzielen, was kaum geht und etwa dem Versuch gleichkommt, durch Drohung das friedliche Zusammenleben zu fördern.

Lehrkulturen sind Lehrkulturen und eben keine Lernkulturen. Zwar erkennen wir mehr und mehr, dass auch die „Verfügungen" (z. B. durch Kerncurricula, Bildungsstandards) nicht das halten, was man sich von ihnen verspricht, doch scheint dies durch die Politik nicht weiter wahrgenommen zu werden. Ihr geht es letztlich nicht um die realen Kompetenzen, vielmehr genügt ihr eine Fortschreibung der Illusion, diese seien herstellbar und messbar. Statt des Standes der realen und kompetenzbildenden Ichstärkung fokussiert man dann die Rangplätze, welche man im internationalen Vergleich zu erreichen vermag, völlig losgelöst von der Frage, welche Veränderungen des Lehrens und Lernens dadurch ausgedrückt oder gar ausgelöst werden können. Es scheint eine Pädagogik der Steuerung und Gestaltung, nicht eine solche „im Modus des Zulassens" (Lenzen 1997) zu sein, die dadurch Auftrieb erhält. Man stellt sich nicht die Frage, welche Impulse und ungewollten Nebeneffekte von einer messtheoretisch fokussierenden Bildungsforschung in der Vergangenheit wirklich ausgegangen sind. Hat sich in den Bildungsinstitutionen seitdem tatsächlich etwas gewandelt? Oder haben sie sich nur auf einem anderen Niveau und in anderer Verkleidung mit ihren Grundparadoxien rekonstruiert.

Die traditionellen Didaktikmodelle haben ihren Schwerpunkt stets aus der Aufgabe abgeleitet, durch Wissensvermittlung die Entfaltung der vorhandenen Potentiale und die Entwicklung von Fähigkeiten und Fertigkeiten voranzutreiben. Sie beschreiben Lehr-/Lernsituationen dementsprechend unter dem Aspekt der Einflussnahme auf die lernende Person oder die Rahmenbedingungen. In die verschiedenen didaktischen Ansätze, die im vergangenen Jahrhundert entwickelt wurden, gehen die zuvor beschriebenen lerntheoretischen Ausgangsmodelle als Grundinformation ein. Sie beschreiben damit die Vermittlung von Wissen als Input-Output-Modell, ohne die Vorgänge im Subjekt näher zu beleuchten oder beleuchten zu wollen. Ja, sie scheinen häufig überhaupt nicht als besonders bedeutsam wahrgenommen zu werden, da durch die Manipulation an den Rahmenbedingungen und an dem Input der geeignete Output – das Lernen der beabsichtigten Inhalte – folgerichtig eintreten werde. Gerade der Aspekt der Wissensvermittlung als „Übermittlung" macht die Erzeugungsperspektive deutlich. Das Subjekt soll durch den Wissenstransport angefüllt, quasi neu oder verändert erzeugt werden. Die Frage, was und wie der Einzelne tatsächlich Wissen aneignet und Kompetenzen entwickelt, stellt sich unter diesem Blickwinkel nicht.

Im historischen Blick auf die traditionellen Didaktikmodelle des letzten Jahrhunderts können grundsätzlich bildungstheoretische, lerntheoretische sowie kommunikationstheoretische Modelle als die wesentlichen und einflussreichen Ansätze unterschieden werden. Didaktische Modelle sind die Theoriegebäude, die das didaktische Handeln umfassend und systematisch aus einer bestimmten theoretischen Perspektive zu beschreiben versuchen und als Grundlage der Analyse und Planung von didaktischem Handeln dienen.

Einen engen Didaktikbegriff vertreten die *bildungstheoretischen Ansätze* (z. B. Klafki 1985), die sich aus der Tradition der geisteswissenschaftlichen Pädagogik entwickelt haben. Im Mittelpunkt steht der Begriff der Bildung im Anschluss an Wilhelm Dilthey, Otto Willmann, Herman Nohl und Erich Weniger. Diese Ansätze stellen die Bestimmung und Legitimation des Inhaltes (das „Was") in den Mittelpunkt und fragen nach der Bedeutung dieser Inhalte für die Bildung des Einzelnen sowie für die kulturelle und gesellschaftliche Entwicklung. Über die Aneignung der Inhalte und in der Auseinandersetzung mit diesen erschließt sich der Mensch die Welt und kann sich in ihr bewegen. Methoden nehmen in diesen Ansätzen eine untergeordnete „dienende" Rolle ein und sollen dazu verhelfen, die beabsichtigten vorgegebenen Bildungsziele zu erreichen, wobei die schon angeführte Problematik der Auswahl der bildungsrelevanten Bestandteile besteht.

In den grundlegenden Ansätzen der *lehr-/lerntheoretischen Didaktik* („Berliner Schule"), die von einem weiten Didaktikbegriff ausgehen (z. B. Schulz 1980), wurde in Abgrenzung zu Klafki eine Position entwickelt, die sich an ein empirisch-analytisches Vorgehen anlehnt. In den Mittelpunkt wird hier der Begriff des Lernens in seiner ganzen Breite gerückt. Insofern stehen die Inhalte und die Methoden sowie die weiteren Entscheidungsbereiche des Lehr-/Lernprozesses nebeneinander. Didaktik hat hier die Aufgabe, das Zusammenwirken der Strukturmomente des Unterrichts systematisch in den Blick zu nehmen sowie die wesentlichen Bedingungen und Voraussetzungen zu erfassen, die Unterricht beeinflussen können. Ziel ist es hierbei, eine kontrollierte Planung, Gestaltung und Durchführung sowie Analyse des Lehr-/Lernprozesses zu gewährleisten. Auch dieser Ansatz ist auf die Vermittlung von Wissen ausgerichtet, das heißt es wird ein Blick von außen auf die lernenden Individuen geworfen.

Den beiden Theorieansätzen ist gemeinsam, dass ihre Übertragung von schulischen Zusammenhängen auf das Lehren und Lernen Erwachsener nur unzureichend gelungen ist, auch wenn sie immer wieder in erwachsenenpädagogischen Zusammenhängen herangezogen werden, weil die spezifischen Voraussetzungen von erwachsenen Lernenden nicht genügend berücksichtigt werden können. Insgesamt gehen diese Theorien von der Vorstellung der Machbarkeit und Erzeugbarkeit von Lernerfolgen durch eine möglichst genaue Bestimmung der Lernziele sowie durch eine differenzierte Lernplanung aus. Erzeugung von Lernen wird weitgehend als die Aufgabe der Lehrenden angesehen, die den Lernprozess umfassend steuern.

Als dritter einflussreicher Ansatz kann das kommunikationstheoretische Modell genannt werden. Dieser Ansatz ist als Gesellschafts- und Ideologiekritik formuliert worden, wobei der Blick auf die kommunikativen Vorgänge in Lehr-/Lernsituationen eine neue Perspektive auf das didaktische Handlungsfeld eröffnete und die stärkere Fokussierung auf die Lernenden als Subjekte im Lernprozess sowie eine Loslösung von der Überbetonung des inhaltlichen Aspekts und die technologische Ausrichtung von Lehr-/Lernsituationen (Schäfer/Schaller 1973) beinhaltete. Dieser Ansatz sowie die Weiterentwicklung von Klafkis bildungstheoretischer Didaktik zu einer kritisch-konstruktiven Didaktik unterstreichen die Bedeutung von selbstverantwortlichem Lernen und Subjektorientierung und können als eine Wurzel der auf konstruktivistischen Grundlagen aufgebauten Ermöglichungsdidaktik gesehen werden. Allerdings tritt letztere durch die Einbeziehung des autopoietischen Moments noch stärker mit dem Anspruch auf Eigensteuerung der Lernenden an. Glasersfeld (1999, S. 504) bringt dies auf den Punkt, wenn er schreibt:

„Lernende sollten als selbständig denkende Individuen betrachtet und behandelt werden, die Begriffe und Wissen nur aufgrund von bereits vorhandenen Begriffselementen aufbauen können."

Im Zuge der Weiterentwicklung der lerntheoretischen Grundlagen wandeln sich daher die mechanistischen Vorstellungen von Lernen immer stärker hin zu der Einsicht in die begrenzte Machbarkeit von Lernprozessen und die erhöhte Eigendynamik des Menschen beim Lernen, welche wiederum von den Voraussetzungen und Möglichkeiten der erwachsenen Lernenden grundlegend geprägt wird.

Der Vermittlungsaspekt verlagert sich unter dieser Perspektive auf die aktive Aneignung durch die lernende Person. Die Linearität zwischen Input und Output wird aufgehoben zugunsten eines prinzipiell multifaktoriellen Inputs, dessen autopoietische Verarbeitung im Einzelnen eine neue Struktur entstehen lässt, die zu mannigfaltigen Ausdrucksformen führen kann (vgl. Abbildung 5).

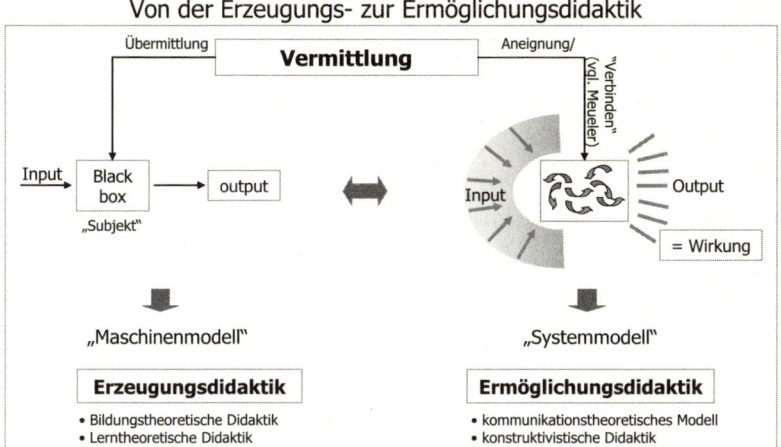

Abb. 5: Von der Erzeugungsdidaktik zur Ermöglichungsdidaktik

Deutlich wird hierbei, dass der Wechsel zur Ermöglichungsdidaktik vor allem einen Wechsel in der Auffassung darüber nach sich zieht, was unter „Vermittlung" zu verstehen ist. Galt es in den traditionellen Ausgestaltungen von Lehr-/Lernsituationen den Stoff zu transportieren, so folgt die Ermöglichungsdidaktik der Vorstellung, die Inhalte für die Aneignung bereitzustellen. Die Aktivität und Entscheidungsbefugnis über den Lernprozess verlagert sich damit dahin, wo sie nach der Auffassung der konstruktivistischen Vorstellungen von Lernen sich auch stets befindet – sie verlagert sich zur lernenden Person. Allerdings ist nicht davon auszugehen, dass diese Verlagerung aufgrund der bisherigen Erfahrungen der Lernenden sofort erfolgreich sein kann. Aus dieser Perspektive heraus geht es dann darum, einen Weg zu finden zwischen vollständiger Anleitung und gänzlicher Selbststeuerung und die Freiheitsgrade zwischen Führen und Wachsenlassen sukzessive zu erhöhen (Wittwer 2000, S. 26). Die Offenheit schafft aber auch Überraschungen und setzt Flexibilität voraus, die sowohl von den Lernenden als auch den Lehrenden eingeübt werden muss (Gómez Tutor 2003). Kompetenzen hierfür müssen demnach auch von Lernenden und Lehrenden erst aufgebaut werden. Hierauf wird im weiteren Verlauf der Ausführungen noch detaillierter eingegangen werden. Didaktik und Methodik stehen damit in einem Spannungsfeld zwischen Machbarkeit und ungewissem Ausgang, denn für Lehrende wird unter diesem Blickwinkel schnell klar, dass man „beim didaktischen Handeln alles tun muss, was Lernen erfolgreich macht, und man zugleich weiß, dass damit Lernerfolg doch eben nicht ‚gemacht' werden kann" (Reischmann 1998, S. 270). Insofern ist es dann nur möglich, den Lehr-/Lernprozess zu antizipieren und unter der Vorgabe zu strukturieren, dass man als Lehrperson im Laufe der Zeit immer entbehrlicher wird.

4.2 Systemisch-konstruktivistische Impulse für eine Ermöglichungsdidaktik

Der Begriff der Ermöglichungsdidaktik hat sowohl konstruktivistische als auch systemtheoretische Wurzeln. Diese Grundlagen wurden bereits in anderen Publikationen (Balgo / Lindemann 2006; Voß 2005) ausführlich diskutiert. Damit ist die Frage nach den Grundannahmen der Ermöglichungsdidaktik, die aus dem Konstruktivismus resultieren, hier auch bloß kurz zu beantworten. Wichtig ist die Erwähnung der informationellen Geschlossenheit jedes Lebewesens, das nach eigenen Kritierien die neuronalen Signale interpretiert und bewertet, „von deren wahrer Herkunft und Bedeutung es nichts absolut Verlässliches weiß" (Roth 1987, S. 235). Systemische Geschlossenheit bedeutet, dass kognitiv-emotionale Systeme ihre Deutungen, Fühl- und Denkweisen gegenüber dem, was ihnen begegnet, aus den Systemelementen bilden, welche sie bereits in sich tragen. Damit wird deutlich, dass nur das eigene Handeln, nicht jedoch die unmittelbare Wahrnehmung (von Foerster 1992), Wissen und Erkenntnisse aufbauen kann. Systeme arbeiten demzufolge selbstorganisiert, beziehen sich also auf ihre eigenen Zustände. 'Selbstreferentiell' kennzeichnet dabei den Sachverhalt, dass Systeme „[...] die Elemente, aus denen sie bestehen, durch die Elemente, aus denen sie bestehen, selbst produzieren und reproduzieren" (Luhmann 1985, S. 403). Die auf den ersten Blick vermeintliche Tautologie stellt sich bei genauerem Hinsehen jedoch als ein grundlegender Wechsel heraus, der auch die Diskussion im Bereich der Lerntheorien treffend nachzeichnet und den Wechsel von einem mechanistischen zu einem systemischen Bild des Lernens ausdrückt. Wir können damit auch in unserem Verständnis vom Lernen nicht mehr länger so tun, als sei es möglich, gewissermaßen von außen, Lerngegenstände in das kognitive System eines Lernenden zu „transportieren":

„Auch Lernen muss deshalb als Prozess der Restrukturierung innerhalb eines geschlossenen Systems begriffen werden [...]. Diese Theorie schließt alle Annahmen aus, die davon ausgehen, dass Elemente oder Strukturen eines solchen Systems von außen bezogen oder von außen nach innen transportiert werden können. [Und auch Sozialisation] [...] ist somit nur als Eigenleistung des sozialisierten Systems möglich" (Luhmann 1987, S. 60).

Äußere Einflüsse, Ereignisse oder Situationen haben damit keine unmittelbaren Auswirkungen, sondern können Veränderungen lediglich auslösen. Wie die Veränderung dann tatsächlich aussieht – und damit verbunden auch die Qualität der Veränderung – bestimmt das System selbst. Aber trotzdem können wir davon ausgehen, dass Verständigung hergestellt werden kann (von Glasersfeld 1992, S. 33). Dies erklärt sich aus der Strukturähnlichkeit von Menschen. Aus dem Gesagten resultiert aber auch, dass Wissen jeweils als eine von vielen verschiedenen gangbaren (viablen) Möglichkeiten betrachtet werden muss und nach von Glasersfeld (1992, S. 32) „nie ein bestimmter gangbarer Weg, eine bestimmte Lösung eines Problems oder eine bestimmte Vorstellung von einem Sachverhalt als die objektiv richtige oder wahre bezeichnet werden" kann.

Dieser kurze Hinweis auf die Grundannahmen der Ermöglichungsdidaktik machen deutlich, dass diese auch mit verschiedenen Illusionen aufräumen, die sich in erzeugungsdidaktischem Gewande ausgebildet und tradiert haben (vgl. Arnold 2001, S. 103); nötig ist ein Abschied von lieb gewonnenen Lehr- und Lerngewohnheiten, wie z. B. die:

- *Vermittlungsillusion oder die Aufhebung der Trennung von Lehren und Lernen:* Die Perspektive, dass Lehrende das Wissen vermitteln und Lernende das Wissen in sich aufnehmen, wird zugunsten der Sichtweise geändert, dass alle Beteiligten lehren und lernen und ihren spezifischen Anteil am Lehr-/Lernprozess leisten. Hieraus ergeben sich Fragen nach der Gewichtung von Lehren und Lernen, den Formen bzw. Methoden der Wissensvermittlung und Kompetenzentwicklung von Lernenden sowie der Rolle der Lehrenden, die sich zu Lernberatern und Lernbegleitern wandeln. Die Aufhebung setzt außerdem kommunikative und erfahrungsoffene Lernprozesse voraus, in denen sich die Beteiligten kontinuierlich über die einzelnen lernrelevanten Aspekte verständigen und diese mit ihren Erfahrungen in Einklang bringen. Diese Vorgehensweise verschafft sowohl den Lehrenden als auch den Lernenden Rückmeldung über ihren Stand im Lernprozess.

- *Illusion der Gleichschaltbarkeit oder die Reduzierung des Lernens im Gleichschritt:* Eine Ermöglichungsdidaktik enthält die Forderung nach einem Perspektivenwechsel, der von der Synchronizität von Lernprozessen hin zu individuell spezifischen Lernprozessen geht und mit der Frage nach Selbststeuerung und vielfältiger Gestaltung von Lernschritten bzw. -phasen verbunden ist. Damit einher geht die Chance für Lernende, Selbstverantwortung im Lernprozess zu übernehmen. Mit dieser Sicht ist die Vorstellung verbunden, dass die Parallelschaltung von individuellen Lernprozessen ein notwendiges Vorgehen für Lernen in Gruppen darstellt.

- *Illusion der fremdgesteuerten Selbststeuerung oder die Überwindung des einseitigen Methodenbesitzes im Lehr-/Lernprozess:* Hiermit ist die Verschiebung des Methodenbesitzes zur Gestaltung von Lernprozessen vom Lehrenden zum Lernenden angesprochen. Lernende brauchen für individuelle Lernprozesse geeignete Methoden und Lernstrategien sowie Selbstevaluationsmöglichkeiten, um diese aktiv und selbstgesteuert einsetzen zu können [22].
- *Intellektualistische Illusion oder die Milderung des Vorranges von Lerngegenständen bzw. -inhalten:* In diesem Zusammenhang müssen die Fragen nach den Inhalten, die zu lernen sind, geklärt werden: Welches Wissen ist es „wert", gelernt zu werden, welche Inhalte sind strukturbildend und stellen ein tatsächlich relevantes Element für die Kompetenzentwicklung dar? Gleichzeitig enthält diese Frage Hinweise darauf, wie auf die Fülle des Wissens in der Informationsgesellschaft angemessen reagiert und wie bzw. welches „Knotenpunktwissen" bereitgestellt werden kann.

Im Mittelpunkt dieser Veränderungen steht also die Vorstellung, nachhaltige Lernprozesse zu ermöglichen, die jedoch nur dann zustande kommen, wenn damit eine veränderte Haltung der Lehrenden hinsichtlich der Bewältigung der inhaltlichen und methodischen Planung, der Durchführung sowie der Evaluation von Lehrveranstaltungen verbunden ist.

Hier zeigt sich am Beispiel der Ausbildung von Lehramtsstudierenden, wie schwierig es sein dürfte, die Reformbemühungen hin zu einer Professionalität von Lehrenden umzusetzen, die das Lernen im Gleichschritt und als Input-Output-Geschehen zugunsten eines Lernens als aktiven Prozess von Konstruktion, Rekonstruktion und Dekonstruktion von Wirklichkeiten im Sinne von Kersten Reich zu begründen vermag. Die lernenden Systeme werden als Schülerinnen und Schüler von Lehrenden ausgebildet, die ja häufig noch die mechanistischen Vorstellungen von Lernen vertreten. Kommen diese Schülerinnen und Schüler dann an die Hochschulen, um sich wiederum als Lehrende ausbilden zu lassen, so vertreten sie diese in ihrer Sozialisation erlernten und verinnerlichten Lernvorstellungen, die zudem an den Hochschulen durch die dort Lehrenden noch bestätigt werden. Fraglich bleibt dann, wie der von den Reformbefürwortern angedachte Lernkulturwandel eintreten kann, wenn Lehrende die Lernenden zu solchen Lehrenden „machen", die weiterhin in der Tradition eines mechanistischen Menschenbildes verhaftet sind. Erwartet werden kann hier die Tradierung einer Vorstellung des Menschen als „trivialer Organismus" (von Foerster 1987, S. 36), der konstant und berechenbar sei.

---

[22] Eine Auswahl von geeigneten Methoden findet sich unter anderem in der Methoden-Kartothek (http://www.methoden-kartothek.de/), aber auch bei Kersten Reich, der Methoden für den systemisch-konstruktivistischen Ansatz gesammelt hat (http://www.uni-koeln.de/ew-fak/konstrukt/didaktik) und welche neuerdings als CD-Rom der Neubearbeitung seiner Konstruktivistischen Didaktik beigefügt ist (Reich 2006).

Als Konsequenz aus dieser Perspektivverschiebung ergibt sich die Notwendigkeit, der Frage nachzugehen, wie sich das althergebrachte Denken unterbrechen lässt, aber auch wie mit der Komplexität der Systeme so produktiv umgegangen werden kann, dass die Gestaltung von Anschlüssen an andere Systeme gelingt. Durch die Klärung dieser Frage kann das Konzept der Ermöglichungsdidaktik neue Sichtweisen auf den didaktischen Prozess eröffnen und eine gewandelte Professionalität anbahnen. Grundlegend ist für beides der Ausgang von der Entwicklungslogik lebendiger Systeme, die sich als lernende Systeme definieren lassen. Erst, wenn wir uns dazu durchringen, zu erkennen, dass Lehren kein Garant dafür ist, dass gelernt wird, und dass auch Organisationen lernen, werden wir Schule oder Lernsituationen „neu denken" können, wie dies Hartmut von Hentig (1993) erhofft. Dieser neue Blick reißt uns aus der Bequemlichkeit des „Weiter-so-wie-bisher", weil er deutlich macht, dass die Welt nicht so ist, wie sie uns erscheint und auch nichts so bleibt, wie wir uns das konstruieren.

Zunächst ist es deshalb erforderlich, über die Aspekte genauer nachzudenken, die eine Weiterentwicklung der didaktischen Diskussion befruchten können, denn „über Gestalt und Gestaltung neu nachzudenken hieße, alte und neue Sichtweisen zusammenzuführen" (von Mutius 2004, S. 37). Die Erwachsenendidaktik steht damit vor der Situation, das Lernen unter den Vorzeichen eines solchen Zusammenführens zu überdenken und dabei auch die folgenden Fragen zu reflektieren, die von Mutius (2004, S. 37) im Zusammenhang seiner Reflexionen über das „Denken von morgen" im Bereich der Naturwissenschaften und der Technik anstellt:

„Wie können wir intellektuelle Verständigungsprozesse anstoßen, in denen die vorherrschende Fixierung auf Begriffe überwunden und andere, ästhetische Formen der Erkenntnisgewinnung gemeinsam erprobt werden? [...] Wie können wir Beziehungen und Korrespondenzen gestalten, die zwischen Unterschiedlichem Anschlüsse ermöglichen – in unseren Kommunikationsprozessen, in unseren Innovationsprojekten und Veränderungsarchitekturen?"

Die Frage, die sich hier stellt, ist diejenige nach dem Umgang mit der Komplexität. Sich der Komplexität zu ergeben würde bedeuten, sich in ihr zu verlieren, deshalb muss „die Vieldeutigkeit des prinzipiell Möglichen [...] auf die Eindeutigkeit des jeweils Konkreten reduziert werden" (Küppers 2004, S. 50). Mit der Komplexität stellt sich dann auch das Problem des Nicht-Wissens noch einmal neu, denn Komplexität und die damit einhergehende Zunahme von Wissen bedeutet immer auch die Zunahme von Nicht-Wissen.

„So gesehen ist die Undurchschaubarkeit des Komplexen auch eine Frage der Vieldeutigkeit der internen Dynamik. Diese Form des Nicht-Wissens ist durch keine Erkenntnisstrategie – weder theoretisch noch praktisch – aufzulösen. Nur die Dynamik selbst kann durch den Mechanismus der Selbstorganisation die Vieldeutigkeit des Komplexen reduzieren, indem dieser je nach Kontext eine bestimmte Möglichkeit realisiert und reproduziert" (Küppers 2004, S. 50–51).

Die Frage ist nun, wie mit der komplexen Dynamik zwischen Wissen und Nicht-Wissen umgegangen werden kann, mit der lernende Systeme konfrontiert sind. Ein beschreitbarer Weg liegt darin, die Selbstorganisation der Systeme zu nutzen, die ein dynamisches Gleichgewicht zwischen kognitiver, emotionaler und sozialer Gewissheit bzw. Ungewissheit herstellen. Ausschlaggebend für die ablaufenden Selbstorganisationsprozesse ist hierbei, dass „das Gleichgewicht, die Gewissheit, die Ruhe oder die soziale Sicherheit nie wirklich erreicht werden, weil die Umwelt stets einen ausreichenden Vorrat an Ungleichgewichten, Ungewissheiten, emotionalen Unsicherheiten oder sozialen Risiken bereithält, der die Selbstorganisation auf Dauer stellt und die kontinuierliche Differenzierung komplexer Systeme vorantreibt" (Küppers 2004, S. 51). In dieser auf Dauer gestellten Ungewissheit bzw. dynamischen Balance liegt allerdings auch ein Schlüssel des Lernens, denn auf der Basis der Selbstorganisation können Systeme auf die variablen Umwelten reagieren und darin überleben, indem sie lernen. Küppers weist mit der Komplexität von Systemen noch auf einen weiteren Aspekt hin, der für Lernen und für didaktische Überlegungen von Bedeutung ist: Die Unvorhersehbarkeit von Entwicklungen komplexer Prozesse. Auch Lehr-/Lernsituationen sind komplexe Prozesse und lassen sich daher unter dieser Perspektive nicht mehr so einfach mit dem tradierten Modell der Wissenschaft erklären, das davon ausgeht, dass ein Prozess vorhersagbar und berechenbar ist. Aber

„die Komplexität der Eingriffe wurde in der Vergangenheit unterschätzt, weil man in einfachen Modellen linearer Kausalität gefangen war. [...] Der Glaube an die Vernunft der Planung ist stärker. Er suggeriert sicheren Boden, und zwar sogar noch dort, wo wir schon längst im Treibsand des Komplexen zu versinken drohen. Die Entdeckung des Komplexen hat die Idee der Planung – der technischen wie der sozialen – auf eine harte Probe gestellt: Wenn Planungen Eingriffe in komplexe Systeme sind, dann bleibt ihr Ausgang allemal ungewiss: nicht weil wir noch nicht alles wissen, sondern weil wir im Komplexen bestimmte Dinge nie wissen werden. Das mit dem Wissen verknüpfte Nicht-Wissen wird zum eigentlichen unhintergehbaren Risiko der Planung" (Küppers 2004, S. 55).

Im Hinblick auf das didaktische Handeln wird deutlich, dass für Lehrende und Lernende sich neue Rollen und Aufgaben ergeben werden, die auch die Übernahme der Verantwortung für Prozesse beinhaltet, die prinzipiell unplanbar sind, aber dennoch geplant werden sollen. Lehr-/Lernprozesse sind dann auch unter dem Aspekt der experimentellen Praxis zu fassen, die im Tun die Wege und Möglichkeiten exploriert und daraus Konsequenzen zieht. Der Umgang mit der Unplanbarkeit wird damit auch zu einem wichtigen Aspekt der Professionalisierung, und das Wissen, dass „Planung im Sinne theoretisch bestimmter und kontrollierter Handlungsschritte auf dem Weg zu vorgegebenen Zielen […] immer von der Wirklichkeit überrollt [wird]" (Küppers 2004, S. 56), hilft dazu Wirklichkeit professionell zu gestalten.

Solche Überlegungen gelten häufig als provokant, werden sie aus der Sichtweise der Vermittlungsdidaktiken betrachtet. Allerdings übersehen sie jene Forschungsergebnisse, die feststellen, dass Lernen ein „aktiv-konstruktiver Prozess [ist], der stets in einem bestimmten Kontext und damit situativ sowie multidimensional und systemisch erfolgt" (Reinmann-Rothmeier/Mandl 1997, S. 366). In krassem Gegensatz hierzu steht das Verlangen nach Klarheit und Sicherheit der mechanistisch ausgerichteten Didaktikkonzepte, die durch die Vorausplanung von Inhalt, Methode und Rahmenbedingungen das Lernen befördern wollen. Warum allerdings dann häufig doch nicht gelernt oder etwas nicht Geplantes gelernt wird, kann damit nicht erklärt werden.

Systeme erzeugen sich demnach selbst und sind jeweils auf sich selbst und ihre eigenen Zustände bezogen. Damit unterscheiden sie sich von Maschinen, die durch externe Eingriffe und Steuerungsimpulse absichtsvoll und zielorientiert beeinflusst werden können. Humberto Maturana und Francisco Varela haben in diesem Zusammenhang den Begriff der Autopoiesis eingeführt, was so viel bedeutet wie „Selbsterzeugung. Eine äußere Kraft kann zwar auf Systeme einwirken, allerdings kann diese kaum intentionale Wirkungen entfalten. Möglich ist lediglich die „Störung" des Systems, wobei aber nicht von einer vorhersagbaren Wirkung ausgegangen werden kann. Ein System „lernt" deshalb auch nicht, indem es von außen an es herangetragene Informationen „übernimmt", sondern es baut diese in die eigenen kognitiven oder psychischen Systeme ein. Hierzu stellt Ernst von Glasersfeld fest:

„Lehren beginnt nicht mit dem Vortragen geheiligter Wahrheiten, sondern mit dem Schaffen von Gelegenheiten, die den Schülern Anlass zu Denken geben. – Die Vorbedingung dafür ist, dass man Schülern die Fähigkeit zu denken zuschreibt. […] Das stellt Anforderungen an Lehrer, die lange übergangen worden sind. Die Grundbedingung, dass der Aufbau von Begriffen nur in der Erfahrungswelt des einzelnen Individuums stattfinden kann, wurde unter der allgemeinen Auffassung begraben, dass Begriffliches stets die Repräsentation einer vom Wissenden unabhängigen Welt sein müsse, und darum den Schülern als Fertigware übermittelt werden kann"(von Glasersfeld 2002, S. 220).

Dieser Gedanke ist für die Begründung des Umgangs mit lernenden Systemen fundamental, denn die Frage, wie Bildung, Pädagogik und Didaktik zu „denken" sind, wenn man unter systemisch-konstruktivistischer Perspektive von der „Nutzlosigkeit von Belehrungen und Bekehrungen" (Siebert 1996) ausgehen kann, erfordert Konsequenzen für die Lehre. Wenn Lehren und Lernen selbstorganisiert „funktionierende" Systeme sind, dann sind sie in ihrer Entwicklung jeweils auf ihre eigenen Zustände rückbezogen („selbstreferentiell"). Dies bedeutet, dass „Lehrende lehren, was in ihr kognitives System passt, was für sie anschlussfähig, viabel ist" (Siebert 2002, S. 225). Genauso eignen sich auch die Lernenden Inhalte und Anforderungen an, die zu ihren eigenen Bedingungen passen und bei ihnen anschlussfähig sind:

„Die Lernenden aber verfügen über andere Relevanzkriterien, Erfahrungshintergründe und „Affektlogiken", ihr Lernen ist strukturdeterminiert, nicht von dem Unterrichtsstoff „determiniert". Sie hören im Unterricht das, was sie hören können und wollen, das aber ist selten deckungsgleich mit dem, was die Lehrenden mitteilen (wollen). Lehrende und Lernende sind wechselseitig „kontingent". Der Normalfall der Kommunikation im Unterricht ist – so N. Luhmann – das Missverstehen. Demnach sind Lehre und Unterricht keinesfalls wirkungslos oder überflüssig, denn auch ein selbstgesteuertes Lernen benötigt Kontexte, Informationen, Anregungen, Rückmeldungen, Aufgaben. Aber es lohnt sich [...] Lehren und Lernen als getrennte, autopoietische, selbstreferentielle und operational geschlossene Systeme zu betrachten" (ebd.).

Lehrende müssen über Orientierungen und Verhaltensmöglichkeiten verfügen, um mit der prinzipiellen Wirkungsunsicherheit ihrer Intervention in systemische Kontexte in einer Weise umgehen zu können, dass Aneignung oder Verhaltensänderung (z.B. im Sinne von Kompetenzentwicklung) wahrscheinlich werden. Schon Gregory Bateson hat auf diesen Aspekt der prinzipiellen Wirkungsunsicherheit systemischer Interventionen hingewiesen:

„Wenn ich gegen einen Stein trete, dann gebe ich dem Stein Energie und er bewegt sich mit dieser Energie; und wenn ich einen Hund trete, dann stimmt es, dass mein Tritt einen teilweise newtonschen Effekt hat. Ist er fest genug, dann könnte mein Tritt den Hund in eine Newtonsche Flugbahn versetzen, aber das ist nicht das Wesen der Sache. Wenn ich einen Hund trete, dann reagiert er mit der Energie, die aus seinem Stoffwechsel kommt. In der ‚Steuerung' der Handlung durch Information ist die Energie bereits vor der Einwirkung von Ereignissen in dem Reagierenden vorhanden" (Bateson 1987, S. 126f).

Es bedarf also einer Loslösung von der Vorstellung, etwas mit anderen „machen" zu können, die sich als eine der grundlegenden ermöglichungsdidaktischen Haltungen darstellt. Dieser Schritt ist schwieriger als man denkt, geht es doch darum, genau das Gegenteil dessen, was bislang die Rolle von Lehrenden war und sie häufig wohl auch zu ihrer Berufswahl (mit)motivierte, zu entwickeln: Nicht mehr Kontrolle und Steuerung von Einzelnen und Gruppen, sondern Loslassen und Sich-steuern-lassen erweisen sich als die inneren Voraussetzungen ermöglichungsdidaktischer Professionalität.

Es kommt somit darauf an, das, was uns gewiss erscheint, durch die Einsicht zu überwinden, dass „die Psyche ein Phänomenbereich [ist], der nur von einer einzigen Person [in der Selbstbeobachtung] direkt beobachtet werden kann" (Simon 1999 S. 102f). Deshalb sind auch alle Feststellungen, die über Klienten oder Lernende getroffen werden, in hohem Maße anmaßende und problematische Fremdzuschreibungen, die zudem eine eigene Wirkung entfalten, wie zuvor am Beispiel der Konstruktion einer Lernbehinderung schon aufgezeigt wurde. Pädagogische Diagnosen beruhen also nicht auf einem wirklichen Zugang zu dem inneren Erleben von Lernenden, gleichwohl entfalten sie eine systemische Wirkung und verhindern häufig einen offenen Umgang mit der Systemdynamik.

Die Ermöglichungsdidaktik greift diese systemtheoretische Einsicht auf und eröffnet dadurch den Weg zu einer nicht-trivialisierenden Konzeption von Lernen, Bildung und Erziehung. Ausgangspunkt einer solchen nicht-trivialisierenden Konzeption ist der Sachverhalt, dass „psychische Systeme ihre Gedanken (und) die sozialen Systeme ihre Kommunikationen selbst (erzeugen)" (Bökmann 2000, S. 24). Als zentrale ermöglichungsdidaktische Konsequenz ergibt sich hieraus die Notwendigkeit, sich von der Offenheit und Nichtlinearität von Lernprozessen leiten zu lassen. Zudem müssen „Lernbegleiter" (Siebert 2002) einiges über die Vielfalt der unterschiedlichen Aneignungslogiken wissen, um diese erkennen und adäquate „Perturbierungsangebote" machen zu können.

Interessant sind in diesem Zusammenhang die Ausführungen von Rolf Balgo (2005) über die Frage, wie eine Lernbehinderung konstruiert wird. Balgo zeigt auf, dass die Definition von Abweichung auf der Grundlage einer Unterscheidung im Sinne des Vergleichs von Lernenden entsteht. Die unterschiedlichen Leistungen werden zunächst beschreibend festgehalten und danach mit einer Ursacherklärung versehen. Problematisch ist dann die damit zusammenhängende Bewertung des Phänomens als „normal" oder „abweichend".

Um solchen Etikettierungsgefahren zu entgehen ist eine systemische bzw. „konstruktivistische Haltung" notwendig. In erster Linie geht es um die Fähigkeit, die eigene Steuerungsleistung relativieren und „Unsicherheit ertragen [zu] können" (Klein/Oettinger 2000, S. 74). Dies bedeutet nicht, dass Lehrende sich aus ihrer Verantwortung für den Lernprozess nunmehr verabschieden könn(t)en. Es geht vielmehr um eine andere Art von Verantwortung, auf deren Basis sich das Lehren in, aber auch das Führen von systemischen Kontexten neu und in anderer Weise begründen lässt.

Eine wesentliche Frage, die sich hier anschließt, ist die Frage nach den Kompetenzen von Lehrenden, die es ihnen ermöglicht, bei der Ingangsetzung von Lernprozessen begleitend mitzuwirken. Dass eine solche Haltung nicht durch die traditionelle Belehrungsdidaktiken angebahnt werden kann, dürfte sich aus den bisherigen Ausführungen ableiten lassen. Wichtig scheint die Bearbeitung der eigenen Lernprozesse als Grundlage für die Entwicklung einer systemischen Professionalität. Dieser Aspekt wird in Kapitel 6 noch ausführlicher behandelt werden.

Die systemisch-konstruktivistische Pädagogik drängt uns darüber hinaus auch zu einer Neubestimmung des lernenden Subjektes, dessen Kompetenzentwicklung ohne eine Stärkung seiner inneren Kräfte aber nicht wirklich gelingen kann. Dies wird in der neueren didaktischen Forschung immer deutlicher, die herausgearbeitet hat, dass methodische Kompetenzen von dem bisherigen Selbstwirksamkeitserleben und soziale Kompetenzen von den früh eingespurten Formen des Umgangs grundlegend (vor)geprägt sind. Ähnliches gilt für die emotionale Kompetenz, die mehr und mehr in den Blick gerät als eine Größe, die das Erleben und das Lernen des Subjektes mitbestimmt (vgl. Arnold 2005).

4.3 Das Problem der Autonomie im Lehr-/Lernprozess[23]

> „Neuronen sind augenförmig, und ist es ein Zufall,
> dass die alle Informationen und alles Wissen
> enthaltenden Nerven des Gehirns wie Fenster sind,
> die nach innen schauen?
> Man könnte das Gehirn als einen alten Rundfunk-
> empfänger betrachten
> und die Seele als die elektromagnetischen Wellen,
> die mit allen in einem Menschenleben erworbenen
> Informationen und Kenntnissen
> durch diesen Empfänger strömen"
>
> *(Gibson 1997, S. 219f)*

Der Begriff der Autonomie[24] ist kein Kontinuitätsbegriff der Erwachsenenpädago-gik, obgleich das, was er beschreibt, Ziel und Gegenstand des Erwachsenenlernens ist. Den Begriff selbst findet man in erwachsenenpädagogischen Handbüchern eher selten und mit unterschiedlicher Inhaltlichkeit. So weist das frühe „Handbuch der Erwachsenenbildung" auf diesen Begriff im Sinne eines „Tugend"-Begriffes neben anderen hin (Pöggeler 1975, S. 10). Der Begriff wird aber auch in einem system-theoretischen (Olbricht 1981, S. 71) sowie institutionalsisierungstheoretischen Sinne (Schulenberg 1981, S. 141) verwendet. Im neueren „Handbuch der Erwachsenen-bildung/Weiterbildung" (vgl. Tippelt 1999) hingegen sucht man diesen Begriff im

---

[23] Dieser Abschnitt ist erstmals veröffentlicht worden als Arnold, R.: Autonomie und Erwachsenenbildung. In: Hessische Blätter für Volksbildung 55, 2005, H. 1, S. 37–46.

[24] Im „Lexikon Sociologicus" findet man unter den Suchbegriffen „Autonomie" und „Erwachsenenbildung" eine Definition, welche besagt: „Der Begriff Autonomie (aus dem griech. Autos selbst und nomos Gesetz) wird im Allgemeinen in ethischem Sinne verwendet: Der Mensch hat sein (moralisches) Verhalten selbst zu steuern und zu verantworten. Dabei richtet er sich nach allgemeinverbindlichen Regeln und Prinzipien, in die er sich selbst einbindet. Psychologisch bedeutet Autonomie Selbstgestaltung der eigenen Entwicklung in einer einbindenden Kultur. Der Mensch ist auf Selbstorganisation angelegt. Seine Bildung ist auf Selbstbildung gerichtet. Seine Autonomie-Entwicklung ist von außen her zu unterstützen. Es kommt zu psychischen Blockaden und Störungen, wenn der Mensch nicht genügend Chancen enthält, sein Selbst zu entfalten". (www.sociologicus.de/lexicon/lex_geb/begriffe/autonomi.htm)

Sachregister vergebens. Hat er sich in seine Elemente, einzelne zugrundeliegende Konzepte, aufgelöst? Ein Verdacht der sich in Anbetracht der Fülle der neuen Selbst-Begriffe aufdrängt. Die Rede ist heute beispielsweise von Selbstgesteuertem Lernen, Selbstlernkompetetenz oder Selbstorganisation (Autopoiesis). Wo so viel „Selbst" ist, scheint für Autonomie kein Platz mehr zu sein.

Diese Sorge erweist sich bei genauerer Betrachtung allerdings als unbegründet, findet sich doch im „Wörterbuch Erwachsenenbildung" immerhin ein Beitrag zum Thema, in dem Sigrid Nolda den Begriff der Autonomie definiert und dabei vor allem an dessen aufklärerischen Ursprung und Gehalt erinnert. Dabei knüpft sie an „das von Kant entwickelte Prinzip der Autonomie als Bestimmung des sittlichen Willens allein durch die Vernunft" (Nolda 2001, S. 37) an und skizziert dessen doppelte Bedeutung als Autonomie *durch* Erwachsenenbildung, womit die bildungs- und gesellschaftstheoretische Ziel- und Begründungsebene anvisiert ist (z. B. Zielgruppenorientierung), und als Autonomie *in* der Erwachsenenbildung, welche die erwachsenendidaktische Debatte in vielfältiger Weise geprägt und u. a. im Prinzip der Teilnehmerorientierung seinen Niederschlag gefunden hat. Nolda entscheidet sich bei ihrer zeitdiagnostischen Einordnung der Autonomiefrage klar für eine pragmatisch-didaktische Lesart, bei welcher „[…] die selbständige Planung, Durchführung und Kontrolle des eigenen Lernens im Vordergrund [steht]" (ebd.) und erteilt damit sowohl den emanzipatorischen Hoffnungen, *durch* Erwachsenenbildung Selbstbestimmung zu bewirken, ebenso eine Absage, wie sie die „prinzipielle Infragestellung von Autonomie" (ebd.) ablehnt. Im selbstorganisierten bzw. selbstgesteuerten Lernen kann – so ihre These – „Erwachsenenbildung […] Autonomie bewirken oder unterstützen, sie kann aber auch ihre Grenzen erkennen bzw. sich eine neue Rolle suchen, indem sie von der Instruktion auf Moderation und Beratung umstellt" (ebd.).

Diese pragmatische Lesart des Autonomieproblems in der Erwachsenenbildung dokumentiert den augenblicklichen Diskussionsstand: *Das Problem wird im Konzept des Selbstgesteuerten Lernen gewissermaßen didaktisch „aufgelöst"*, ein Konzept, welches zugleich, wenn auch nicht ganz ohne Brüche, an die systemisch-konstruktivistischen Konzepte, die sich mehr und mehr durchzusetzen scheinen, anschlussfähig ist. Dabei geht einiges an gesellschaftstheoretischen Bezügen, aber auch Gewissheiten verloren. Mit der Aufweichung der emanzipatorischen Erwachsenenbildung (vgl. Kade 1993a) verschwimmen auch die identitätsstiftenden Selbstbeschreibungen von Wissenschaft und Praxis, da dem selbstgesteuerten Lernen gewissermaßen die Substanz, das Wozu, dieses Lernens zu fehlen scheint. Zwar kann man, dies ist wohl die eigentlich aufweichende Paradoxie, niemanden zur Autonomie „führen", ohne dabei zugleich gegen das Prinzip derselben zu verstoßen, doch steht der Beweis für das Gegenteil, dass man durch autonomes Lernen zur Autonomie gelangt, zumindest noch aus, wenngleich auch die Argumente nicht schwach sind. Hierfür spricht zumindest die transfertheoretisch notwendige Strukturparallelität zwischen Lernen,

Erleben und Anwenden: Schließlich kann man autonomes Handeln kaum wirklich von jemandem erwarten, dessen bisherige Bildungsbiographie keinerlei Möglichkeiten zum Einüben von zumindest rudimentären Formen eines selbstreflexiven, selbständigen oder kooperativen Handelns und Problemlösens eröffnet hat (vgl. Arnold/Müller 2006).

Die innerlich verbliebene Heteronomie

„Autonomie" verkommt dort zur wohlfeilen Rhetorik, wo sie sich der bewusst oder unbewusst wirkenden Vermeidung selbstbestimmten Handelns nicht (mehr) stellt. Dies ist vor allem im Bereich der Alltagsroutinen vielfach der Fall. Hier übersieht die Rede von der „Individualisierung" die verinnerlichte Heteronomie. Erwachsene sind vielfach nicht „Herr (oder Frau) im eigenen Haus", und auch ihre entschiedenen, gewissheitsstrotzenden, selbstbewusst oder gar überwertig vorgetragenen Stellungnahmen verdanken sich oft einer im verborgenen wirkenden Dynamik, welche sie hindert innerlich wirklich erwachsen zu werden und autonom zu handeln – ein Gedanke, der übrigens auch für die Gewissheitsargumentationen im wissenschaftlichen Bereich gilt. Auf diese Dimension der verbliebenen Heteronomie wurde in der Erwachsenenpädagogik verschiedentlich hingewiesen, jedoch ohne wirklich nachhaltige Resonanz. Erinnert sei z. B. an die Ausführungen von Tobias Brocher „Zum Problem der Entwicklung von Konformismus oder Autonomie in Arbeitsgruppen" (Brocher 1967, S. 18ff), in denen er nachzeichnet, wie die Psychodynamik der primären Lernprozesse mit ihrer Ambivalenz zwischen Gefühlen der Abhängigkeit und der sozialen Angst einerseits und den nach Kompensation drängenden Allmachts- und Omnipotenzphantasien andererseits „auf der seelischen Ebene auch später weitgehend unbewusst beibehalten [wird]" (ebd., S. 21). Erwachsenenbildung kann deshalb „Autonomie" nicht einfach gewährleisten, sondern bedarf professioneller Formen, um mit den heteronomen Lerngewohnheiten und den überwertigen Lernwiderständen, welche das Erwachsenenlernen subtilst durchwirken, autonomiefördernd umzugehen. Es ist dabei die Störung (Perturbation) der heteronomen Innerlichkeit, aus welcher Autonomie erwachsen kann.

Bloße Normativität im Sinne einer Forderung „partizipativen Lernens" eröffnet deshalb keine wirkliche Perspektive für autonomes Lernen, weil sie von der verbliebenen, inneren Heteronomie der Lerner absieht und zu vordergründig von der Überwindung der in herkömmlichen Lernsituationen „strukturell eingelagerten Restriktivität" (Müller 2004, S. 129) wahre Wunder erwartet. Es geht vielmehr darum, die Lerngewohnheiten selbst reflexiv in den Blick zu nehmen. In diesem Sinne spricht der Lebens(kunst)philosoph W. Schmid (2000) von einem „Netz von Gewohnheiten", von dem das Subjekt getragen wird, und er stellt fest, dass „autonome Gewohnheiten" ins Werk gesetzt werden müssen, „die der Selbstgesetzgebung unterliegen", d. h. „bewusst angeeignet werden" (ebd., S. 35). Solche Gedanken sind auch erwachsenenpädagogisch anregend. „Autonome Gewohnheiten" sind Teile eines Reifungsprogrammes, mit welchem man aus den Vergiftungen und den „So-und-nicht-anders-Gewohnheiten" des vertrauten Lebens, aber auch der vertrauten Schwierigkeiten aussteigt und bewusst die eigenen Sogs zur Heteronomie immer wieder in Erinnerung bringt und den eigenen Fortschritt selbstkritisch analysiert. So entsteht „reflektierte Lebenskunst", wie Schmid sagt, und diese beinhaltet sowohl wesentliche Elemente für eine tragfähige Bestimmung des Verhältnisses von Autonomie und Erwachsenenbildung als auch für die Entwicklung eines einigermaßen erklärungsstarken Erwachsenenbegriffs sowie Konzepte eines erwachsenenpädagogischen Emotionslernens (vgl. Arnold 2005).

Nimmt man die neuere erwachsenenpädagogische Debatte in den Blick, so zeigt sich, dass diese noch in zu starkem Maße die Ebenen der begrifflichen Klarheit und der moralischen Überzeugung vermischt. Ihre Kontroversen sind zumeist Richtungsstreits, in denen man bereits weiß, was bestimmte Denker zu einem Thema schreiben (werden), bevor sie dieses getan haben. Fast alle verhalten sich mehr oder weniger erwartungsgemäß, und alle bestätigen dadurch die Grundaussage des Konstruktivismus („Man sieht nur, was man sieht!"), selbst, wenn sie sich – wie gesagt: erwartungsgemäß – gerade gegen diesen Ansatz vehement wenden. Zudem fällt auf, dass die Debatten vielfach unnötig erhitzt geführt werden. Da reicht es nicht, detailliert den Argumenten der erwachsenenpädagogischen Konstruktivisten nachzuspüren, nein, man muss sie auch zugleich noch für fast alle Unbillen der Zeit (mit)verantwortlich machen. Die Rede ist dann von dem „(neoliberalen) Tiger im (konstruktivistischen) Tank" (Pongratz (2004, S. 113) und man ist auch sicher, dass „es also durchaus repressive Selbstverhältnisse (sind), denen die konstruktivistische Pädagogik ihren Segen gibt" (ebd., S. 115). Es ist ein „Kampf um die Realität" (Simon 1999, S. 53), der hier ausgetragen wird, ein Kampf, bei dem die Beteiligten ihre eigene erkenntnistheoretische Gefangenheit in ihrer „hermetischen Selbstreferenz" (Fuchs 2004, S. 9) noch nicht im Ansatz und als Teil des theoretisch, zunächst jedoch erkenntnis- und beobachtnistheoretisch, zu lösenden Autonomieproblems, gemeint: die Autonomie des eigenen Gedankens, erkannt haben.

Autonomie der Erkenntnis

Es sind drei komplexe Argumentationsbereiche, die bei der Debatte um das Für und Wider systemisch-konstruktivistischer Konzepte in der Erwachsenenbildung immer wieder ineinander spielen: die Ebene der Erkenntnistheorie, die Ebene der Normativität und die Ebene der Intervention. Die überlieferten Autonomiekonzepte stehen und fallen mit einer mehr oder weniger deutlich materialistisch genährten *neorealistischen Position*. Diese Positionen argumentieren mit den folgenden Annahmen:

- *Ebene der Erkenntnistheorie:* Es ist letztlich doch irgendwie möglich, „[...] dass ein Nervensystem Informationen aufnimmt und daraus Repräsentationen (also interne Abbilder) seiner jeweiligen Umwelt erstellt" (Pongratz 2004, S. 97) – eine unverhohlen repräsentationistische Erkenntnistheorie, welche auch bei Faulstich durchschimmert, der im deutlichen Anschluss an die Hegelsche Dialektik geheimnisvoll von der Erkenntnis als einer Bewegung des Subjektes spricht, „das in lebendiger Bewegung mit dem Objekt sich durchdringt" (Faulstich 2003, S. 131). Dies ist eine deutliche Sowohl-Als-Auch-Formulierung, die der eigentlichen Frage nach dem Umgang mit der autopoietischen Geschlossenheit durch Rekurs auf überlieferte Subjekt-Objekt-Vermittlungskonzepte ausweicht, ohne zu sehen, dass es der Objektbegriff selbst ist, dessen Substanz uns entglitten ist, und zwar mit unabsehbaren Folgen für die Frage nach dem Subjekt und dessen Autonomie.

- *Ebene der Normativitität:* Eine große Unsicherheit besteht in der Erwachsenenpädagogik gegenüber dem Normativen. Zwar gehört dieses irgendwie zum Gegenstand, schließlich ist bereits der Bildungsbegriff eine Höher- und Vorwärtsentwicklungsmetapher, doch wirft man anderen gleichzeitig gerne normative Implikationen vor und präsentiert den eigenen Ansatz als nicht-normativ (vgl. Arnold 2004a). So transportiert die Rede vom „emanzipativen" oder gar „partizipativen Lernen" unübersehbar normative Setzungen, während sich deren Vertreter gleichzeitig gegen einen „normativ-substanzialistischen Bildungsbegriff" (Ludwig 2004, S. 40) wenden, worunter sie grundsätzlich nur die Bildungskonzepte der Anderen subsumieren, die auf „[...] gedachte Bildungsziele und ein herstellbares Subjekt" (ebd.) abheben, nur um dann das „Leitbild humaner Verhältnisse" (ebd., S. 42) als „kritisch-reflexive" Kategorie einzuführen. Es ist unerfindlich, warum der normative Diskurs in der Erwachsenenpädagogik zu solchen Verrenkungen greift, statt zu erkennen, dass Normfragen letztlich Entscheidungen sind, über deren Gründe und ihr Zustandekommen man in einem Diskurs streiten, welche man aber nicht rhetorisch verkleidet gewissermaßen durch die Hintertür in die Debatte einführen kann. Es wäre schon viel für die Klarheit der Debatte gewonnen, wenn sich die Einsicht durchsetzen könnte, dass es nur normativ-substanzialistische Bildungsbegriffe gibt; auch „Autonomie" ist ein solcher.

- *Ebene der Intervention:* Schließlich wird auch Intervention, zwar nicht linear, aber irgendwie doch für möglich gehalten, wenn sie vor dem Hintergrund systemtheoretischer Konzepte sowie hirnphysiologischer Forschungen auch eigentlich nicht wirklich erklärbar ist. Wissen emergiert aus den komplexen Vorprägungen, Aneignungsmechanismen und Situationsdynamiken heraus. Die eigentliche Frage, welche die Erwachsenendidaktik noch nicht im Ansatz aufgegriffen hat (vgl. Arnold 2004a), ist deshalb die, ob wir mit unseren erwachsenendidaktischen Entwürfen nicht letztlich auch dem „asylum ignorantiae" (Fuchs 1999, S. 43) verhaftet bleiben, aus dessen paradoxalen Wirklichkeitsbeschreibungen wir uns, trotz der Kritik der neorealistischen Gewissheitsapostel, nicht wirklich zu befreien vermögen. Da wir irgendwie doch „gelernt" haben, dass linear und ergebnissichernde Interventionen systemtheoretisch gesehen nicht möglich sind, „[…] wird die autopoietische Geschlossenheit psychischer und sozialer Systeme akzeptiert und daraus dann gefolgert, dass die zielgerichtete, kontrollierte Variation von Umweltbedingungen zu Selbständerungen stimuliert, die sozusagen nahe dem liegen, was das intervenierende und das intervenierte System erhoffen" (ebd., S. 42), stellt Peter Fuchs (1999) in seinem Buch „Intervention und Erfahrung" fest. Haben wir eine Erwachsenendidaktik, die dies beschreibt, und verfügen wir über eine nicht-interventionistische Begrifflichkeit, welche uns die systemische Koevolution von Lehren und Lernen im Prozess der zudem noch autonomiefördernden Kompetenzentwicklung zu beschreiben helfen?

Argumentations-bereiche	Neorealismus	Autonomie als Emanzipation	Konstruktivismus	Autonomie als Selbstbeobach-tung
Erkenntnis	Wahrnehmen und Denken als Repräsentation der Objektivität („innere Abbilder")	gesetzmäßige Zusammenhänge (auch Macht- und Interessenzusammenhänge) erkennen	Wahrnehmung als Konstruktion der operational geschlossenen kognitiven und emotionalen Systeme	die kognitiven und emotionalen Muster der Wirklichkeitskonstruktion erkennen
Normativität	Wertfreiheit	selbstbestimmtes Handeln als Grundmaxime	Unvermeidbarkeit normativer Entscheidungen im Diskurs	Werte als prägende (und teilweise unverfügbare) Basisorientierung
Intervention	Möglichkeit von Intervention	Wissen ist Macht und „machbar"	Unmöglichkeit von Intervention	Die Emergenz von Wissen und Kompetenzen

Tabelle 2: Autonomie zwischen (neo)realistischer und konstruktivistischer Argumentation

110

Auf allen drei Ebenen markiert der Konstruktivismus deutliche Gegenpositionen (vgl. Tabelle 2) gegenüber den neorealistischen Denkansätzen der Erwachsenenbildungsdebatte. Für ihn ist eine epistemologische Bescheidenheit kennzeichnend, mit welcher er sich von den Entschiedenheitspositionen der Neorealisten deutlich abhebt. Wo der Neorealismus Erkenntnis als objektive Erkenntnis setzt, zeigt der Konstruktivismus auf, wie Wahrnehmungen von autopoietischen Systemen konstruiert werden. Normativität ist im Neorealismus kein Thema, so wird im Konstruktivismus die Unvermeidbarkeit normativer Entscheidungen anerkannt und der Wertfreiheit eine Absage erteilt. Schließlich haben die Ausführungen gezeigt, dass die tradierten Vorstellungen über die Möglichkeiten einer Intervention im Konstruktivismus nicht haltbar sind unter der Perspektive autopoietischer Systeme. Auch die individuelle Intervention durch die Gestaltung der Rahmenbedingungen ist nicht möglich, solange hierbei der Gedanke beibehalten wird, dass diese Intervention zu einem determinierten Ziel führen kann, das von außen, d. h. von den Lehrenden, gesetzt wird. Zwar vermag die konstruktivistische Erwachsenbildung die begriffsbedingten Aporien derzeit nur zu beschreiben, denn sie befinden sich erst im Erprobungsstadium, um ein anderes Verständnis dessen anzubahnen, was Lernen Erwachsener ist bzw. sein könnte, da wir es (neu) konstruieren müssen. Vielleicht muss sich die Erwachsenendidaktik dabei auch zunächst als Beobachtertheorie aufstellen, wie dies der Konstruktivismus rät, und vielleicht führt uns am Ende diese erkenntnis- und begriffstheoretische Klärungsbemühungen zur „Unmöglichkeit von Intervention" nicht zur Aufgabe der Erwachsenendidaktik, sondern zu einer Konzeption eines kontextualisierten Erwachsenenlernens, welche sich vom „Kampf um die Realität" (Simon 1999, S. 53) und der alleinigen Überzeugungswirkung des besseren Arguments löst. Vielleicht wird dann auch die subjektive Konstellierung von Sichtweisen, Offenheiten, Widerständen sowie Lern- und Verhaltensformen, welche immer auch Rekonstellierungen sind, in den Mittelpunkt ihres Versuches gestellt, den Wandel, die Veränderung und den Kompetenzzuwachs dort zu begleiten, wo die Subjekte diese Begleitung anfordern.

Autonomie durch Emanzipation?

Von den neorealistischen Debattenbeiträgen hebt sich der Versuch Jochen Kades ab, das Verblassen der Theorie emanzipatorischer Erwachsenenbildung nüchtern in den Blick zu nehmen und nach den Gründen dafür zu fragen, dass sich auch in der Erwachsenenbildung „[...] die integrierende Kraft der einen großen Aufklärungserzählung von der Emanzipation des Menschen erschöpft [hat]" (Kade 1993a, S. 234). Mit sicherem Blick markiert Kade dabei, worum es wirklich geht, wenn Erwachsenenpädagogik sich um einen wissenschaftlichen und nicht überzeugungsgesteuerten Zugang zur Realität des Erwachsenenlernens bemühen will, und gibt damit auch wichtige Anregungen für eine Reformulierung des Verhältnisses von Autonomie und Erwachsenenbildung:

„In dem Maße, in dem die Erwachsenenbildung zu einer normalen Wissenschaft wird, treten normative Positionen zurück und gewinnen analytische, über Forschung zu realisierende Zugänge zur Wirklichkeit an Gewicht. Damit wird der Unterschied zwischen dem Wissenschaftler und dem pädagogisch gebildeten, gesellschaftlich engagierten sowie moralisch integren Intellektuellen prägnanter" (Kade 1993a, S. 234 f).

Für Kade haben sowohl die gesellschaftspolitischen, als auch die individualpädagogischen Autonomiekonzepte der Erwachsenenpädagogik ihre Erklärungsrelevanz angesichts der sich in pluralen Formen entwickelnden Erwachsenenbildung „zur weithin selbstverständlichen kulturellen Infrastruktur individuellen Lebens" (ebd., S. 235) weitgehend eingebüßt. Ihm geht es um einen empirisch gestützten Neuansatz:

„Jenseits der blinden Versprechen fertiger utopischer Entwürfe sind Antworten eher dort zu suchen, wo die Vielfalt möglicher Emanzipationsprozesse, die irgendwo zwischen Alltagszwängen und Befreiungsträumen gesehen wird, erforscht wird, wo ungenutzte Möglichkeiten besseren Lebens und größerer Autonomie aufgewiesen werden und der Beitrag realistisch bestimmt wird, den Bildungsarbeit in diesem Zusammenhang leisten kann" (ebd.).

In seiner Replik auf die Kritiker seiner These[25] zeigt Kade, worum es ihm geht: Er beschränkt sich nicht, und auch nicht in der ungebrochenen Fortschreibung seines bisherigen Denkens, auf die symbolische Ebene der vorgetragenen Ansprüche und Entschiedenheiten von der Anbieterseite und ihrer Zudenker her, sondern nimmt die „autonomen [besser: autopoietischen] Aneignungsleistungen" (Kade 1993b, S. 316) in den Blick. Und damit fokussiert er deutlich die Ebene der realen Kompetenzentwicklung, auf welcher eben das noch so emphatisch vorgetragene „emanzipatorische Bildungshandeln von Kursleitern in der Pluralität von Aneignungsweisen versickert" (ebd.). Damit liefert uns Kade einen wichtigen Hinweis für eine Neubestimmung des Verhältnisses von Autonomie und Erwachsenenbildung. Dieses stellt sich uns heute entmoralisierter, damit auch dekontaminierter von Befreiungsversprechungen, und gleichzeitig weniger interventionsillusionistisch dar. Autonomie ist etwas, das als normative Vorstellung nicht mechanistisch „von außen" im Denken, Fühlen und Handeln der Teilnehmer verankert werden kann, es bestimmt vielmehr – in seiner autopoietischen Geschlossenheit – schon seit jeher die Aneignungsleistung der Subjekte, welche wir erst allmählich in der Vielfalt ihrer Aneignungsweisen zu verstehen lernen.

---

25 Diese Kritiken sind deutlich keine „entmoralisierten Konzepte" (Kade 1993b, S. 316), sondern hochgradig gewissheitsgesteuert, die zudem mit polemischen Schlagworten, wie z. B. „Zeitgeistsurfer" operieren, die gezielt negativ konnotiert sind. Dies hat mit einer Klarheit der Begrifflichkeit, zu welcher uns die zunehmende Unübersichtlichkeit erwachsenenpädagogischer Entwicklungen zwingt, nichts zu tun. Es ist eine vorwissenschaftliche, moralisch engagierte Konstruktion dessen, was man sieht, womit die Kritiker – Hufer (1994) und Pongratz (1994) – sich ungewollt konstruktivistisch verhalten.

Zwar eröffnet das Kadesche Denken uns einen Zugang zur weniger aufgeheiz-ten Sichtung der Lernprozesse in der Erwachsenenbildung, doch ist der Begriff der Aneignung, den er in seinen Arbeiten benutzt, selbst realistisch kontaminiert. Schließlich ist Aneignung nur die stärker vom Subjekt her gesehene Seite eines Vermittlungsvorgangs, ihr Gelingen steht und fällt mit der Linearität eines erwach-senenpädagogischen „Gefälles" bzw. einer Differenz zwischen Innen und Außen. Gerade diese ist durch die systemisch-konstruktivistischen Ansätze aber grundle-gend in Frage gestellt. Es sind die Kognition und Emotion, aus deren autopoietischer Geschlossenheit Kompetenzen emergieren oder Bekanntes sich in Neuem rekonst-elliert. Was früher als autonome Subjektleistung gepriesen wurde, erweist sich uns heute als autopoietische Geschlossenheit, aus welcher heraus die Subjekte ihre kog-nitiven und emotionalen Muster zu Kompetenzentwicklungen verdichten, mit deren Hilfe sie die Welt so zu sehen (und zu gestalten) vermögen, wie sie sie sehen (können) und, so lässt sich ergänzen, auszuhalten vermögen. Diese subjektive Rekonstellie-rungsdynamik wird im Aneignungskonzept zu schwach abgebildet, denn dafür ar-beiten Kade u. a. mit zu groben Kategorien, die ihnen keinen Zugang zur Vielfalt der Dynamiken gestatten, welche der inneren Heteronomie dessen, was sie Aneignung nennen, wirklich gerecht werden könnte. Es ist ein Öffnungskonzept – Öffnung der Debatte – welches sie stemmen. Durch ihren Versuch, die „Erwachsenenbildung von den ihr immanenten Differenzen her auf Einheit hin zu denken" (Kade/Seitter 1996, S. 18), ist zwar viel begriffliche Klarheit und analytische Kraft in die erwach-senenpädagogischen Debatten gekommen, sie bleiben aber an der Oberfläche des Subjektes hängen, welches sie wohl in der Tat als autonomes Subjekt konzipieren – auch dies eine (unvermeidbare) normative Setzung. Dabei übersehen sie aber, dass dieses Subjekt autopoietisch geschlossen mit den hirn- und emotionsphysiologischen „Verschaltungsarchitekturen" (Singer 2002, S. 92) denkt, fühlt und handelt, über die es verfügt. Diese stehen zwar für Autopoiesis, aber nicht für Autonomie, da in ihnen auch die heteronomen Beschränkungen eingelagert sind, die uns nur meinen lassen, wir handelten selbstbestimmt, weil wir selbständig etwas entscheiden und tun, ohne die teilweise überlieferten gesellschaftlichen, familiendynamischen, traumatischen etc. Muster zu erkennen, die wir dabei rekonstellieren. Das autonome Subjekt ist so betrachtet voller Heteronomie und deshalb eine Illusion. Autonomie im ursprüng-lich aufklärerischen Sinne ist somit auf eine nach innen gerichtete – selbstreflexive – Vernunft angewiesen, durch welche der einzelne zum Beobachter seiner eigenen inneren Heteronomie wird, um nichts anderes ist es den vereinzelten Ansätzen emo-tionaler Kompetenzentwicklung zu tun, die sich in den letzten Jahren insbesondere im Kontext der Führungskräftequalifizierung entwickelt haben (vgl. Arnold 2004 b).

Fazit:

Autonomie ist derzeit in der Erwachsenenpädagogik nicht wirklich überzeugend begründbar, auch nicht in der pragmatisch-didaktischen Verkürzung als selbstgesteuertes Lernen. „Erkennen", „Normativität" und „Intervention" sind die Denkprojekte, an denen sich vereinzelte Realismusarbeiter abmühen, die versuchen, das mit Rissen überzogene Realismuskonstrukt auszubessern, allerdings mit nicht überzeugenden Ergebnissen. Auch das konstruktivistische Baumaterial kann noch nicht wirklich zu einem tragenden Gebäude zusammengefügt werden; doch haben einzelne „Konstrukteure" schon erkannt, dass es nicht am Material, sondern an der Art des Bauens liegt und an der Erwartung, die man dem Gebäude entgegenbringt, welches da entstehen soll. So haben sie sich in die Planungsbüros zurückgezogen und arbeiten an ihren Begriffen.

Auch die aneignungstheoretischen Denkgebäude sollen restauriert werden. Doch auch das Konzept der Aneignung vermag letztlich nicht zu erklären, wie sich das Denken, Fühlen und Handeln in Abhängigkeit von der im Subjektiven emergierenden „verbliebenen Heteronomie" in den Prozessen der Entwicklung von Kompetenz vollzieht. Sie beeindrucken gleichwohl durch ihren Mut, alternative Technologien zu nutzen und die Zusammenhänge einmal anders zu sehen – vom Subjekt her und losgelöst von den überlieferten Bauvorschriften. Mit ihnen könnten die Konstruktivisten ein Joint-Venture starten, um gemeinsam – und auch vor dem Hintergrund der neueren Hirnforschung, welche von der Erwachsenenpädagogik zu schnell und mit fragwürdigen Argumentationen (wie z. B. der „Forderung" nach mehr pädagogischem „Selbstbewusstsein") verworfen wird (Holzapfel 2004) – genauer zu analysieren, durch welche Rekonstellierungsmechanismen die verbliebene Heteronomie der Kognition und Emotion die von ihnen beobachtete „Autonomie" des Subjektes bestimmt.

Es dürfte nicht überraschen, dass die Haltung hier skeptisch ist. Selbst die konstruktivistische Erwachsenbildung vermag die begriffbedingten Aporien nur zu beschreiben. Sie befindet sich aber erst im Erprobungsstadium auf der Suche nach anderen Begrifflichkeiten, die das festhalten, was Lernen Erwachsener ist bzw. sein könnte, da wir es (neu) konstruieren – zeitgeistsurfend müssten wir sagen: – neu „denken" oder „neu erfinden" – müssen. Erst wenn nicht mehr auf Realität bestanden wird und die subjektive Konstellierung von Sichtweisen, Offenheiten, Widerständen sowie Lern- und Verhaltensformen im Mittelpunkt steht, kann der Versuch gelingen, Wandel, Veränderung und Kompetenzzuwachs dort zu begleiten, wo die Subjekte „mit ihrer Weisheit am Ende" sind.

4.4 Von der strukturellen Kopplung zur didaktischen Kopplung

Die Frage, wie der Wandel, die Veränderung oder der Kompetenzzuwachs der Lernenden von der Erwachsenenbildung angesichts der autopoietischen Verfasstheit von Systemen begleitet werden kann, bringt uns zu dem Aspekt der Verbindung zwischen unterschiedlichen Systemen, die trotz der Annahme von Autopoiesis vorhanden ist und deren Logik für die Gestaltung von Systementwicklungen „genutzt" werden kann. Dies bedeutet, dass autopoietisch geschlossene Systeme durchaus miteinander interagieren und einander zur Verfügung stehen können. In einem Interview mit Humberto Maturana (Maturana / Pörsken 2002) klärt Maturana die Frage, wie es möglich ist, „dass wir als geschlossene strukturdeterminierte Systeme in harmonischer Weise interagieren können" (ebd., S. 4). Zentral sei hierbei die Annahme, dass wir

> *„eine plastische, eine veränderbare Struktur besitzen. Sie transformiert sich in Abhängigkeit von den rekurrenten und rekursiven Interaktionen –* und ebendeshalb können sich Fuß und Schuh [ein zuvor verwendetes Beispiel, d. Verf.] gemeinsam und in wechselseitiger Übereinstimmung im Laufe der Zeit verwandeln. Der Grad der Kongruenz nimmt zu. Allerdings setzt diese wechselseitige Veränderung voraus, dass man die Schuhe mit einer gewissen Regelmäßigkeit und Häufigkeit benutzt und sich ein Gefühl der Bequemlichkeit einstellt, das einen dazu einlädt, sie immer wieder anzuziehen. Ich behaupte nun, *dass man nicht nur die Interaktion von Fuß und Schuh, sondern auch die Begegnung von Menschen oder anderen Lebewesen in dieser Weise beschreiben kann. Die kongruenten Verwandlungen sind – das ist das ganze Geheimnis – das schlichte Resultat von rekurrenten oder rekursiven Interaktionen von Systemen; diese Interaktionen lösen wechselseitig strukturelle Veränderungen aus, die jedoch mit einem Erhalt der Organisation der Systeme einhergeht."*

Aufgrund ihrer plastischen Struktur kann sich die Struktur transformieren, wenn sie mit störenden Eindrücken (Perturbationen) konfrontiert ist. Mit berücksichtigt werden muss in diesem Zusammenhang das Prinzip der Selbstreferenz, das den Aushandlungsprozess beeinflusst. Beobachten, Erkennen oder Lernen findet nur statt, wenn in Relation zum vorhandenen Wissen die Störung als neu oder interessant identifiziert wird und dabei die kognitive (und emotionale) Dissonanz überwunden werden kann. Deutlich wird an Maturanas Aussage, dass damit der vorausgesetzten

Autonomie der Systeme nicht widersprochen wird, denn die autopoietischen Syste-me, zu denen es keinen direkten Zugang gibt, werden sich in der Auseinandersetzung mit dem anderen System auf dieses System entsprechend der Logik des eigenen Sys-tems beziehen. Dies ist die strukturelle Kopplung (ebd., 2002, S. 3), die Maturana im Sinne der Beziehung zwischen zwei autopoietischen Systemen im folgenden Ge-sprächsausschnitt noch deutlicher darstellt:

„Und plötzlich wird es möglich, *Phänomene wahrzunehmen, die sich nicht im Innern eines Systems, sondern eben im Bereich der Beziehungen abspielen, obwohl sie natürlich keineswegs von den internen Merkmalen der interagie-renden Systeme unabhängig sind.* Schauen Sie sich nur das Mikrofon an, das unsere Gespräche aufzeichnet: Es steht auf dem Tisch bzw. der Tischdecke. Wenn Sie es heute Abend einpacken, werden wir beide eine leichte Eindellung dieser Decke beobachten können, die man als ein Resultat der Interaktion be-greifen muss. Die kleine Delle im Stoff ist weder ein internes Merkmal des Mikrofons noch der Tischdecke, hängt aber natürlich von den Charakteristika beider ab – und gehört doch in den Bereich der Beziehungen. Übertragen auf lebende Systeme heißt dies: *Das Nervensystem und der gesamte Organismus können geschlossen sein, aber wenn dieser eine plastische, eine sich im Vollzug der Interaktionen verändernde Struktur besitzt, vermag sich eine Beziehungs-geschichte zu entfalten, die sich nicht mit der internen Dynamik des Nervensys-tems oder des Organismus überlappt (und umgekehrt).“*

Die dabei entstehende strukturelle Kopplung wird von Maturana als „wechselsei-tige Strukturveränderungen" bezeichnet, die dann gegeben ist,

„*wenn sich die Strukturen von zwei strukturell plastischen Systemen auf-grund fortlaufender Interaktionen verändern, ohne dass dadurch die Identität der interagierenden Systeme zerstört wird. Im Fluss einer solchen Kopplung bildet sich ein konsensueller Bereich: Das ist, wie gesagt, ein Verhaltensbe-reich, in dem wir gemeinsam und in wechselseitiger Abstimmung agieren; die Zustandsveränderungen der gekoppelten Systeme sind – allgemeiner formuliert – eineinander verzahnten Sequenzen aufeinander abgestimmt*" (Maturana/ Pörksen 2002, S. 3).

Bei der strukturellen Koppelung handelt es sich also um die Interdependenz verschiedener Einheiten, die durch „reziproke Perturbationen [...] wechselseitige Strukturveränderungen" (Maturana/Varela 1987, S. 85) ermöglicht. Mit berücksichtigt werden muss, wie oben angedeutet ist, das Prinzip der Selbstreferenz, das diesen Aushandlungsprozess beeinflusst. Beobachten, Erkennen oder Lernen findet nur statt, wenn in Relation zum vorhandenen Wissen etwas als neu oder interessant identifiziert wird und dabei die kognitive (und emotionale) Dissonanz überwunden werden kann. Die Notwendigkeit, etwas zu verändern ergibt sich jedoch nicht aus der Logik der Intervention eines Systems, sondern ausschließlich aus der Logik der Rezeption des Gegenübersystems.

Bezogen auf Lehren und Lernen kann nun gesagt werden, dass aufgrund der plastischen Struktur die autopoietischen Systeme zum Lernen in der Lage sind. Lehrende und lernende Systeme befinden sich in fortlaufenden Interaktionen, wodurch wechselseitige Strukturveränderungen durch die entstandene Beziehung eintreten. Lernen ist damit auch davon abhängig, ob das lernende System verstehen kann, was das lehrende System ihm „sagen" will. Lernarrangements können aber nicht von einer Person geplant und hergestellt werden, sondern zeichnen sich durch gegenseitige Perturbationen aus. Die beschriebene strukturelle Kopplung wird damit zur „didaktischen Kopplung", die nur gelingen kann, wenn die Interaktion zwischen lernendem System und lehrendem System „stimmig" ist. Ob gelernt oder etwas verändert werden kann,. ergibt sich nicht aus der Logik der Intervention des „verantwortlichen" Systems, woraus sich weitreichende Folgerungen für eine Didaktik des nachhaltigen Lernens ergeben. Die hier zugrunde liegende Sicht ist neu: Nicht die einseitige Störung durch Input – also eine Interventionslogik – ist die didaktische Grundannahme, sondern eine „Interaktionslogik" mit gegenseitigen Perturbationen, die transformierend auf beiden Seiten wirken. Und dies immer unter dem Blickwinkel dass die Unterscheidungen, mit denen die Lehrenden die Lernenden beobachten und damit konstruieren, ihre eigenen Unterscheidungen sind, nicht die der Lernenden. Hier sei nochmals an das Beispiel der Konstruktion einer Lernbehinderung (Balgo 2005) erinnert.

Deswegen ist es für die Entwicklung einer Ermöglichungsdidaktik, die eine didaktische Kopplung favorisiert, von Bedeutung, mögliche Arrangements oder Interventionsformen vom Lernenden her zu konzipieren. Nicht die Lehrenden bestimmen also, was angeeignet werden soll, sondern Lernende legen ihre Bereiche fest, in denen sie sich verändern wollen. Aneignung bezeichnet dann den Prozess, in welchem das lernende System selbst zu einer neuen Stabilität gelangt, indem es sich selbst transformiert. Lehrende determinieren, beeinflussen oder instruieren dabei aber nicht. Aneignungsförderung ist in diesem Sinne eher ein Bereitstellen von perturbierenden Inhalten und das Eintreten in eine Beziehung, die eine didaktische Kopplung ermöglicht.

In diesem Sinne schlägt Peter Senge Führungskräften ein systematisches Erkunden fremder Standpunkte vor (Senge 1996, S. 234ff). Hierzu sollen sie aktiv die Ansichten der Anderen erkunden. Es geht dabei darum, die Gegenargumente und Einwände nicht nur zu beachten, sondern geradezu zu provozieren und diese in die Situationsgestaltung einzubeziehen. Professionell zu führen heißt dann, systemisch und deutungstransformierend zu führen und nicht Strategien einzusetzen, die kein Hinterfragen und keine Kritik, Gegenargumente oder Anregungen zulassen. Das Ausbleiben einer kritischen Reaktion sollte misstrauisch machen, denn dies heißt in der Regel, dass Barrieren wirksam sind, die eine Artikulation verhindern. Schweigen kann bedeuten, dass die Bedenken latent weiter schwelen und Opposition aufgebaut wird, die sich irgendwann, vielleicht zu einem ungünstigen Zeitpunkt entladen, wenn es eigentlich schon um etwas anderes geht. Diese auf Führungskräfte gemünzten Ausführungen gelten auch in erwachsenenpädagogischen Lehr-/Lernsituationen. Auch hier ist es bedeutsam, sich klar zu machen, dass die lernenden Systeme im Zentrum der Betrachtung stehen und diese mit den lehrenden Systemen strukturell gekoppelt sind.

Notwendig sind deshalb spezifische Kompetenzen, die eine systemische pädagogische Professionalität auszeichnen, so zum Beispiel die Fähigkeit, einen Perspektivwechsel zu schaffen, der es ermöglicht, andere – vielfältige – Perspektiven oder Verhaltensmöglichkeiten anbieten zu können. Dabei muss die Betonung auf dem „Anbieten" liegen, denn ob ein fremdes System (z. B. ein Lernender) mit einem Angebot etwas anzufangen vermag, ist grundsätzlich unsicher. Gelingendes Handeln in pädagogischen Situationen ist davon abhängig, ob eine didaktische Kopplung entsteht. Vergleichbares meint auch die konstruktivistische Erwachsenenbildung, wenn sie von der Unbelehrbarkeit bei gleichzeitiger Lernfähigkeit der Erwachsenen spricht und für eine „Lehre als Lernhilfe" (Arnold/Siebert 2003, S. 146ff) plädiert.

Die Beschreibung der Akteure als autopoetische Systeme verdeutlicht, dass Bildung grundsätzlich nur als Selbstbildung, d. h. als Ergebnis und Ausdruck der „inneren Kräfte" (Humboldt), konzipierbar ist. Das selbstgesteuerte Lernen nimmt diesen Aspekt auf, kommt aber durch die immer wieder aufscheinende Paradoxie, dass Selbstlernen angeleitet werden muss, wieder mit ihrem Anspruch in Konflikt, Lernende als autonom zu betrachten. Dieser Widerspruch kann aber aufgelöst werden, wenn die didaktische Kopplung als eine Beziehung verstanden wird, die eine Strukturveränderung ermöglicht. In diesem Sinne stellt Dieter Lenzen im Anschluss an das Luhmannsche Konzept von der strukturellen Koppelung fest:

„Wichtig ist daran dieses, dass Kognition [und damit Lernen, Gedächtnis-
leistung – und auch Bildung?] nicht als Einfluss der Umwelt auf das System
verstanden wird und nicht als Suche des Systems nach Informationen in der
Umwelt. Der Umweltkontakt ist vielmehr eine ‚„strukturelle Koppelung' (ein
Terminus von Maturana) mit hoch selegierenden Elementen der Umwelt. [...]
Dementsprechend kann Lernen, darauf hat Luhmann hingewiesen, „nicht als
Übernahme einer Instruktion aus der Umwelt begriffen werden". Konzepte
von Nachahmung und Erziehung verbieten sich" (Lenzen 1997, S. 961–962).

Neben der systemischen Professionalität der Lehrenden gewinnt auch die gezielte und absichtsvolle Förderung von Selbstlernkompetenzen (vgl. Arnold/Gómez
Tutor/Kammerer 2003) an Bedeutung. Beides hat gewissermaßen die Funktion, das
Bewusstsein für die Selbstorganisation des Lernens aller Beteiligten zu fördern und
die Lehr- und Lernstrategien entsprechend zu verändern. Indem Lehrende ihre Lehr-
systeme offener, anschlussfähiger und fehler- sowie ergebnistoleranter arrangieren,
erhöhen sie die Chancen, dass Lernende mit den über diese Systeme vermittelten Unterscheidungen, Beobachtungen und Interpretationen auch in „ihrem" kognitiv-emotionalen Systemkontexten „etwas anfangen können". Systemtheoretisch gesehen ist
Lehren also nicht möglich, man kann lediglich die strukturellen Koppelungschancen
erhöhen. Und indem Lernende für sich mehr und mehr das Bewusstsein entwickeln
können, dass man nur aktiv und konstruierend lernen kann, indem man den Lerninhalt gewissermaßen selbst neu schafft und in die eigenen kognitiven Strukturen
und Muster „einbettet", erweitern sie die Möglichkeiten der Kopplung und damit ihr
eigenes System.

Als wichtiger zusätzlicher Aspekt ist die Einbeziehung der Systemik der Gefühle
zu beachten. Die Gefühle sind vorreflexiv und dem handelnden Subjekt nur selten
bewusst. So erweist sich der „freie Wille" im Lern- und Entwicklungsprozess als
eine Illusion, wie Roth (2003) aufzeigt. Der Mensch handelt im Bemühen um den
gleichzeitigen Einklang mit seinen Hier-und-Jetzt- sowie seinen Damals-und-
heute-Dynamiken. Dabei bestimmen frühe Antreiber, gewohnheitsmäßige Deutungen sowie unbewusste Handlungsmotive sein Verhalten. Diese Sichtweise stellt
eine Provokation für ein Wissenschaftsverständnis dar, das sich auf das vermeintlich
sichtbare, greifbare, berechenbare versteift, dabei jedoch übersieht, dass die Spitze
des Eisberges nur ein Siebtel des Ganzen und schon keineswegs das tragende Moment ausmacht.

In Anbetracht der Selbstorganisationsdynamiken des Gehirns ist es notwendig, bei einer genaueren Analyse von Lernvorgängen eben nicht mehr nur die kognitiven, sondern auch die emotionalen Dimensionen detaillierter zu analysieren[26]. Hierauf verweisen neben neueren Forschungsergebnissen aus den Kognitionswissenschaften (z. B. Ulich/Mayring 2003) auch vereinzelte Befunde der Lehr-/Lernforschung (z. B. Gerstenmeier/Mandl 1995), die verdeutlichen, dass kognitive Zustände grundsätzlich in emotionale Muster eingebettet sind. Im Detail bedeutet dies, dass die kognitiv-sensorischen Informationen im Gehirn affektiv gefärbt und gefiltert werden, so dass von einer Interdependenz von Kognition und Emotion (vgl. Ciompi 1997, Spitzer 2002) ausgegangen werden kann, wobei vieles für einen Vorlauf sowie eine Rahmungsfunktion des Emotionalen zu sprechen scheint (vgl. Damasio 2005). Mit dieser Wendung wird die traditionelle Höherbewertung der kognitiven Vorgänge beim Lernen bzw. beim Wissenserwerb relativiert, und zugleich werden wesentliche Grundlinien einer Didaktik nachhaltigen Lehrens und Lernens sichtbar. Ausgangspunkt einer solchen Reformulierung der Didaktik ist die Beobachtung, dass Deutungsmuster in Emotionsmuster eingebettet sind und deshalb nachhaltiges Lernen nur gelingen kann, wenn die Bewusstmachung innerer Erfahrungen die Aneignung äußerer Erfahrungen ergänzt, und auf diese Weise die Ebenen des emotionalen und des kognitiven Lernens verknüpft werden. Diese Hypothese hat grundlegende Auswirkungen für eine Erwachsenendidaktik, welche Lernen – vornehmlich – als Differenzierung und Transformation von lebensgeschichtlich erworbenen und bewährten Deutungsmustern zu sehen gewohnt ist (vgl. Arnold 1985; 1996). Deutungen und Interpretationen von Welt streben dann nicht nur „in sich" nach einer Konsistenz, sondern auch darüber hinaus nach einer emotionalen Stimmigkeit. Dies wiederum bedeutet, dass die so konstruierte Weltsicht nur im Kontext einer Transformation emotionaler Muster Nachhaltigkeit entfalten kann.

---

[26] Eine wichtige Unterscheidung ist in diesem Zusammenhang diejenige zwischen Emotion und Gefühl. Beide Begriffe wurden häufig synonym verwendet, inzwischen wird unter Emotion jedoch der nach außen gerichtete und von uns nicht kontrollierbare Zustand bezeichnet, Gefühle werden hingegen als das subjektive Erleben von Emotion aufgefasst und sind damit als Repräsentanten von Emotionen nach innen gerichtet. Emotionale Zustände können somit als komplexes Reaktionsgefüge betrachtet werden und bestehen aus mehreren Komponenten, so der physiologischen Erregung bzw. temporären Veränderung, dem motorischen Ausdruck, bestimmten Handlungstendenzen sowie einem subjektiven Gefühl. Nach Damasio (2002) kann eine Emotion als eine spezifisch verursachte, vorübergehende Veränderung im Zustand des Organismus beschrieben werden. Der Kognitionsforscher Le Doux (1998, S. 300) zeigt dabei auf, wie Emotionen sich als übergeordnetes und zentrales System erweisen, indem sie mehrere Gehirnfunktionen und -schichten gleichzeitig aktivieren und damit die Gehirnaktivitäten synchronisieren – ein Wirkungszusammenhang, der weder lerntheoretisch noch erwachsenendidaktisch bislang auch nur in Ansätzen aufgegriffen worden ist.

Dabei ist auch die Frage nach den „Lernwiderständen", die meist negativ bewertet und als Barriere beim Lernen betrachtet werden, unter Einbeziehung der Emotionen und ihrer Bedeutung für Lernprozesse neu zu bewerten. Aber auch die Frage, warum Erwachsene in informellen und formellen Lernprozessen Widerstände aufbauen, obwohl diese Lernprozesse von ihnen freiwillig begonnen wurden, dann aber im Abbruch des Lernprozesses enden, lässt sich eher im Kontext eines kognitiv-emotionalen Modells beantworten. Bislang wurden hierfür häufig die „kognitiven Dissonanzen" (Korczak 2000) in Lernprozessen als Erklärung herangezogen, die dann entstehen, wenn durch vom bisherigen Wissen abweichende Informationen die vorhandenen Strukturen irritiert werden, weil das Gehirn zunächst bestrebt ist, alte Strukturen zu sichern. Dass hierbei emotionale Vorgänge beim Aufbau, aber auch bei der Überwindung der kognitiven Dissonanzen eine Rolle spielen, macht der Blick auf die Forschungsergebnisse von Roth (2003 a) deutlich, der davon ausgeht, dass das limbische System – unser „unbewusstes Handlungsgedächtnis – unsere Handlungen bereits vor unserer bewussten Entscheidung steuert. Im limbischen System werden emotionale Prägungen festgelegt, die bestimmen, wie ein Mensch auf bestimmte Situationen reagiert, und mit zunehmendem Alter wirken die Festlegungen immer resistenter gegen Änderungen. Dies stellt eines der zentralen Probleme von Lehr-/Lernsituationen dar, da die Nachhaltigkeit von der Möglichkeit des Aufbrechens und der kompetenzbildenden Transformation alter Strukturen abhängig ist.

Für eine Klärung der Zusammenhänge zwischen emotionalen und kognitiven Aspekten beim Lernen muss die Entstehung von Gefühlsreaktionen und der Einfluss auf Lernsituationen bzw. die Entwicklung von Selbstwirksamkeitserleben, wie es Deci und Ryan (1993) formulieren, betrachtet werden. Hierzu kann das Zweikomponenten-Modell von Ulich/Mayring (2003) zugrunde gelegt werden. Danach entstehen Gefühlsreaktionen, indem ein Individuum ein bestimmtes Ereignis oder eine Situation aufgrund seiner Momentanverfassung und der situativen Gegebenheiten wahrnimmt. Dies aktiviert die vorhandenen emotionalen Schemata, die sich im Laufe der Entwicklung unter dem Einfluss der Sozialisation, den früheren emotionalen Erlebnissen, bestimmten internen Prozessen, emotionsrelevanten Dispositionen sowie emotionsspezifischen Reaktionsmustern gebildet haben. Diese können als „Mustervorlagen für die Vervielfältigung von Gefühlsregungen" (Ulich/Mayring 2003, S. 93) bezeichnet werden und ermöglichen, dass das Individuum überhaupt eine emotionale Reaktion erleben kann, weil diese „Mustervorlagen" eine Hilfe zur Strukturierung der Erfahrungswelt bieten und unterschiedliche Ereignistypen einordnen helfen. Die Aktivierung von emotionalen Schemata schafft bestimmte Erwartungen und filtert bzw. lenkt die Aufmerksamkeit des Individuums, so dass die Informationsverarbeitung und die Bewertung der Informationen in einer ganz spezifischen Art und Weise geschieht. Emotionale Schemata setzen also Zuschreibungsdispositionen in Gang, die davon abhängig sind, unter welchen Umständen und auf welche Weise die emotionalen Schemata gebildet wurden. Die Zuschreibungsdispositionen wiederum fördern oder erschweren je nach der Zuschreibung bzw. Einschätzung der eingeordneten Ereignisse ganz bestimmte emotionale Reaktionen, indem Vorgänge von Hypervigilanz (Hervorhebung emotionsrelevanter Hinweisreize) oder Hypovigilanz (Unterdrückung oder Filterung von emotionsrelevanten Hinweisreizen) in Gang gesetzt werden.

Auf der Grundlage des Zweikomponenten-Modells lässt sich nun erklären, wie eine kognitive Dissonanz auch auf der emotionalen Dimension Auswirkungen haben kann. Ein Ereignis wird durch die Aktivierung vorhandener emotionaler Schemata nicht nur kognitiv, sondern auch emotional eingeordnet und dies kann widersprüchlich zu den bisherigen Erfahrungen liegen und so beispielsweise Hypovigilanz auslösen.

Stellt man eine Verbindung mit der Theorie der Selbstbestimmung von Deci und Ryan (1993) her, so zeigt sich, dass die emotionale Verarbeitung von Situationen vor allem im Bereich des Bedürfnisses nach Kompetenz sehr stark zum Ausdruck kommt. Ein positiver Zuschreibungsprozess kann die Generierung einer positiven emotionalen Reaktion fördern, wodurch zukünftige Lernprozesse durch eine *positive Gestimmtheit* profitieren. Diese ist für selbstgesteuerte lebenslange Lernprozesse eine grundlegende Voraussetzung, wie vereinzelte Untersuchungen zur Rolle der positiven Emotionen in Lehr-/Lernprozessen unterstreichen (Jerusalem/Pekrun 1999). Nicht zuletzt trägt die positive Erlebensqualität in Verbindung mit intrinsischer Motivation dazu bei, bei Lernenden das Interesse zu fördern und zu erhalten (vgl. Lewalter u.a. 2000). Eine grundlegende und überdauernde Leistungsbereitschaft und Selbstwirksamkeitsüberzeugung kann demnach nur dann aufgebaut werden, wenn im Bereich der Zuschreibungen und der Handlungserwartungen, die sich daraus ergeben, eine Änderung vollzogen werden kann.

Es wird in Zukunft verstärkt darauf ankommen, die im Lernhandeln mitschwingenden Muster, also die „seelischen Bedürfnislagen" zu entdecken, um eine darauf bezogene Sicht der Dinge zu entwickeln. Das Lernen 1. und 2. Ordnung von Bateson (1987, S. 362 ff) weisen u.E. bereits in diese Richtung, müssten aber noch weiter aufgefächert werden, um die unterschiedlichen emotionalen Echos in Lehr-/Lern-Situationen wirklich in den Blick nehmen und korrespondierende professionelle Interventionsformen definieren zu können.

5. Ermöglichungsdidaktische Konsequenzen für Lehr-/Lernprozesse

> „Man kann Menschen
> nichts lehren.
> Man kann ihnen nur helfen,
> Dinge in sich selbst zu entdecken."
>
> *(Galilei, zit. nach Heil 1999, S. 5).*

5.1 Selbstgesteuertes Lernen und Selbstlernkompetenz

Das schon mehrmals angeführte selbstgesteuerte Lernen ist ein Konzept, das eine längere ‚Karriere' hinter sich hat, wobei das Thema teilweise auch unter anderen Begriffen diskutiert wurde und wird, wie zum Beispiel unter den Begriffen selbsttätiges, selbstreguliertes oder selbstorganisiertes Lernen. In einer historischen Betrachtung wird deutlich, dass selbstgesteuertes Lernen in vielen Epochen als Idee bzw. als methodischer Zugang zum Lernen eine Rolle gespielt hat. Vorläufer des selbstgesteuerten Lernens können bereits bei den pädagogischen Denkern des Humanismus ausgemacht werden. So präzisiert Erasmus beispielsweise im Zeitraum zwischen 1518 und 1526 in den „Colloquia familiaria" (‚Vertrauliche Gespräche') (vgl. Gail 1963) seine zuvor schon artikulierten theoretischen Vorstellungen über Bildung und führt neue Methoden zur Unterweisung von Lernenden ein.

Die Reformpädagogik ist eine weitere Wurzel für die Entwicklung des selbstgesteuerten Lernens. Die unterschiedlichen Ansätze brachten die Begriffe wie Selbsttätigkeit bzw. Selbständigkeit und Autonomie stärker in die Diskussion ein. Als Beispiel hierfür kann Hugo Gaudig (1964, S. 77) mit seiner Persönlichkeitspädagogik gelten. „Selbsttätigkeit ist das Kennwort der Methodik der von uns geforderten Schule der Zukunft" postulierte er und entwickelte daraus die Vorstellung, dass Schüler eine Methode benötigen, die eine „freie geistige Arbeit" ermöglicht. Lehrenden kommt dabei die Aufgabe zu, die Kräfte der Lernenden zu aktivieren und an individuellen Fähigkeiten und Fertigkeiten anzuknüpfen. Mit Maria Montessori (1965) kann als Repräsentantin der Bewegung „vom Kinde aus" eine weitere Vertreterin der Reformpädagogik angeführt werden, die mit ihrem theoretischen Konzept das Prinzip der Selbsttätigkeit in den Vordergrund zu rücken versuchte. Mit dem Slogan ‚Hilf mir, es selbst zu tun' gingen ihre Vorstellungen in die pädagogische Diskussion ein. Die Selbsttätigkeit des Kindes vollzieht sich dabei in Freiarbeit, die in einer didaktisch vorbereiteten Umgebung stattfindet.

Als ‚self-directed learning' hat der Begriff zwischen 1970 und 1980 in Amerika über die Erwachsenenbildung wieder Eingang in die Diskussionen gefunden. Die Arbeit von Malcom Knowles gilt inzwischen als theoretischer Klassiker. Knowles führt als einen Grund für das ‚self-directed learning' unter anderem an, dass durch die Eigeninitiative der einzelnen Personen das Lernen allgemein gefördert werden kann. In diesem Zusammenhang argumentiert er auf einer anthropologischen Ebene, wenn er davon ausgeht, dass die Gattungsentwicklung des Menschen hin zur Selbststeuerung voranschreitet. Knowles macht aber auch die neueren Tendenzen im Bildungswesen und die allgemeine schnelle Verfallszeit von Wissen geltend, um die Notwendigkeit von ‚self-directed learning' zu erhärten. Nach Knowles (1975, S. 18) bedeutet ‚self-directed learning' folgendes:

„[Self-directed learning is] a process in which individuals take the initiative, with or without the help of others, in diagnosing their learning needs, formulating learning goals, identifying human and material resources for learning, choosing and implementing appropriate learning strategies, and evaluating learning outcomes."

In Anlehnung an Knowles wird hier der Begriff des selbstgesteuerten Lernens konkretisiert bzw. erweitert und folgendermaßen definiert (vgl. Arnold, Gómez Tutor & Kammerer 2001):

Selbstgesteuertes Lernen ist ein aktiver Aneignungsprozess, bei dem das Individuum über sein Lernen entscheidet, indem es die Möglichkeit hat,

- die eigenen Lernbedürfnisse bzw. seinen Lernbedarf, seine Interessen und Vorstellungen zu bestimmen und zu strukturieren,
- die notwendigen menschlichen und materiellen Ressourcen (inklusive professionellen Lernangeboten oder Lernhilfen) hinzuzuziehen,
- seine Lernziele, seine inhaltlichen Schwerpunkte, Lernwege, -tempo und -ort weitestgehend selbst festzulegen und zu organisieren,
- geeignete Methoden auszuwählen und einzusetzen und
- den Lernprozess auf seinen Erfolg sowie die Lernergebnisse auf ihren Transfergehalt hin zu bewerten.

Die Ergänzungen oder Ausweitungen der Knowleschen Definition betreffen zum einen die Lerninhalte, zum anderen die Berücksichtigung der intrapersonellen Voraussetzungen des Lernprozesses (wie beispielsweise Interessen und Vorstellungen). Außerdem wird in der hier vorliegenden Definition die Unterstützung des Lernprozesses durch Lehrende explizit angesprochen, wodurch diese zwar wieder stärker ins Blickfeld rücken, jedoch mit veränderten Aufgaben, also nicht mehr unter einer mechanistischen Sichtweise mit einer Vorstellung der Machbarkeit von Lernen, sondern mit ihrer Aufgabe, die didaktische Kopplung zu ermöglichen.

Wichtig ist, dass sowohl die lernvorbereitenden Aspekte, also die Konstitutionsbedingungen des Lernens, als auch die lernbegleitenden Aspekte des Lernprozesses, d. h. die Prozessbedingungen des Lernens, in dem hier vertretenen Modell des selbstgesteuerten Lernens betrachtet werden, wobei es dem Individuum überlassen bleibt, welche Teile des Lernprozesses es unabhängig und welche es unter Zuhilfenahme von anderen durchführen möchte. Bedeutsam ist außerdem, dass im Prozess des selbstgesteuerten Lernens durch den Bewertungsaspekt eine ständige Reflexions- und damit eine Korrekturschleife eingebaut ist, um bei Bedarf einzelne Bestandteile des Lernprozesses nochmals neu bearbeiten zu können. Selbstgesteuertes Lernen lässt sich dementsprechend auf einem Kontinuum zwischen Fremdsteuerung und autonomem Lernen verorten.

Das hier vertretene Konzept enthält weiterhin eine handlungstheoretische Sichtweise, die davon ausgeht, dass Menschen sich in Interaktion mit anderen Menschen, d. h. in struktureller Kopplung, und mit der Umwelt als informationsverarbeitendes System bewegen, wobei Handlungen antizipiert und auf diese Weise das Handlungsergebnis, der Verlauf und die Entscheidungsprozesse wesentlich mitbestimmt werden. Schließlich drückt sich in der Definition auch die Konzeption des Lernkulturwandels aus, denn die Aktivität des Individuums steht auf allen Ebenen als Möglichkeit und Forderung im Blick. Eigeninitiative und Selbsttätigkeit im Lernprozess ermöglichen somit eine individuelle Wirklichkeitserschließung in allen Lebensbereichen.

Damit ist geklärt, was selbstgesteuertes Lernen ist. Die Frage bleibt jedoch offen, wie Lernende selbstgesteuerte Lernprozesse durchführen können. Welche Voraussetzungen und Fähigkeiten müssen bei einem Individuum vorliegen, damit es erfolgreich selbstgesteuert lernt? Der Aspekt der Voraussetzungen und Fähigkeiten für selbstgesteuertes Lernen wird als Selbstlernkompetenz bezeichnet. Diese umfasst die Bereitschaften, Fähigkeiten und Fertigkeiten einer Person, den eigenen Lernprozess selbstgesteuert zu gestalten (vgl. Arnold, Gómez Tutor & Kammerer 2002). Das bedeutet, dass beim Lernen die Schritte der Antizipation bzw. Planung, der Durchführung und der Kontrolle aktiv bewältigt werden müssen, soll das Lernen selbstgesteuert stattfinden. Aktive Bewältigung bedeutet dabei nicht, ohne Hilfe auskommen zu müssen oder zu sollen.

Bereitschaften, Fähigkeiten und Fertigkeiten zum selbstgesteuerten Lernen sind vielfältig und meinen zunächst die drei grundlegenden Handlungskompetenzen Sach-, Selbst- und Sozialkompetenz, die schon von Heinrich Roth (1971) in die Diskussion eingebracht wurden. Hinsichtlich der selbstgesteuerten Lernprozesse, die sich mit der Informationsverarbeitung, Lernorganisation, Lernkoordination und Lernzielbestimmung befassen, können noch weitere Kompetenzen ausdifferenziert werden, wie die Kaiserslauterer Untersuchung zu Selbstlernkompetenzen zeigt (vgl. Arnold, Gómez Tutor, Kammerer 2002). Diese weiteren Kompetenzen sind die Methodenkompetenz, die eng mit der Fachkompetenz zusammenhängt, sowie die emotionale Kompetenz als eine spezielle personale bzw. Selbstkompetenz und die kommunikative Kompetenz, die die soziale Kompetenz konkretisiert. Im Einzelnen lassen sich die Selbstlernkompetenzen, die Lernende für selbstgesteuerte Lernprozesse benötigen, folgendermaßen beschreiben:

Als *Fachkompetenz* kann die Gesamtheit der Kenntnisse einer Person bezüglich eines Themas sowie der Umgang mit diesem Wissen bezeichnet werden. Ein zentraler Bereich der Fachkompetenz ist der Bereich des anschlussfähigen Vorwissens bzw. des vorhandenen Allgemeinwissens. Einzelne empirische Studien (Noß & Achtenhagen 2000, Klein 2000) verdeutlichen, wie unentbehrlich anschlussfähiges Vorwissen ist, wenn Selbstlernprozesse erfolgreich ablaufen sollen.

Personale Kompetenz kann als die Fähigkeit betrachtet werden, für sich selbst verantwortlich handeln zu können (vgl. Roth 1971). Hierzu zählen Faktoren wie Werthaltungen, Entwicklung von Motiven und Selbstbildern, aber auch Selbsteinschätzung, Begabungen, Motivationen und Kreativität. Aus diesen einzelnen Faktoren lassen sich vier unterschiedliche Fähigkeiten entwickeln, und zwar die Fähigkeit zur Identitätsentwicklung und -erhaltung, die Fähigkeit, mit Selbstwert umzugehen, die Fähigkeit, eigene Motivation zu entfalten sowie die Fähigkeit, Durchhaltevermögen und Willensstärke zu zeigen. Bezogen auf das selbstgesteuerte Lernen umfasst die personale Kompetenz somit das Autonomie- und Kompetenzerleben sowie die Fähigkeit zu Anstrengung, Aufmerksamkeit und Motivation.

Selbstgesteuertes Lernen ist jedoch nicht gleichzusetzen mit einem völlig autonomem Lernen, sondern es bleibt dem Individuum überlassen, ob es mit Lerngruppen zusammenarbeitet und/oder auch professionelle Lernhilfen und -beratung in Anspruch nimmt. Erfahrungsaustausch, Lernen mit Anderen oder die Annahme von Lernberatung machen deshalb soziale Kompetenzen im Sinne der Konflikt-, Kontakt- und Teamfähigkeit unentbehrlich und stellen eine wichtige Voraussetzung für selbstgesteuertes Lernen dar (Klein 2000; Klein/Peters/Dengler 2000).

Über diese allgemeinen Handlungskompetenzen hinaus lassen sich bei selbstgesteuerten Lernprozessen noch spezifische Kompetenzen einführen. Hier ist zunächst die *methodische Kompetenz* zu erwähnen, also die Disposition, auf Anforderungen produktiv zu reagieren und Handlungen kreativ zu entwickeln, zu strukturieren und zu gestalten. Sie ist eng mit den allgemeinen Handlungskompetenzen verknüpft, denn alle drei Teilkompetenzen benötigen geeignete methodische Vorgehensweisen, wenn sie erfolgreich eingesetzt werden sollen. Hinsichtlich des selbstgesteuerten Lernens dient Methodenkompetenz außerdem dazu, geeignete Aneignungs- und Lernstrategien für den konkreten Lernprozess, also für Vorgänge der internen Organisation, der Integration, der Wiederholung und der Prüfung des Wissens bereit zu stellen. Weitere Bestandteile der Methodenkompetenz sind die Organisationsstrategien zur Gestaltung der Lernumgebung, des Zeitmanagements und der Informationsquellen, womit interne und externe Ressourcen der lernendenden Person in den Blick treten. Methodenkompetenz erstreckt sich aber auch auf den Umgang mit Metakognition, also auf die Planungs-, Steuerungs- und Kontrollprozesse des Lernens. Auf die Bedeutung von Metakognition zur Reflexion und Kontrolle bzw. Planung des Lernvorgangs bei selbstgesteuerten Lernprozessen verweist Cornelia Lins (1999) und stellt diese in einen engen Zusammenhang mit der emotionalen Kompetenz. Relevant für Selbstlernprozesse ist demnach, dass die lernende Person sich ihres Wissens sicher ist, das heißt, dass sie sich aufgrund ihrer Kompetenz zur Reflexion über das Wissen sowie über den gesamten Lernvorgang und über die eigenen Aktivitäten als verursachende Instanz des Lernprozesses gewiss sein kann und sie dadurch auch eine positive Rückkopplung über ihre Lernfähigkeit erhält. Auch andere empirische Studien weisen auf die Bedeutung der methodischen Kompetenz hin. So konnten beispielsweise Noß & Achtenhagen (2000, S. 235) feststellen, dass Lernergebnisse von der Fähigkeit der Lernenden, das Lernen eigenständig und eigenverantwortlich zu planen, zu organisieren, umzusetzen, zu kontrollieren und zu bewerten, abhängig sind.

Ein weiteres Element der Selbstlernkompetenz stellt die *Kommunikative Kompetenz* dar. Sprachliche Ausdrucksfähigkeit (schriftlich und mündlich) und die Dialogfähigkeit, aber auch die nonverbalen Fähigkeiten und Fertigkeiten sind eng mit dem Lernverhalten gekoppelt, denn ohne den Austausch mit bzw. die Unterstützung von anderen und damit ohne ihre Impulse bzw. Perturbierungen schreitet der Lernprozess nicht voran. In diesem Sinne beschreibt Maturana die Funktion der Sprache:

> *„Es wird offenbar, dass Sprache kein Instrument der Informationsübertragung und kein System der Kommunikation darstellt, sondern eine Art und Weise des Zusammenlebens in einem Fluss der Koordination von Verhaltenskoordinationen, die dem Strukturdeterminismus interagierender Systeme nicht widerspricht"* (Maturana / Pörsken 2002, S. 7).

Die Art und Weise der Gestaltung von kommunikativen Handlungsmustern erscheint als das geeignete Mittel, die jeweils eigenen Strukturen anderen offenzulegen und eine Schnittmenge verknüpfbarer Strukturen auszuhandeln. Eine Anregung anderer Systeme ist damit möglich, allerdings gelingt sie nicht immer. Ebenso wie die anderen Teilkompetenzen der Selbstlernkompetenz ist die kommunikative Kompetenz eng verzahnt mit der allgemeinen Handlungskompetenz. So ist beispielsweise als Voraussetzung zur Dialogfähigkeit – als einem notwendigen Aspekt für selbstgesteuertes Lernen – ein konstruktiver Umgang mit Konflikten notwendig, eine Fähigkeit, die der Sozialkompetenz zugerechnet werden kann. Sprachliches Können bzw. sprachliche Transparenz sind damit elementare Ausgangspunkte für sinnvolle Selbstlernprozesse. Die Studie über das Projekt PETRA (Dubs 1993) macht hierzu beispielsweise deutlich, dass der kompetente Umgang mit Sprache als Voraussetzung für selbstgesteuerte Lernprozesse notwendig ist.

Die emotionalen Komponenten einer Lernsituation gewinnen in jüngster Zeit auch dann an Bedeutung, wenn es darum geht, die Ursachen für erfolgreich oder weniger erfolgreich selbstgesteuerte Lernprozesse näher zu bestimmen. Im Zusammenhang mit der didaktischen Kopplung wurde auf diesen Aspekt bereits verwiesen. Gerade in Anbetracht der Selbstorganisationsdynamiken des Gehirns ist es notwendig, beim Lernen nicht nur die kognitive, sondern auch die emotionale Dimension des Lernens genauer zu betrachten. Die Untersuchungsergebnisse der Kognitionswissenschaften sowie der Lehr-/Lernforschung zeigen nämlich, dass kognitive Zustände in emotionale Muster eingebettet sind. *Emotionale Kompetenz* stellt damit ein weiteres bedeutendes Element der Selbstlernkompetenz dar. Claude Steiner (1997, S. 21) definiert emotionale Kompetenz als „die Fähigkeit, die eigenen Gefühle zu verstehen, die Fähigkeit, anderen zuzuhören und sich in deren Gefühle hineinzuversetzen, und die Fähigkeit, Gefühle sinnvoll zum Ausdruck zu bringen". Als eine empirisch untersuchte Komponente der emotionalen Kompetenz kann der Umgang mit der Furcht vor Misserfolg bzw. die Hoffnung auf Erfolg genannt werden. Danach zeigen empirische Ergebnisse (vgl. Seel 2000, S. 99), dass sich die Furcht vor Misserfolg beim Lernen leistungsmindernd auswirkt.

Aus den Voraussetzungen und Fähigkeiten, die für das selbstgesteuerte Lernen aufgezeigt werden können, ergeben sich also sechs verschiedene Kompetenzen aus zwei Kompetenzbündeln, die zusammen das Modell der Selbstlernkompetenz ausmachen. Dieses Modell enthält die drei spezifischen Selbstlernkompetenzbereiche methodische Kompetenz, kommunikative Kompetenz sowie emotionale Kompetenz und die drei allgemeinen Handlungskompetenzbereiche Sachkompetenz, personale Kompetenz sowie Sozialkompetenz, die in engem Zusammenhang stehen. Die Kaiserslauterer Studie (Arnold/Gómez Tutor/Kammerer 2002) macht allerdings eine Akzentverschiebung auf die allgemeinen Handlungskompetenzbereiche Fachkompetenz und personale Kompetenz sowie die Aspekte Methodenkompetenz und emotionale Kompetenz des spezifischen Kompetenzbündels deutlich. Selbstlernkompetenzen sind damit vor allem personenzentrierte Kompetenzen, die interaktionszentrierten Kompetenzen, also die kommunikative sowie die soziale Kompetenz, scheinen demgegenüber bei weniger und bei stärker selbstgesteuerten Lernprozessen eine Rolle zu spielen – vielleicht auch, weil sie für die strukturelle Kopplung an sich von Bedeutung sind.

Sollen nun Lernprozesse selbstgesteuert ablaufen, so brauchen sowohl Lernende als auch die Lehrenden die entsprechenden Kompetenzen. Erst dann, wenn beide Seiten ihr „Geschäft" beherrschen, können Lehrende sich immer mehr zurück ziehen und immer weniger als „Störenfried" auftauchen. Erst dann besteht die Möglichkeit, dass zwei Systeme in der Interaktion aufeinander unter Beibehaltung ihrer Struktur wirken können und nicht ein System das andere zu determinieren versucht. Lernende können so den Prozess immer stärker in eigener Regie übernehmen und nur in dem Fall auf die Beratung von Lehrenden zurück greifen, wenn diese es als notwendig erachten.

Damit lässt sich zusammenfassend festhalten, dass sich mit dem Lernkulturwandel auch die Anforderungen an Lehrerinnen und Lehrer ändern. Bis Anfang 1990 stand eher eine Art Belehrungsdidaktik im Vordergrund, bei der Unterricht stark sachorientiert organisiert wurde. Lernen war damit ein Prozess, bei dem Informationen nach starren Regeln verarbeitet werden, die sich eindeutig beschreiben, steuern und planen lassen (vgl. Reinmann-Rothmeier & Mandl 2001b).

Erst im Laufe der 90er Jahre erlebte die Diskussion um das selbstgesteuerte Lernen in Deutschland nicht zuletzt durch die Diskussion um die Notwendigkeit von lebenslangem Lernen eine Renaissance. Ausgangspunkt der neuen Sicht waren die allgemeinen Erkenntnisse der kognitionstheoretischen und konstruktivistischen Lernforschung über Lernende als relativ geschlossene, selbst organisierte Systeme, die nicht von außen bestimmt, sondern lediglich angeregt werden können, wobei neues Wissen an schon vorhandenes Wissen anschließt.

Im Zuge dieser Diskussion kam die zuvor beschriebene Ermöglichungsdidaktik auf, die Lernenden die Lösungen der Lernprobleme nicht wegnehmen will, sondern auf ihre Fähigkeiten vertraut, eigene Lösungen für ihre Lernvorhaben zu entwickeln. Eine solche Sichtweise orientiert sich nicht mehr an Defiziten einer Person, die beseitigt werden sollen, sondern an ihren Potenzialen, die weiterentwickelt werden können. Mit dem Begriff des lebenslangen Lernens wurde diese neue Perspektive breit diskutiert und mit einem in der letzten Zeit als zukunftsweisend ausgemachten Lernarrangement in Verbindung gebracht, das mit einem veränderten didaktischen Blick auch zu einer Neubestimmung der Bedeutung von Methoden und Medien sowie der Rolle der Lehrenden gelangt.

5.2 (Neue) Methoden und Medien für ein ermöglichungs-didaktisches Arrangement

Lernende sind häufig in den erzeugungsdidaktischen Settings so sozialisiert worden, dass nicht davon auszugehen ist, dass ihnen das aus ermöglichungsdidaktischen Arrangements resultierende bzw. dort eingesetzte selbstgesteuerte Lernen schon geläufig ist. Notwendig ist es deshalb, die Selbststeuerung zunächst zu entwickeln und schrittweise die Lernenden in die eigene Aktivität zu „entlassen". Der „Trick" besteht für Lernende also darin, das zu tun, was sie erlernen möchten, um es dann durch das zunächst sicherlich unvollkommene Tun zu lernen. Dass dies für Lernende eine bekannte Situation ist, zeigt sich an vielen Lernprojekten, in denen eine Bewegung bzw. Handlung (z. B. Schwimmen, Rad fahren, Auto fahren) erlernt wird. Niemand käme auf die Idee, Bewegungsabläufe allein durch Nachdenken und Memorieren einzuüben.

Einen Wechsel von der bisherigen Lernkultur hin zu einer Lernkultur, die von Lernenden aus denkt, kann nur schrittweise vonstatten gehen, und zwar vom mechanistischen Lernen über die Zwischenwelt des Handlungs- und Erfahrungsorientierten Lernens hin zu einem selbstgesteuerten Lernen. Dies besitzt eine innere Logik dahingehend, dass Lernende an bisher Erarbeitetes oder Bekanntes anschließen, wenn Lernen stattfindet. Welche Methoden hierbei als aktivierende Methoden eingesetzt werden können, dies hängt nicht zuletzt von den Lernenden und ihren lernkulturellen Prägungen ab. Untersuchungen im Bereich der Unterrichtsmethoden zeigen beispielsweise auf, dass für unsichere oder schwächere Schülerinnen und Schüler zunächst ein instruktiver (lehrerzentrierter) Unterricht hilfreicher ist (Weinert 1982). Auch neuere Untersuchungen, die von Schrader, Helmke & Dotzler (1997) beschrieben werden, gehen davon aus, dass ein gut ausgeführter instruktiver Unterricht sich positiv auf das Selbstkonzept von Lernenden und auf die Entstehung von Wissen auswirkt. Insgesamt wird damit eine positive Einstellung zum Lernen gefördert und Leistungsangst vermindert.

Selbstgesteuertes Lernen muss also gelernt und schrittweise eingeführt werden. Zudem darf eine Methode nicht als Selbstzweck eingesetzt werden, sondern muss auf die entsprechenden Inhalte abgestimmt werden, und zwar unter Beachtung der Vorkenntnisse. Lindemann/Vossler (1999) schreiben hierzu:

> „Ob eine bestimmte Methode in ihrer Anwendung als vertretbar gelten kann, kann nur in der Bewertung ihrer Wirksamkeit im konkreten Handeln entschieden werden. [...] Somit kann jede Methode die Entwicklung eines Menschen fördern oder behindern, unabhängig davon, wie sie auf einer theoretischen Ebene bewertet oder mit welchem Ziel sie eingesetzt wird" (ebd., S. 175).

Neues Wissen bildet sich nur dann, wenn Informationen an bekannte Strukturen anknüpfen können. Lernende ohne Vorkenntnisse über ein bestimmtes Thema müssten sehr viel (vermutlich zu viel) Zeit und Energie investieren, wenn sie sich ohne Vorkenntnisse mit einem Thema auf sich allein gestellt auseinandersetzen sollen. Die von Bönsch (2002) für die Freisetzung von Motivation geforderten „Startrampenstrategien" zur Anregung des Lernprozesses müssen also auch auf die Inhalte ausgedehnt werden. Selbstgesteuertes Lernen bedeutet damit nicht nur die Bereitstellung von Methoden, sondern macht ein systematisch aufgebautes Lehr-/Lernarrangement nach wie vor zur Voraussetzung für Lernen. Konrad (2003, S. 16) schreibt in diesem Zusammenhang: „Es geht um eine begründete Vereinbarkeit instruktionaler Anleitung und Unterstützung mit dem Ziel eines aktiv-konstruktiven Lernens."

Die Bedeutung von inhaltlichem Vorwissen und dessen notwendiger Bereitstellung zeigt sich nach Weinert (1996, S. 91) beim Lösen von mathematischen Problemen: „Nicht externe Lernbedingungen und generelle intellektuelle Fähigkeiten erweisen sich als wichtigste Determinanten eines verständnisintensiven Lernens, sondern die Quantität und vor allem die Qualität der relevanten Vorkenntnisse auf Seiten der Lernenden." Erfolgreiches Lernen setzt also schon immer Gelerntes im beabsichtigten Lernfeld voraus, dies wird von Weinert (1994, S. 202) als „Wissensparadox" bezeichnet. Selbstgesteuertes Lernen ist deshalb auch insofern paradox, als die Selbststeuerung von Lehrenden bis zu einem gewissen Grad eingefordert und angeleitet werden muss, selbst wenn Lernende einen Inhalt in eigener Regie planen, erarbeiten und darstellen (z. B. einen Vortrag zu einem freiwillig gewählten Thema).

Insofern impliziert Ermöglichungsdidaktik die Absicht, eine größtmögliche Selbständigkeit von Lernenden zu gewährleisten, wobei die Voraussetzungen der einzelnen Lernenden mit einbezogen und immer wieder reflektiert werden müssen, denn diese entwickeln sich ständig weiter. Was heute immer stärker für Führungspositionen gefordert wird, kann dann auch für jede Lernsituation gelten: Angezeigt ist eine stellvertretende Führung (Arnold 2000), die nur dort eingreift, wo sich die Lernenden noch nicht sicher fühlen und noch weitere Kompetenzen benötigen. Dies stellt hohe Anforderungen an die Sensibilität und die Selbstbeherrschung, denn Lehrkräfte müssen sich dazu auf die Neubestimmung ihrer Rolle wirklich einlassen und sich von den Vorstellungen des „Im-Griff-Habens", „Darüberstehens" und „Machens" ein Stück weit lösen, ein Aspekt, der die Professionalität von Lehrerinnen und Lehrern zur Diskussion stellt.

Hinsichtlich einer Förderung von Selbstlernkompetenzen bedeutet das für die *Fachkompetenz,* dass den Lernenden anschlussfähiges Wissen angeboten werden muss, wobei beispielsweise durch aktivierende Methoden wie Brainstorming oder Mind-Mapping der vorhandene Wissensstand aktiviert werden kann. Im Bereich der *Methodenkompetenz* besteht die Aufgabe darin, die Lernenden von den an der Oberfläche arbeitenden Strategien wie Markieren oder Wiederholen zu Strategien zu führen, die den Lernstoff tiefgreifender bearbeiten. Hierbei kann vor allem die

Beteiligung der Lernenden an der Planung, Strukturierung und Evaluierung von Lernprozessen angeregt werden. Vor allem der Einsatz von metakognitiven Kompetenzen spielt in diesem Zusammenhang eine wichtige Rolle, wobei die Kenntnisse über Planung und Organisation von Wissen die Lernenden von Detailwissen befreien kann, das nach Linke (2000, S. 95) immer weiter zurückgedrängt wird:

„Angesichts der Tatsache, dass die Speichermaschinen den Menschen immer mehr von seinen Gedächtnisleistungen entlasten können, erscheint es an der Zeit, dass das Metagedächtnis des Menschen in den Blick genommen wird, welches sich damit begnügen darf zu erinnern, wo die eigentlichen Inhalte abgespeichert sind, statt diese auch noch in sich selbst hineinzunehmen" (Linke 2000, S. 95).

Hinsichtlich der *Personalen Kompetenz* ist es notwendig, Aufmerksamkeit, Motivation und Anregung beim lernenden Individuum zu initiieren. Hier können beispielsweise Methoden der kontinuierlichen Selbstevaluation helfen, die Motivation zu erhöhen und gleichzeitig ein positives Selbstkonzept entstehen zu lassen. Andererseits deuten die empirischen Ergebnisse (vgl. Arnold, Gómez Tutor, Kammerer 2002) darauf hin, dass das selbstgesteuerte Lernen als solches die Motivation und Zufriedenheit im Lernprozess steigert, so dass hier ein zirkulärer Prozess in Gang gebracht werden kann: Motivation steigert die Selbststeuerungsfähigkeit – Selbststeuerung wirkt sich positiv auf die Lernmotivation aus. Auch strukturierende Hinweise der Lehrperson hinsichtlich der Bedeutung des aktuellen Lernschrittes für zukünftiges Lernen, und damit die Erhöhung der Transparenz von Lernprozessen, kann sich als hilfreich für die Aufrechterhaltung und Erhöhung der Motivation der Lernenden erweisen.

Im Bereich der *Emotionalen Kompetenz,* die sich hieran anschließt, ist es wichtig, die positiven Emotionen zur Installierung eines positiven Selbstkonzeptes zu stärken, damit das Individuum sich als selbstwirksam erlebt, also die subjektive Überzeugung erlangt, dass es sich aufgrund seiner angeeigneten Kompetenzen auch neuen und schwierigen Herausforderungen stellen kann. Daneben ist die gemeinsame Reflexion der auftretenden Lernwiderstände eine Möglichkeit, Lernende zu fördern und chronischen Stress zu verhindern oder zu verringern, der sich durch Angst und Furcht beim Lernen einstellen kann (Spitzer 2002, S. 169ff). Die Aufklärung über emotionale Hindernisse des Lernens wird häufig deshalb vernachlässigt, weil Selbststeuerung im Lernprozess so verstanden wird, dass Lernende alleine zurecht kommen sollen, nachdem sie mit adäquaten Aneignungs- und Verarbeitungsstrategien vertraut gemacht wurden. Außerdem werden die Lernhindernisse nicht als eine Leistung der Lernenden respektiert, die anzeigen, dass sich das Subjekt mit einer Situation bzw. einem Gegenstand befasst und dabei ist, ihn in seine kognitiven Strukturen einzupassen, was natürlich nicht ohne „Widerstände" ablaufen kann.

5.3 Entgrenzung des Lernens durch virtuelle Lernumgebungen

Selbstgesteuertes Lernen lässt sich unterschiedlich anbahnen und in den verschiedensten Lernarrangements einsetzen. Ein bedeutsamer Bereich wurde dabei in der jüngsten Zeit der Bereich der virtuellen Lernumgebungen, der grade durch den Aspekt der Selbststeuerung „lebt". Häufig wird jedoch mit diesen Lernformen eine gewissen Distanz verbunden – die Lernenden scheinen weit weg vom Geschehen, auf sich alleine gestellt, ohne direkten Kontakt mit den Lehrenden. Der folgende Vergleich unterschiedlicher Lernformen soll aufzeigen, welche Vor- und Nachteile unterschiedliche Lernarrangements aufweisen[27].

Dabei kann zu Beginn schon angeführt werden, dass die anfängliche Euphorie bei der Beurteilung der Möglichkeiten zur Nutzung von Selbstlernangeboten sowie virtuellen Lernformen in der neueren Fachdebatte zum Erwachsenenlernen einer „relativen Ernüchterung" (Nuissl u. a. 2003, S. 5) gewichen ist: „E-Learning scheint in der Weiterbildungspraxis oftmals nicht ohne Präsenzveranstaltungen erfolgreich zu sein. Präferiert werden derzeit Ansätze, die eine Kombination von E-Learning und Präsenzveranstaltung vorsehen" (Kraft 2003, S. 43) – so eine zusammenfassende Einschätzung zum Erfahrungsstand aus dem Deutschen Institut für Erwachsenenbildung in Bonn.

Es geht bei der Frage nach der Nutzung der neuen Technologien in Lehr-/Lernprozessen deshalb nicht um die Suche nach dem One-best-Mode, sondern um eine begründete Verknüpfung der spezifischen Vorzüge der unterschiedlichen Modes. Hierfür ist eine genauere Analyse der jeweiligen komparativen didaktischen Vorzüge der unterschiedlichen Lehr-/Lern-Modes unerlässlich.

These von der prinzipiellen Transfernähe von Distance-Learning

Nimmt man die neuere Weiterbildungsdebatte in den Blick, so kann man feststellen, dass sämtliche neueren Ansätze in der beruflichen Weiterbildung dadurch gekennzeichnet sind, dass man die Transferstrecke zwischen Lernort und Anwendungsort verkürzt. So hat das „Lernen am Arbeitsplatz" sowie die Qualifizierung in dezentralen Lernortkombinationen insbesondere in der betrieblichen Personalentwicklung in den letzten Jahren stark an Bedeutung gewonnen (vgl. Dehnbostel 1996; 2001 a; b;

---

[27] In das Kapitel 5.3 sind Vorarbeiten von Markus Lermen eingeflossen, dem hierfür ausdrücklich gedankt werden soll.

Hanft 1997; Reinmann-Rothmeier/Mandl 2001 a). Parallel dazu schärfte die fernstudiendidaktische Diskussion um „das Verschwinden der Ferne im Fernstudium" (Arnold 2000) den Blick dafür, dass der Distance-Learning-Mode nicht nur eine Form der Lernorganisation ist, in der die Transferstrecke prinzipiell kurz ist – die Lernenden verbleiben häufig in ihren beruflichen und sozialen Bezügen, oftmals werden diese Bezüge auch bewusst aufgegriffen (z.B. in Projekt- und Abschlussarbeiten), sondern dass das Distance-Learning durch die Einbeziehung von Chatrooms, Emailing etc. auch zunehmend weniger durch „Distance" geprägt ist. Im Gegenteil: Die Möglichkeiten zur technologiegestützten Nachfrage und Kontaktaufnahme beim „Lehrenden" ermöglicht eine *Individualisierung des Lernprozesses,* die weit über das hinausgeht, was häufig die face-to-face-Kommunikation in Präsenzveranstaltungen zulässt. Nur am Rande sei erwähnt, dass in so manchen Präsenzlehrveranstaltungen (z.B. Massenvorlesungen) die Distanz zu den Teilnehmenden größer ist als im Fernlehr- oder Fernstudienbereich. Zudem folgen diese dem didaktisch recht fragwürdigen Konzept eines „Lernens im Gleichschritt" und einer Art „Einheitskost für alle", die allenfalls zufällig den „Appetit des Einzelnen" (= seinen Lernbedarf bzw. seine Lernbedürfnisse) trifft. Der Mainzer Erwachsenenpädagoge Erhard Meueler spricht von einem „Oberkellner-Syndrom" der Erwachsenenbildung (Motto: „Es wird das aufgetischt, was gekocht wurde"), dem er mit einem „Küchenlexikon der Methoden und Sozialformen" (Meueler 2001, S. 198ff) zu Leibe zu rücken versucht.

Blended Learning und die These vom Vorrang der Didaktik

Die Möglichkeiten der *Neuen Medien* werden in den letzten Jahren verstärkt als Hoffnungsträger für ein neues Erwachsenenlernen propagiert. Multimedia- und E-Learning-Angebote, also internetbasierte Lehr- und Lernangebote (Kerres 2001), werden vielfach als das Allheilmittel für die Weiterbildung, die Personalentwicklung oder das Bildungswesen im internationalen Wettbewerb angesehen. So ist z.B. in dem neusten Newsletter des Forschungsinstituts für betriebliche Bildung unter der Überschrift „Mit eLearning internationale Märkte erobern?" zu lesen:

> „Für die internationale Vermarktung scheint eLearning – mehr als jedes andere Produkt des Bildungssektors prädestiniert. Richtig vorbereitet, können netzgestützte Seminare für Bildungsträger den Eintritt ins grenzüberschreitende Geschäft bedeuten. [...] Für die internationale Vermarktung von eLearning spricht ein starkes betriebswirtschaftliches Argument: Die Vorschüsse weisen beim netzgestützten multimedialen Lernen eine für den Bildungssektor recht untypische Struktur auf. Vergleichsweise hohen Anfangsinvestitionen stehen – auch bei kontinuierlicher Aktualisierung der Inhalte – eher geringe laufende Kosten gegenüber" (Severing/Fietz 2002, S. 3).

Die Argumentation kann durch vielfache Erfahrungen bestätigt werden. Gleichwohl wird bisweilen der Betreuungsaufwand, der mit Distance-Learning- und E-Learning-Angeboten verbunden ist, erheblich unterschätzt. Die Nutzer solcher „distanten" Angebotsformen suchen häufig viel stärker den Kontakt zur anbietenden Institution (via Telefon, E-Mail etc.) als Nutzer von Präsenz-Bildungsangeboten, die ihren „Kontaktbedarf" offensichtlich bereits durch das bloße Teilnahme-Erleben (und die face-to-face-Interaktionen) in erheblichem Maße decken können.

Die Rede ist auch zunehmend von „Blended Learning"[28] – eine Metapher, die eigentlich nur besagt, dass es um einen angemessenen „Verschnitt" der unterschiedlichen Formen der Lerninszenierung geht, weshalb die eigentliche Frage die nach den Kriterien ist, nach denen sich diese Angemessenheit bemessen lässt. Zu dieser Frage gibt es noch kaum fundierte Konzepte oder empirische Forschungsergebnisse: „Unklar ist, wie die einzelnen Bausteine solcher Arrangements didaktisch sinnvoll kombiniert werden können, welche technischen, didaktisch-methodischen und nicht zuletzt organisatorischen Standards dafür erforderlich sind und für welche Lerninhalte, Lehr-/Lernziele und Lernertypen diese Arrangements (besonders) geeignet sind" (Kraft 2003, S. 44). Die Kriterien sind in erster Linie didaktischer Art, sie helfen zu beurteilen, inwieweit eine Lerninszenierung nachhaltiges und kompetenzentwickelndes Lernen wirklich zu fördern vermag. Daneben gewinnen aber auch Kosten-Nutzen-Überlegungen sowie Überlegungen zur weltweiten Accessibility an Bedeutung.

Ingesamt gilt jedoch die These vom Primat der Didaktik. Dies bedeutet, dass nach allen Erfahrungen der Nutzung „neuer Medien"[29] nicht automatisch eine höhere Relevanz und pädagogische Leistungsfähigkeit in Lehr-/Lernprozessen zukommt, so dass die Rede einem „Bildungswert des Internet" (Marotzki u. a. 2000) irreführend und unbewiesen ist. Es gilt die Feststellung des Kanadischen Fernstudienspezialisten Tony Bates:

---

[28] So befasst sich die Zeitschrift in.puncto von Inwent in der Nummer 2/03 mit dem Konzept des Blended Learning und stellt fest: „Es ist wohl wie bei einem guten Whisky: Die richtige Mischung macht den ‚Blend' und damit die hohe Qualität aus" (Die richtige Mischung 2003, S. 1). In der Financial Times stellte Davis (2001) fest: „Blended Learning has become the standard term for the use of a wide range of learning technologies and methods in the workplace. Examples include the traditional classroom, web-based tutorials, web-based simulations, online-collaboration, online-coaching, video-conferencing, phone conferencing, knowledge management systems ... the list goes on".

[29] Hierzu liefert Klimsa eine nüchterne Definition, indem er feststellt: „Unter dem Begriff ‚Neue Medien' werden hier solche hybriden Medien verstanden, die auf der Mikroprozessortechnik, der Speichertechnik und/oder der Übertragungstechnik basieren und Eigenschaften der Interaktivität, der Individualität, der Asynchronität sowie der Multifunktionalität aufweisen. Sie schaffen zwischen allen Formen von Kommunikationsprozessen – von intra- und interpersonalen bis zu massenmedialen – ein Kontinuum" (Klimsa 1993, S. 119).

„Good teaching may overcome a poor choice in the use of technology, but technology will never save bad teaching" (Bates 1995; zit. nach: Lehmann/Bloh 2002, S. 11).

Nicht das Medium oder die gewählte Technologie machen den Unterschied, sondern die Didaktik sowie die erwachsenen- oder berufspädagogische Konzeption! Dieser Aspekt wird oft übersehen, und man lässt sich von der Augenscheinlichkeit der rascheren und komfortableren Distribuierung blenden. Doch „gelernt" wird nur, wenn das Lernsubjekt sich nachhaltig Kompetenzen aneignen konnte. Und dies sichert keineswegs bereits die leichtere Zugänglichkeit des „Content", wie der Lerninhalt heute bisweilen genannt wird. Der Lerninhalt muss vielmehr auch von den Lernsubjekten „erschließbar" sein. Und dies erfordert eine didaktische Analyse und Aufbereitung, die dem Lernenden hilfreiche und gangbare Wege der Auseinandersetzung mit dem Gegenstand aufzeigt und ihn zur selbstgesteuerten Aneignung von Wissen, Fähigkeiten und Fertigkeiten anregt. Nur durch „Anklicken" und „Downloaden" von „Content" hat sich noch keine einzige Kompetenz entwickeln können. Deshalb hat die didaktische Konzeption Priorität vor allen Entscheidungen über die Lernorganisation und die Distribuierung.

Diese Überlegungen zeigen uns, dass es nicht um einen Konzeptwechsel nach dem Motto „vom Präsenz- über Distance- zum E-Learning" gehen kann, sondern eher um die Entwicklung eines didaktischen Konzeptes nachhaltigen Erwachsenenlernens. Dabei ist davon auszugehen, dass die Lösung unserer Probleme keine technologische, sondern eine didaktische sein muss. Wir finden deshalb diese Lösung auch nicht allein dadurch, dass wir von Präsenzlernen auf Distance- oder E-Learning „umschalten". Die beiden letztgenannten Formen der Lernorganisation und Distribuierung eröffnen nur weitere Möglichkeiten, um nachhaltige Kompetenzentwicklung zu organisieren.

Kriterien eines nachhaltigen Erwachsenenlernens

Wir können den dringend zu klärenden didaktischen Fragen nicht dadurch ausweichen, dass wir uns den komfortablen Möglichkeiten eines multimedialen Lernens zuwenden, welche die frontalunterrichtliche Lernkultur nicht überwinden, sondern vielleicht sogar (auch aufgrund von Kino- und Unterhaltungseffekten) ungewollt verstärken. Das bedeutet, auch Multimediales Lernen muss sich letztlich an den Kriterien eines nachhaltigen und erwachsenengemäßen Lernens messen lassen, die durch die erwachsenenpädagogische Forschung der letzten Jahre deutlich herausgearbeitet worden sind.

So ist eine lehrerzentrierte Form des Präsenzlernen in ihrer kompetenzbildenden Wirkung genauso eingeschränkt, wie eine bloße Präsentation von Inhalten in einer multimedialen Lernumgebung. Eine Präsentation auf diese Weise stellt nicht sicher, dass das Lernen selbstgesteuert abläuft. Entscheidend ist bei beiden lernorganisatorischen Modalitäten, dass sie – zumindest zu einem gewissen Teil – erschließungsorientiert aufbereitet sind. Konkret bedeutet dies, dass die Lernenden auch zur Selbsttätigkeit aufgefordert und angehalten werden müssen. Damit Lernende sich Wissen wirksam aneignen, ist es notwendig, dass sie Inhalte nicht nur memorieren, sondern kognitiv einwurzeln können. Wichtig ist in diesem Zusammenhang die eigene Versprachlichung (vgl. Müller 1999), d.h. die Wiedergabe des Gelernten mit eigenen Worten sowie die Anwendung auf andere Kontexte. Hier gilt der kognitionspsychologische Grundsatz, dass Lernen ein Denkhandeln bzw. wie der Schweizer Kognitionspsychologe Hans Aebli sagte ein „Ordnen des Tuns" (Aebli 1980) ist.

Nicht zu unterschätzen ist allerdings der Sachverhalt, dass die Nutzung von Distance-Learning und E-Learning die Angebotsebene transparenter macht – ein Schritt hin zur Schaffung einer didaktischen Kopplung. Wer Fernlehrangebote entwickelt, macht seine Inhalte sichtbar und überprüfbar. Ähnliches gilt für das E-Learning. Folgende Übersicht (vgl. Tabelle 3) zeigt, dass die Kriterien eines nachhaltigen lebenslangen Lernens keineswegs nur mit einem Modus korrespondieren: Alle Lern- und Distribuierungsformen lassen sich prinzipiell nachhaltig realisieren, und sie verfügen über spezifische Varianten der „Einlösung" der Nachhaltigkeitskriterien. Die Vorzüge von Distance-Learning und E-Learning ergeben sich dabei keineswegs zwangsläufig, d.h. sie sind auch überwiegend anderen als didaktischen Ursprungs, wie noch zu zeigen sein wird.

Kriterien der nach-haltigen Kompetenz-entwicklung	Präsenz-Lehre	Distance-Learning	E-Learning
aktiv	Der Lernende kann seine eigenen Ziele und „Lernprojekte", d. h. Anliegen, Fragen etc., „einbringen" und er übernimmt eine aktive, d. h. nicht bloß empfangend-reproduzierende Rolle im Lernprozess.	Der Fernstudierende verfügt über eigene Lern- und Bearbeitungsstrategien zur Bearbeitung der Inhalte, muss selbständig Einsendeaufgaben „lösen" und in Kontakt mit der betreuenden Einrichtung bleiben.	Der Lernende muss – wie beim Distance-Learning – über Grundkompetenzen der aktiven Gestaltung seiner Lernerrolle verfügen unter Nutzung der Möglichkeiten der Lernumgebung verfügen.
selbstgesteuert	Der Lehrende gibt Raum für Selbsterschließung und zieht sich selbst mehr und mehr auf die Funktion eines Lernbegleiters, Facilitators oder Coaches zurück.	Es ist ein hohes Maß an Selbstorganisation notwendig, zudem muss der eigene Lernprozess und teilweise die Intensität und Tiefe der Bearbeitung einzelner Module selbstgesteuert gestaltet werden.	Insbesondere hypertextuale Aufbereitungen erlauben eine bisweilen weitgehende Individualisierung des Lernprozesses, die selbstgesteuert genutzt werden können.
„konstruktiv"	Lernende erarbeiten selbst Ergebnisse, d. h. konstruieren – orientiert durch Arbeitsfragen oder Leittexte – den Lerngegenstand.	Zwar werden vorgefertigte Materialien („Contents") bearbeitet, doch muss der Lernende sich den Gegenstand selbst (in seiner Kognition) erschaffen und auch die Anwendungen und Lösungen selbst konstruieren.	
situativ	Lernen in der Lebenswelt, z. B. am Arbeitsplatz (im Dualen System) mit der Möglichkeit unmittelbaren Erfahrungslernens.	Der Lernende verbleibt in seiner Lebens- und Berufswelt und ist somit häufig „näher" an den Anwendungssituationen (Ausnahme: z. B. Universitäre Erstausbildung – „Fernstudium Jura" – zur Berufsvorbereitung, ohne bereits in Anwendungssituationen zu stehen).	
sozial	Möglichkeiten der face-to-face-Interaktion und life-Kooperation (Projekt- oder lebendiges, handlungsorientiertes Lernen.	Es gibt zumeist auch Präsenzphasen sowie dezentrale betreuende Angebote, zudem organisieren sich Fernstudierende in selbstorganisierten regionalen Studiengruppen, deren Entstehung institutionell „initiiert" werden kann.	Chatrooms, Videoconferencing sowie Email ermöglichen einen zeitlich unmittelbaren Austausch, der in vielem der direkten sozialen Interaktion nahe kommt, aber auch eine ganz eigene „Güte" hat.

Tabelle 3: Nachhaltiges Lernen in der Präsenzlehre, dem Distance-Learning und dem E-Learning

Präsenzlernen, Distance Learning und E-Learning sind Formen der Lernorganisation sowie der Distribuierung von Inhalten, die sich zwar idealtypisch voneinander abgrenzen und mit ihren je spezifischen Profilen voneinander unterscheiden lassen, doch kann gleichwohl nicht übersehen werden, dass sich in der Realität bereits zahlreiche Mixed-Modes herausgebildet haben. So beschreibt Rolf Schulmeister (2002, S. 130) z. B. „eine Reihe von Mischformen, die sich nach dem relativen Anteil der virtuellen Komponenten skalieren lassen", wobei er folgende Formen unterscheidet: „Präsenzseminar plus WWW-Skipt – Präsenzseminar (plus Skript) plus Kommunikationsplattform – Präsenzseminar im Wechsel mit virtuellen Tutorium oder virtuellem Seminar – rein virtuelles Seminar bzw. komplettes Selbststudium" (ebd.).

Es gilt aber auch ein weiteres: Die Bezeichnungen Präsenzlernen, Distance-Learning und E-Learning bezeichnen selbst jeweils eine Fülle unterschiedlicher Inszenierungen, die sich voneinander stark unterscheiden können. So kann „Präsenzlernen" sowohl eine frontalunterrichtliche Vorlesung meinen, als auch ein interaktives und kooperatives Seminar, das sich nicht nur an den Inputs des Lehrenden, sondern auch an den Erfahrungen oder gar den Gefühlen und Problemen der TeilnehmerInnen abarbeitet. Ähnliches gilt für das Distance-Learning sowie das E-Learning, wie im folgenden gezeigt werden soll.

a) Präsenzlernen

„Präsenzlernen" oder „Face-to-face-education" kennzeichnet weltweit die Lernkulturen als dominantes Muster. Menschen kommen zusammen, um zu lernen, und sie treffen sich dabei mit einem meist älteren, erfahreneren oder gar spezifisch professionalisierten Menschen, der ihnen als „Wissensträger" seine Kenntnisse und Kompetenzen tradiert. Noch heute sind Funktion und Stellung dieser Wissensträger in vielen Kulturen hoch angesehen – ihnen wird bisweilen eine fast sakrale Überhöhung zuteil. Sicherlich wurzelt diese dominante lernkulturelle Form im Dialog als spezifische menschliche Form des Austauschs und der Erfahrungstradierung, und sie war als Form der Wissenstradierung zumindest vor der Erfindung des Buchdruckes und vor der massenhaften Verbreitung von Büchern sowie vor der Alphabetisierung breiterer Bevölkerungskreise auch ohne wirkliche Alternative.

Die Kehrseite dieser kulturell-geschichtlichen Verwurzelung des Präsenzlernens ist die Zählebigkeit dieses Musters: Obgleich es bereits seit vielen Jahrzehnten – zumindest in den entwickelten Ländern der Welt – vielfältige und bisweilen komfortable Wissensquellen gibt, hat sich bislang noch kaum eine *Lernkultur des selbstgesteuerten autodidaktischen Lernens* entwickelt, von welcher auch Impulse für eine Neubegründung und didaktisch intelligente Nutzung der Präsenzformen des Lernens ausgehen könnten. Immer noch werden große Teile der Präsenzlehre für frontalunterrichtliche Wissenspräsentation genutzt – ganz so, als hätte sich in den letzten Jahrzehnten oder gar Jahrhunderten nichts verändert und als gäbe es heute nicht andere, didaktisch komfortablere Formen der Wissenspräsentation. Dabei sind die folgenden Fragen kaum wirklich in den Blick genommen:

- Müssen Lerner wirklich zusammenkommen, um sich wirksam neue Kenntnisse, Fähigkeiten und Fertigkeiten anzueignen?
- Welche Kompetenzen kann man ohne „face-to-face"-Interaktion entwickeln bzw. mit einer reduzierten Form von Classroom-Teaching?
- Welche Kompetenzen lassen sich nur in einer „face-to-face"-Form entwickeln? Welche Nachteile bringt diese Form mit sich?

Ein oft übersehenes Problem des Präsenzlernens kann darin gesehen werden, dass die „face-to-face"-Interaktion immer auch nur unmittelbare Interaktion mit einem oder wenigen Lernern sein kann, während der Rest der Gruppe (Klasse, Seminarteilnehmer) in einer Zuhörerrolle verharren muss. Classroom-Teaching ist deshalb auch eher selten ein kooperatives Lernen, sieht man einmal von den handlungsorientierten Ansätzen der neueren Berufsbildung ab. Die kanadische Fernstudien-Expertin Linda Harasim stellt deshalb in ihren vergleichenden Überlegungen fest:

„In typical face-to-face classroom communication, participation rates are unequal. Firstly, the instructor takes up most of the available class time. Class discussion, if and when this occurs, is often characterised by one or two students dominating the discussion with the majority remaining silent. In the on-line-courses at OISE, however, generally most students are participating and within each group the volume of contribution is relatively equally spread" (Harasim 1994, S. 57).

Eine empirisch vielfach belegte Kritik an den zumeist frontalunterrichtlichen Formen des face-to-face-Unterrichtens bezieht sich auf dessen hohe Vergessensrate und die ungewollten Sozialisationseffekte dieser Art des Lehrens und Lernens. So weisen bereits frühe Untersuchungen der American Audiovisual Society darauf hin, dass die Nachhaltigkeit menschlichen Lernens bezüglich der Behaltensleistungen mit dem Grad der Aktivierung des Lernenden sprunghaft ansteigen: Demnach „behalten" wir 20% von dem, was wir hören, 30% von dem, was wir sehen, 80% von dem, was wir selbst tun (können) (vgl. Witzenbacher 1985, S. 17; Gudjons 1992, S. 50). Der Münchner Psychologe Bernd Weidenmann (1996, S.26) stellt deshalb fest:

„Jede Vorlesung einschließlich Folien oder Dias könnte durch einen gedruckten Text oder eine Diskette ersetzt werden. Im Unterschied zum gesprochenen Wort erlauben Texte den Lernenden individuelles Lerntempo, vielfältige Bearbeitungsmöglichkeiten und späteres Nachschlagen."

Noch grundlegender ist die Kritik von Heinz Klippert an der vermittelnden face-to-face-Kommunikation, wobei er die ungewollten – „heimlichen" – Bildungseffekte, die mit einem lehrergesteuerten Lernen verbunden sind, in den Blick rückt:

> „Zugespitzt formuliert: Was ist denn eigentlich der Bildungseffekt der traditionellen Belehrung und Unterweisung? Ein wahrlich fragwürdiges Ritual ist ganz gewiss die dadurch induzierte Unselbständigkeit, Unsicherheit und Gedankenlosigkeit auf Schülerseite. Wozu sich unnötige Gedanken über den Lehrstoff machen, so mögen sich zahlreiche Schüler fragen, wenn die Essentials letztlich doch vom Lehrer bestimmt, geklärt und entsprechend abgeprüft werden? Diese erfahrungsgestützte Logik führt auch gerade zwangsläufig zu intellektueller Anspruchslosigkeit und zu schleichender Entmündigung. Zugegeben, diese Kritik ist hart und zugespitzt formuliert, aber deshalb nicht falsch. Die immer wiederkehrenden Klagen vieler Professoren über die mangelnde Studierfähigkeit der Studenten sind ebenso ein Indiz dafür, wie die ausgesprochen deutliche Kritik von Seiten vieler (Groß)Betriebe an der dürftigen Eigeninitiative, Methoden- und Sozialkompetenz der angehenden Lehrlinge" (Klippert 1994, S. 18).

Es spricht demnach wenig für die dem Präsenzlernen zugrundeliegende Hypothese, die beste Art Lernen zu initiieren, sei die Lehre, sowie die damit einhergehende Erwartung, dass etwas, das gelehrt werde, auch gelernt werden könne. Nur ein Bruchteil dessen, was der Lehrende „anspricht", wird von den Lernenden auch tatsächlich nachhaltig angeeignet. Und verheerend sind die ungewollten Nebenwirkungen der lehrer- oder leiterzentrierten Lernkultur. Bei dem in der neueren Betriebspädagogik verbreiteten Plädoyer für die Methoden eines stärker handlungsorientierten oder „lebendigen Lernens" (Arnold 1996), wie z.B. Projekt, Planspiel, Leittextmethode, leitfragenorientierte Teamarbeit etc., kann demgegenüber davon ausgegangen werden, dass diese Methoden letztlich auch hinsichtlich der Nachhaltigkeit bei der Vermittlung von Fachkompetenz keineswegs automatisch weniger bedeutsam sind, stellt man die „vergeudete" Lernzeit bei zahlreichen Methoden eines vermittelnden Lernens in Rechnung. Für die Methoden eines handlungsorientierten Lernens ist vielmehr eine qualifikatorische Polyvalenz charakteristisch: Fachwissen und Fachkönnen werden durch sie in einer Art und Weise erarbeitet, bei der die Lernenden gleichzeitig auch ihre methodischen und sozialen Kompetenzen entwickeln können (vgl. Arnold/Gómez Tutor/Kammerer 2002). Gleichzeitig wird durch die handlungsorientierten Methoden eine Lernkultur konstituiert, die auch subjektbezogen, aktivitäts- und selbständigkeitsfördernd ist. Deutlich antizipiert diese Lernkultur auch die Kooperations- und Führungsformen, die im Kontext der neuen Arbeitsorganisation von zentraler Bedeutung sind:

Bei einer vergleichenden Betrachtung und Beurteilung der Lernmodes Präsenz-lernen (bzw. „face-to-face-teaching"), Distance-Learning und E-Learning dürfen die erwähnten Einsichten in die begrenzte Wirksamkeit sowie die ungewollten Bildungseffekte der uns vertrauten Formen des Präsenzlernens nicht in Vergessenheit geraten. Auch die Bemühungen, Distance-Learning und E-Learning-Angebote zu entwickeln, stehen grundsätzlich in der Gefahr, der Lehr- / Lern-Illusion „aufzusit-zen", d. h. der Annahme, Lehren sei ein unverzichtbarer und geeigneter Weg Lernen zu initiieren. Die Erfahrungen mit handlungsorientierten und selbstgesteuerten Ler-narrangements müssen auch und gerade bei der Nutzung solcher neuer Formen des Lehrens und Lernens berücksichtigt werden.

Fragt man nach den jeweiligen Besonderheiten und didaktischen Vorteilen des Präsenzlernen bzw. der face-to-face-Interaktion in Lernprozessen, so kann man feststellen, dass es – bei aller Kritik – drei Kompetenzkontexte gibt, in denen die face-to-face-Beziehung unverzichtbar ist:

- Zum einen ist dies bei nahezu allen Maßnahmen der Fall, in denen *psychomoto-rische Fertigkeiten* ausgebildet werden können, die über die Schrittfolge „Beob-achtung" – „Probehandeln" – „unmittelbare Feedbacksteuerung" angeeignet bzw. habitualisiert werden. Mit solchen psychomotorischen Kompetenzen haben wir es insbesondere in der beruflichen Bildung (z. B. FacharbeiterInnen-Ausbildung, Skill-Training), aber auch im Sport und in Teilen der akademischen Bildung (z. B. medizinische Operationstechniken) zu tun. Zwar wurden auch in diesen genann-ten Bereichen gute Erfahrungen mit dem Einsatz von Computersimulationen bzw. virtuellen Labors oder Werkstätten gesammelt, doch kann die „Ernstsituation", die immer eine „face-to-face"-Situation ist, durch solche Virtualisierungen nicht ersetzt, sondern höchsten ergänzt oder „Probe"-erlebt werden. Ein Metallfach-arbeiter kann nur in der unmittelbaren Auseinandersetzung mit dem Werkstoff dessen Widerständigkeit spüren, und er braucht jemanden, den er beobachten und nachahmen kann, um von ihm einen unmittelbaren und sehr speziellen Rat bezüg-lich Werkzeugeinsatz, Körperbewegung usw. zu erhalten.
- Zum anderen ist die „face-to-face"-Beziehung mit einem Lehrenden, einem Men-tor oder Begleiter auch in allen Maßnahmen unverzichtbar, in denen es um *Per-sönlichkeitsentwicklung* und die Ausbildung *sozialer Kompetenzen* geht. Niemand kann Kommunikations- und Kooperationsfähigkeit durch ein Studienmaterial oder in einem Chatroom lernen. Ähnliches gilt für andere Schlüsselqualifikati-onen, wie z. B. Empathie (Verstehensfähigkeit), denen insbesondere bei der Aus-und Weiterbildung von Führungskräften eine häufig größere Bedeutung zukommt als der Aneignung von Fachwissen über Führungstechniken. Auch der gesamte Bereich der „Emotionalen Kompetenz" (vgl. Arnold 2005; Golemann 2002) ist zu erwähnen. Diese Kompetenz kann nur entwickeln, wer bereit und in der Lage ist, die eigenen Verhaltensmuster und bevorzugten Reaktionsweisen kritisch zu

betrachten und diese in – oft schmerzhaften – Prozessen der Auseinandersetzung mit kritischen Feedbacks eines Coaches oder anderer Mitglieder der Lerngruppe zu transformieren.

• Schließlich darf nicht übersehen werden, dass es in allen Lernbereichen auch so etwas wie eine „Motivation durch Persönlichkeit" gibt, auch in solchen, in denen Wissen selbstgesteuert und ohne notwendigen „face-to-face"-Kontakt angeeignet werden kann. Themen können lebendig werden, indem sie mit dem Feuer des persönlichen Engagements vertreten, erläutert und illustriert werden. Und oft ist es so, dass dabei gleichzeitig auch Bindungen zwischen Lehrperson und Lerner entstehen können, die die Persönlichkeitsentwicklung zu fördern vermögen. In der Pädagogik ist dieser Sachverhalt als „pädagogischer Bezug" bezeichnet worden. Unter der systemischen Sichtweise lässt sich dieser „pädagogische Bezug" in seiner traditionellen Bedeutung nicht mehr aufrecht erhalten, sondern kann als strukturelle bzw. didaktische Kopplung bezeichnet werden. Gleichwohl legitimiert diese „Motivation durch Persönlichkeit" nicht die Dominanz des frontalunterrichtlichen Präsenzlernens in unseren Lernkulturen, sie zeigt nur, dass auch andere Lernmodalitäten darauf achten müssen, nicht zu entpersönlichten Lernbürokratien eines „Content- and Clientmanagements" zu verkommen.

b) Distance-Learning

Wir sind es gewohnt, Fernstudium und Präsenzstudium als zwei studienorganisatorisch gegensätzliche Varianten zu verstehen, deren Unterschiedlichkeit in erster Linie durch das Moment der didaktischen Entgrenzung zwischen Lehren und Lernen gekennzeichnet ist. Gleichzeitig werden mit der Annäherung beider Varianten bildungspolitisch hohe Erwartungen verknüpft, wie folgendes Statement der Bund-Länder-Kommission zeigt: „Eine Weiterentwicklung des Fernstudiums zeigt zugleich Perspektiven für das Studieren in der Informationsgesellschaft auf" (BLK 1997, S. 5).

So werden in einer aus den 90er Jahren stammenden Veröffentlichung unter den Begriffen „Fernunterricht" bzw. „Fern- oder Selbststudium"

„[...] alle Formen des Lehrens und Lernens subsumiert [...], die überwiegend unabhängig von Zeit, Ort und personaler Vermittlung eine didaktisch-pädagogische Individualisierung des Lernens zulassen (und fordern) und zugleich wesentliche didaktische Funktionen des Lehr-Lern-Prozesses, wie z. B. Stoffgliederung, Lernkontrollen, Praxistransfer an Medien (Text, Bild, Ton) übergeben und dadurch für [eine] Anleitung des individuellen Lernprozesses sorgen" (Eckert 1994, S. 32).

Damit wird die räumlich und zeitliche Ungleichzeitigkeit des Lehrens und Lernens im Fernstudium zur Perspektive einer didaktischen Orientierung erhoben und mit weitreichenden Erwartungen an die Individualisierbarkeit von Lernprozessen versehen, wobei nicht selten der Gleichzeitigkeit und unmittelbaren Interaktivität von Lehren und Lernen, wie sie im Präsenzstudium immerhin als Möglichkeit, wenn auch nicht immer als Realität gegeben ist, eine Art impliziter Maßstabsfunktion zugewiesen: Wir sehen das Fernstudium „mit den Augen" des Präsenzlernens und sind deshalb geneigt, seine notwendige Andersartigkeit als eine defizitäre Form von Lehren und Lernen zu konzeptualisieren, d. h. als eine Form, die durch die „Beigabe" von sozialen und tutoriellen Komponenten möglichst dem Präsenzstudium so ähnlich wie irgend möglich werden soll. Insbesondere die „Ferne" bzw. die didaktische Entfernung, Entgrenzung und Ungleichzeitigkeit von Lehren und Lernen wird dabei als Problem empfunden und nahezu alles getan, um die „Ferne" im Fernstudium möglichst weitgehend zum Verschwinden zu bringen.

Distance-Learning hat bereits – auch international – eine *lange Tradition*. Und diese Tradition ist stets durch das Bemühen gekennzeichnet gewesen, „the tyranny of distance" (Northcott 1984) zu überwinden. Distanz wurde als ein Defizit betrachtet, welches man überwinden zu müssen glaubte. Das Hauptanliegen war die Klärung der Frage: „Was muss getan werden, damit beim Fernstudium aus der Distanz wieder Nähe wird? Oder konkreter: Welche Kunstgriffe können dieses bewirken?" (Peters 1997, S. 36) Die Geschichte des Fernstudiums ist eine Geschichte dieser Kunstgriffe. Bis in die Gegenwart hinein lassen sich diese Bemühungen nachzeichnen, wobei man nach Otto Peters, dem langjährigen Rektor der Fernuniversität Hagen und ehemaligen Vorsitzenden des International Councils for Distance Education, fünf Modelle unterscheiden kann:

- Das *Korrespondenzmodell:* Vorläufer sind Formen des brieflichen Unterrichts (Correspondence-Courses) und noch heute spricht man von „Studienbriefen"(!), deren Vorläufer bisweilen bis zu den Briefen des Apostel Paulus zurückverfolgt werden. Leitmotiv der später entstandenen Corrrespondence-Courses bzw. der Correspondence-University oder „Briefschulen" war die persönliche Ansprache des Lernenden, wodurch die räumliche Distanz und Isolierung überwunden werden sollten. Besonders im 19. Jahrhundert konnte dieses Modell – nach der Einrichtung eines verlässlichen Postwesens – große Erfolge feiern. Otto Peters nimmt die bis zum heutigen Tage fortdauernde „Briefkultur" der Fernstudienangebote kritisch in den Blick und fragt:

„[...] ob die vorgetäuschte Nähe und freundliche Vertrautheit der an Hochschulen so ganz anderen Atmosphäre angemessen sind. Inwiefern ist etwa einem im Beruf erprobten und im Studium versierten Teilnehmer geholfen, wenn bei der Darbietung der Inhalte ein persönlicher Ton angeschlagen wird und wenn er in absichtlich informell gehaltenen Lehrtexten immer wieder angeredet wird? [...] Und wie unvorteilhaft ist es, wenn solche Formen der Ansprache durch schematische Anwendung und häufige Wiederholung beginnen, penetrant zu werden?" (ebd., S. 37f).

- Das *Gesprächsmodell:* Dieses Modell war darum bemüht, die Lernerperspektive dadurch zu integrieren, dass die Studienbriefe in der Form eines belehrenden Dialogs mit einem imaginierten Lernenden gestaltet wurden. Diese „Guided didactic conversation" (Holmberg 1985, S. 26) war von dem Anspruch beseelt, eine Art freundliche Gesprächsatmosphäre zu schaffen, indem eine Sprache verwendet wird, die eine „clear, somewhat colloquial language" (ebd.) sei. Holmberg, der dieses Modell international bekannt gemacht hat, kommt in seinen Untersuchungen zu folgendem Ergebnis:

„Empathy and personal approaches are thus considered guidelines for presentation of learning matter in distance education" (Holmberg 1989, S. 51).

- Ein weiteres Modell des Fernunterrichts ist nach Peters das Lehrermodell (Peters 1997, S. 41 ff): Dieses Modell ist durch die Bemühungen gekennzeichnet, möglichst viele der üblichen Lehrerfunktionen[30] in das Studienmaterial oder in die Bereitstellung von – zusätzlichen – Videokassetten, CDs oder virtuelle Lernplattformen zu übertragen. Dabei kommt der Lernerfreundlichkeit des Layouts sowie der Orientierung an antizipierten Lebens- und Anwendungskontexten (z. B. „Fallorientierung", „Situationsbezug", „Selbsttestaufgaben") eine wichtige Bedeutung

---

[30] Hierbei liefert Otto Peters eine unsere vorstehenden Überlegungen zur Präsenzlehre und zur face-to-face-Kommunikation ergänzende und klärende Auflistung, indem er folgende Funktionsbeschreibung für Lehrende auffächert: „Die Lehrenden
- erregen und lenken die *Aufmerksamkeit* der Lernenden,
- wecken und verstärken das *Interesse,*
- *motivieren* die Lernenden,
- nennen und begründen *Lernziele,*
- heben *Vorkenntnisse,* die zu dem Lerngegenstand in Beziehung stehen, ins Bewusstsein,
- bieten den *Lehrinhalt* portioniert und in einer Reihenfolge dar, die die Aufnahme und das Verständnis erleichtern,
- stellen schwierige Sachverhalte überdeutlich und wiederholt dar,
- erteilen Ratschläge, wie man die dargebotenen Inhalte am besten lernt,
- vergewissern sich durch *Rückmeldungen* über den Erfolg des Lehrens und Lernens,
- *üben* mit dem Lernenden und
- helfen ihnen dabei, das Gelernte *anzuwenden"* (Peters 1997, S. 42).

zu. Diese Bemühungen haben einen wichtigen Durchbruch auf dem Weg zur Begründung einer eigenen Fernstudiendidaktik mit sich gebracht. Man rückte von dem bloßen – und bisweilen hilflosen – Bemühen um die Nähe des Teilnehmers ab und begann, systematisch nach den Aspekten zu forschen, die die Selbstinstruktionswirkung des Materials für die Lernenden hilfreich erhöhen.

- Das *Tutorenmodell* versucht, die Materialien so zu gestalten, dass sie einem Beratungsgespräch, einem „tutorial in print" (Rowntree 1992, S. 82) ähneln. Dieses Modell entstammt der englischen Tutorentradition, nach welcher sogenannte „Fellows" – also nicht die Lehrenden selbst – neue Studierende begleiteten und berieten. Peters verweist auf die wortgeschichtliche Bedeutung von „Tutor" (lat. „Beschützer") und beschreibt, dass dieses Modell beim Lernenden

„[...] im Grunde die selbständige Erarbeitung der Pensen voraus[setzt]. Das *tutorial print* übernimmt dann lediglich die Beratung, wenn dabei Schwierigkeiten zu erwarten sind. [...] Bei einem solchen Vorgehen wird naturgemäß die monologische und expositorische Lehre völlig aufgegeben. Der Lehrtext soll hier nicht Inhalte präsentieren, sondern die Vorstellung eines Gesprächs mit einem imaginierten Tutor erwecken. Fragen werden gestellt, Ratschläge erteilt, Ansichten zum Ausdruck gebracht und Zusammenhänge erläutert" (Peters 1997, S. 45).

- Das *technologische Erweiterungsmodell* bezeichnet alle Ansätze, die normalen Lehrveranstaltungen einer Präsenzhochschule technologisch zu konservieren (Tonkassetten, aber auch CD etc.) und den externen – d. h. nicht präsenten – Studierenden zukommen zu lassen. Otto Peters verweist in diesem Zusammenhang auf das „Tonbandkassettenfernstudium" der Waterloo Universität in Ontario, die ca. 90 000 Tonkassetten pro Jahr produziert und vertreibt (ebd., S. 46). Dieses Modell verzichtet bewusst auf eine fernstudiendidaktische Aufbereitung für Lernende, die nicht dem „üblichen" Studentenmilieu entstammen – eine Selbstbeschränkung die erwachsenendidaktisch nicht unproblematisch, von den finanziellen Kosten-Nutzen-Erwägungen vielleicht aber vertretbar ist.

Fragt man nach den Vor- und Nachteilen von Distance-Learning im Vergleich mit den Präsenzformen von Lehre, so kann man mit Blick auf die Universitäten feststellen: Die raum-zeitliche Zusammenkunft von Lehrenden und Lernenden zu Zwecken der „Vorlesung" hat sich bis zum heutigen Tage erhalten, begründet mit der Zähigkeit kultureller Muster, obgleich Wissenspräsentation längst anders und didaktisch sinnvoller und insbesondere lernförderlicher gestaltet werden kann und der Aspekt der *Vor*lesung längst zum hochschuldidaktischen Ritual verkommen ist, nicht hingegen der Gedanke, der Disputation, der aber angesichts der Massen, die heute unsere Präsenzuniversitäten bevölkern, immer mehr verblasst. Vor diesem Hintergrund kann das, was sich uns im Fernstudium als „Ferne" und somit als ein – im Vergleich zur Präsenzlehre – angeblich defizitärer Modus des Lehrens und Lernens präsentiert, auch ganz anders interpretiert werden, nämlich als die historisch längst überfällige Chance zur generellen Überwindung des raum-zeitlich gleichgeschalteten Lehrens und Lernens an den Hochschulen und Universitäten, aber nicht nur dort. So betrachtet würde nicht das „Verschwinden der Ferne", sondern das „Verschwinden der (überflüssigen) Nähe oder besser: Präsenz" (i. S. von Zeit und Ortsgleichheit von Lehren und Lernen) den didaktischen Fortschritt auf dem Weg zu einer neuzeitlichen Lernkultur markieren. Und von diesem Gedanken ist es dann nur noch ein äußerst kleiner Schritt zu der These, dass das Fernstudium die Zukunft des Präsenzstudiums sei, eine These, die man in der einschlägigen Literatur verschiedentlich angedeutet findet (Peters 1996, S. 19) und die auch die BLK in der bereits zitierten Feststellung aufgreift: „Eine Weiterentwicklung des Fernstudiums zeigt zugleich Perspektiven für das Studieren in der Informationsgesellschaft auf" (BLK 1997, S. 5).

Geht man von einer Definition der studienorganisatorisch-didaktischen Nähe-Ferne-Differenz aus, die als entscheidendes Kriterium das der Interaktionschancen zugrundelegt (gemeint: Interaktion zwischen Lehrenden und Lernenden) so ergibt eine detaillierte Prüfung, dass sowohl das Präsenz- als auch das Fernstudium überwiegend durch interaktionseinengende bzw. kanalisierende Strukturen und mithin durch „Ferne" geprägt sind. Sowohl im Fern- als auch im Präsenzstudium erfolgt insbesondere die Planung eines Studienangebotes i.d.R. ohne eine Interaktion und Abstimmung mit den Lernern, ganz anders als es z.B. offene bzw. teilnehmer- oder lebensweltorientierte Ansätze der Erwachsenenbildung vorsehen. Die Entwicklung der Konzeption sowie die Auswahl und didaktische Aufbereitung der Inhalte erfolgt vielmehr durch den Lehrer oder Autor bzw. – im Falle des Fernstudiums – durch den Planer im Kontext einer industriemäßigen Produktion eines Lehrangebotes. Beide „konstruieren" das Layout ihres Angebotes sowie seine Implementierung ohne eine systematische Einbeziehung der Nutzer, sieht man einmal von der Tatsache ab, dass Erfahrungen mit vorherigen Angeboten sowie eine Antizipation der Nutzerinteressen im einen, wie im anderen Fall natürlich in diese Konstruktion einfließen. Gleichwohl bleibt die Aussage, dass beiden Studienformen eine distante Planung gemeinsam ist, gültig. Weder das Präsenz- noch das Fernstudium werden im unmittelbaren Austausch mit der Zielgruppe konstruiert und implementiert.

Die eigentliche „Ferne" des Fernstudiums ergibt sich erst bei der Durchführung des Angebotes. Hier ist der Fernstudent eindeutig in einer anderen Situation als der Präsenzstudent, ohne dass damit gesagt werden soll, dass diese Situation „schlechter" oder sonst irgendwie negativ im Hinblick auf ihre Lernrelevanz bewertet werden soll. Eher im Gegenteil. Fernstudierende sind in stärkerem Maße auf sich selbst verwiesen, da das Lernen im Fernstudium nicht vom Lehren her, sondern stärker auch von der Aneignung des Einzelnen her gestaltet ist, wie die oben geschilderten Modelle zeigen.

Für eine erfolgreiche Aneignung des Lerngegenstandes müssen die Fernstudierenden allerdings Erschließungskompetenzen und Lernstrategien entwickeln, bei denen es sich – nebenbei bemerkt – um Subjektqualitäten handelt, die in neuerer Zeit auf den Arbeitsmärkten immer stärker gewichtet werden, während der Präsenzstudent zunächst Schwierigkeiten und vielleicht auch nicht immer ausreichende Gelegenheiten hat, solche übergreifenden Kompetenzen bzw. „Schlüsselqualifikationen" entwickeln zu können. Gleichwohl hat der Präsenzstudent die Möglichkeit zum Dialog und zur direkten Kontaktaufnahme mit dem Dozenten. Diese Chance zur Lernzielpartizipation und zur Mitsteuerung der Lernprozesse wird allgemein als unabdingbares Element von Angeboten angesehen, die nicht nur die Wissensvermittlung, sondern auch die wissenschaftliche Bildung zum Ziel haben.

Doch vollziehen sich Bildung und Kompetenzentwicklung wirklich nur im Kontext raum-zeitlich unmittelbarer Interaktion? Vollzieht sie sich nicht auch und vielleicht viel nachdrücklicher bei einer solchen Studienorganisation, die den Lerner zunächst in den Besitz von Methoden (Erschließungs-, Präsentations-, Dokumentations- und Lernmethoden) bringt bzw. bringen muss und dabei das leistet, was die Bildungstheorie „formale Bildung" nennt? Und sind solche, die geistige Selbstdisziplinierung des Lerners fordernde Lernstudienangebote damit nicht letztlich vielleicht doch wiederum „näher", d. h. näher am Lernsubjekt und der Entwicklung seiner Problemlösungskompetenzen, wenn man als „nah" nicht nur die raum-zeitliche Nähe, sondern auch die Unmittelbarkeit der Bildungswirkung versteht? So betrachtet müssen wir unsere Erste-Blick-Analyse der Nähe-und-Fernebezüge von Fern- und Präsenzstudium auf den zweiten Blick ändern, zumal wir doch bereits erkannt haben, dass die Möglichkeit zur unmittelbaren Interaktion im Studium kein Selbstzweck ist und häufig auch das Präsenzstudium überhaupt nicht die Interaktionschancen „hält", die es verspricht. Die Permanenz der Interaktionschance hatte zweifelsohne dereinst ihre historische Funktionalität (im Zeitalter der Knappheit von Speichermöglichkeiten). Wir können aber nicht aus nostalgischen Motiven heraus an den verbreiteten Formen raum-zeitlich-integrierten Lehrens und Lernens festhalten, sondern allenfalls aus Gründen ihrer neu erwiesenen Funktionalität. Ein solcher Nachweis steht allerdings noch aus.

Im folgenden soll die Überlegung, dass einige der auf den ersten Blick als „Fernelemente" diagnostizierten didaktischen Aspekte bei einer genaueren Betrachtung eine größere Nähe zwischen Lehrer und Lerner ermöglichen als so manches Präsenzstudium, noch auf zwei anderen Ebenen näher ausgeleuchtet werden:

- Da ist zum einen die Ebene der Transparenz der inhaltlichen Aussage. Zwar wird die inhaltliche Aussage von Fernstudienangeboten nicht im Dialog bzw. im Lehr-/Lern-Gespräch hergeleitet, doch ist sie in Fernstudienmaterialien i. d. R. deutlicher strukturiert als in den Vorlesungen und Seminaren, die der Logik und den Beschränkungen der mündlichen Rede folgen. Außerdem beinhalten Fernstudienmaterialien oft speziell entwickelte Transfer-, Übungs- und Reflexionsaufgaben, die den Lerner in einer Art virtuellen Interaktivität „ansprechen" und ebenfalls „zur Stellungnahme auffordern". So betrachtet ermöglichen die Transparenz und die virtuelle Interaktivität von Studienmaterialien oft ein näheres Heranführen an den Lerngegenstand sowie ein tieferes Eindringen in denselben, es kann unmittelbarer auf die individuellen Fragen und Lernschwierigkeiten, die z. B. in den Einsendeaufgaben zutage treten, reagiert werden, während aufgrund der Gleichzeitigkeit der Lereransprache im Präsenzstudium das Eingehen auf den individuellen Fall den Vermittlungsprozess für die übrigen Lerner stagnieren lässt. Demnach ergibt sich das Bild, dass ein Fernstudium durchaus „näher" sein kann als ein Präsenzstudium, d. h. näher an der Inhaltlichkeit des Lernprozesses und näher an dem individuellen Verständnis und den Verarbeitungsproblemen der Lerner.

• Eine weitere Ebene, auf der sich die didaktisch augenscheinlich größere Nähe des Fernstudiums erweist, ist die Ebene der Lernermotivationen, wobei diesbezüglich der Fernstudiums-Mode sowohl inhaltlich als auch zeitlich als „näher" eingestuft werden kann. In vielen Fernstudiengängen haben die Studierenden weitreichende Auswahlmöglichkeiten aus einem Gesamtcurriculum, im Idealfall können sie sich – im Rahmen allgemeiner bzw. formaler Vorgaben – ihr individuelles inhaltliches Lernprogramm so zusammenstellen, wie es ihren inhaltlichen Interessen und ihrer – oft berufsbedingten – spezifischen Motivation entspricht. Doch auch „innerhalb" eines Studienangebotes sind sie nicht – wie im Präsenzstudium – zur synchronen Aufmerksamkeit verpflichtet und müssen nicht alles „zur Kenntnis nehmen", wenn sie sich nur für Teile des Angebotes und für besondere Aspekte einer Thematik interessieren. Diese Form der asynchronen Nutzung eines textlich-linear (im Unterschied zu zeitlich-linear) ausgebreiteten Angebotes bedingt letztlich auch eine strukturell größere Nähe von Fernstudienangeboten zu den Bedürfnissen und Verwendungsbedarfen der Nutzer[31]. Insgesamt ergibt sich der Eindruck,

---

[31] Was das Lernen und die Lernermotivation im Fernstudium selbst anbelangt, so wurde in einer Kaiserslauterer Untersuchung von den Studierenden aller Fachrichtungen genau dieser Aspekt der Asynchronitizät als motivbestimmender Aspekt besonders hervorgehoben: Die „freie Zeiteinteilung" und die „weitgehende Ortsunabhängigkeit" des Lernens wird in besonderem Maße betont (93,1 % bzw. 85,3 %). Bezüglich der Rahmenbedingungen der Studienorganisation variieren die „Empfindlichkeiten" fachrichtungsspezifisch, wobei sich deutliche Unterschiede zwischen technisch-naturwissenschaftlich sozialisierten und nicht-technisch-naturwissenschaftlich sozialisierten Studierenden feststellen lassen: Letztere, Fernstudenten des „Fernstudiums Erwachsenenbildung" und des „Fernstudiums Total Quality Management", schätzen einerseits die fernstudiendidaktischen Besonderheiten (Arbeit mit didaktisierten Materialien, Unterstützung durch Präsenzphasen) deutlich höher ein als die Studierenden mit technisch-naturwissenschaftlichem Hintergrund, sind andererseits aber auch gleichzeitig weniger „empfindlich" gegenüber den mit dem Fernstudium verbundenen Terminvorgaben, Leistungsanforderungen und Lernziele; sie sind auch weniger an einer größeren Teilnehmerpartizipation (z. B. bezüglich der Entscheidung über Leistungserbringung) interessiert. Insgesamt erweisen sich die technisch-naturwissenschaftlichen Fernstudierenden – so der von uns gewonnene Eindruck – als stärker untypische, aber „anpassungswilligere" Fernstudenten (vgl. Arnold/Lehmann 1997).

dass im Fernstudium zwar der Lerntyp des Selbstlerners stark verbreitet ist, das didaktische Arrangement aber gleichfalls von anderen Lerntypen, darunter auch eher konventionellere Typen (wie z. B. der Lehr-Lerner), „genutzt" wird. Diese multiple Nutzung wird dadurch möglich, dass das Fernstudium eine fremdorganisierte Form des selbstgesteuerten Lernen darstellt. Diesen Aspekt betont P. Jarvis: „[...] it is only with distance education that learners are apparently free from the immediate presence of teachers. [...], and necessarily, distance education institutions are very centralized in many ways so there is no genuine learner autonomy in this form of education either" (Jarvis 1995, S. 139). Die Fernstudiendidaktik muss also unterschiedliche Lernerwartungen und Lernstile gleichermaßen „im Blick" haben. Die in vielfacher Hinsicht erwachsenenpädagogisch sinnvolle und zu begrüßende Weiterentwicklung des Fernstudiums zu einem „Indpendent Study Mode", und damit zum Vorbild für ein stärker selbstorganisiertes Lernen im Präsenzstudium, muss deshalb auch darauf achten, dass das Fernstudium von Lerntypen nachgefragt wird, die mit weniger fernstudientypischen Lernstrategien arbeiten, deren Erwartungen aber gleichermaßen befriedigt werden müssen.

Es wurde bereits darauf hingewiesen, dass wir alle dazu neigen, das Fernstudium an der Messlatte des Präsenzstudiums zu messen und vor diesem Hintergrund als einen defizitären Modus des Studierens zu konzeptualisieren. Dies gilt auch für die vermutete Nachhaltigkeit von Lernprozessen. Hier unterstellen wir noch zu bereitwillig, wohl weil wir selbst im Kontext von Präsenz- und Behaltensschulungen „groß" geworden sind, dass die bloße oder doch überwiegend verbale Präsentation von Zusammenhängen auch bereits zu ihrer nachhaltigen Aneignung führe, eine Hypothese, die Klaus Holzkamp den „Lehr-Lern-Kurzschluss" nennt. In einem Interview, welches wir 1996 – kurz vor seinem Tode – mit ihm führen konnten, wies Holzkamp darauf hin, dass ein solches durch Lehren erzwungenes Lernen „[...] über die Köpfe der Betroffenen hinweg vor allem Widerstand, Verweigerung, Ausweichen [erzeugt], wobei – sofern es überhaupt zum Lernen kommt – dieses ,defensive Lernen' nicht auf das Eindringen in den Lerngegenstand etc. gerichtet ist, sondern lediglich darauf, die Lehrenden zur Abwendung von Sanktionen ,zufrieden zu stellen'" (Holzkamp 1996, S. 24). Holzkamp verweist auch auf die skandalös geringe Nachhaltigkeit des „Lehrlernens" und stellt diesem das Modell eines „expansiven Lernens" (ebd.) gegenüber, das stärker an den Fragestellungen und Bedürfnissen der Lerner, an ihren „Lernprojekten", wie Holzkamp sagt, anknüpft.

Zwar folgt auch das Fernstudium in vielfacher Hinsicht dem Muster des Lehr-Lernens, doch „schont" es, um eine Formulierung von Bernd Weidenmann aufzugreifen, deutlich „den Arbeitsspeicher" der Studierenden und gibt ihnen so – anders als beim Präsenzstudium – Raum, sich in eigenem Tempo und mit eigenen Vertiefungs- und Verweilpausen den Lehrstoff anzueignen. Weidenmann schreibt:

„Gesprochene und gehörte Sprache ist flüchtig. Anders eine Buchseite oder eine Abbildung; ich kann sie betrachten so lange und so oft ich möchte. Als Zuhörer bin ich also permanent auf mein Kurzzeitgedächtnis angewiesen, um das Neue mit dem Vorhergegangenen und Gegenwärtigen in Verbindung zu halten. Da ich mir nicht alles zugleich merken kann, muss ich fortlaufend entscheiden, was unwichtig und was wichtig sein könnte. Vielleicht bleibe ich einige Momente an der Entschlüsselung einer Aussage hängen oder mache mir meine eigenen Gedanken dazu. Dann bin ich eine Zeitlang für den Vortrag blockiert, weil die Kapazität meines Arbeitsspeichers nicht mehr ausreicht, gleichzeitig Neues aufzunehmen. Möglicherweise habe ich dann den Anschluss verloren. Ich wende also wieder Kapazität auf, um zu erschließen, was während meiner ‚Auszeit' gesagt wurde. Folge: Ich bin wieder eine Zeitlang nicht richtig dabei. Wohlgemerkt, all dies ist kein pädagogischer Unfall, sondern die normale Folge der Begrenztheit des menschlichen Arbeitsspeichers" (Weidenmann 1995, S. 56 f).

Diese detailliert-kleinschrittige Beschreibung des synchronen Charakters eines Präsenz-Lehrlernens veranschaulicht deutlich dessen strukturelle Beschränkungen sowie die nachhaltigkeitsbeeinträchtigenden Besonderheiten. Diese sind in erster Linie darauf zurückzuführen, dass Menschen im Lernprozess offensichtlich kaum eine kontinuierliche Aufmerksamkeitsspannung durchhalten können, sie lernen vielmehr diskontinuierlich, weshalb eine Studienmodalität, die diskontinuierliche Aneignung ermöglicht, zumindest vom Ansatz her, ein nachhaltigeres Lernen zu gewährleisten vermag. Diese Einschätzung erscheint auch deshalb gerechtfertigt, weil wir schon seit langem wissen, dass Nachhaltigkeit von Lernen (im Sinne von Behalten) mit dem Grad der Aktivität des Lerners deutlich ansteigt.

Nimmt man die bislang skizzierten qualitativen und didaktischen Vorzüge eines durch Studienmaterial unterstützten Lernens in den Blick sowie auch seine Erwachsenengemäßheit, so wird die These von der Modellwirkung des Fernstudiums für das Präsenzstudium unmittelbar deutlich. Insbesondere gilt dies für die Vermutung, dass das selbstgesteuerte Lernen im Fernstudium durchaus Wirkungen in Richtung auf die Entfaltung umfassender Kompetenzen zu haben scheint. Gleichwohl scheint umgekehrt der Geist des Expositorischen und des Monokontexturalen dem Fernstudium möglicherweise sogar noch stärker inhärent zu sein als dem Präsenzstudium, werden doch hier Informationen, Fakten und Ideen in einer zum Skriptum geronnenen Form dokumentiert, die gerade nicht den Charakter der Multiperspektivität und Flüchtigkeit haben, durch die unser Wissen zunehmend gekennzeichnet ist.

Wählt man die Dual-Mode-Strategie[32] der Verschränkung von Fern- und Präsenzstudium statt der Versäulungung von Parallelstrukturen, so kann man davon ausgehen, dass eine solche Mischung nicht nur zu einer höheren Kompetenzwirkung („selbstorganisiertes Lernen"), sondern auch zu einer gesteigerten Multikontexturalität wissenschaftlichen Lernens führen kann. So betrachtet, d. h. im „Dual-Mode" könnte sich das Fernstudium in der Tat als Modell des wissenschaftlichen Lernens in der Wissensgesellschaft darstellen.

c) E-Learning

Im Bereich des computer- und netzbasierten Lernens herrscht eine babylonische Sprachverwirrung vor. Die Rede ist von „Computer-based Training" (CBT), Coputer-assisted Learning" (CAL), „Web-based-Learning" (WBL) oder von „Online-Learning" bzw. „virtuellem Lernen", um nur einige der vielfältigen Bezeichnungen zu zitieren. Als umfassende Kategorie hat sich in den letzten Jahren „E-Learning" mehr und mehr eingebürgert. Dieser Begriff umfasst alles, „was gegenwärtig, aber auch früher, auf dem Markt zum personalen oder organisationalen, lokalen oder verteilten, synchronen oder asynchronen, individuellen oder kollaborativen, rezeptiven oder interaktiven [Lernen] […] angeboten wird, wobei diese verschiedenen Polarisierungen mehr oder weniger kombinier- bzw. integrierbar sind" (Bloh/Lehmann 2002, S. 18).

Der zentrale Vorzug des E-Learning liegt in seiner Orts- und Zeitunabhängigkeit, wodurch Nutzer diese Lernmöglichkeiten recht flexibel und individualisiert in Anspruch nehmen können. Diesen Vorteil hat E-Learning mit dem Distance Learning gemeinsam, weshalb man auch die These vertreten kann, dass E-Learning die Fortsetzung des Fernstudiums sei. Auch Fernstudenten lernen asynchron und entsprechend ihrer jeweiligen Zeitfenster, und sie benötigen für dieses Lernen eine Selbstlernkompetenz, die sie zur individuellen Auseinandersetzung mit den Lerninhalten und der weitgehend selbstgesteuerten Vorbereitung auf Prüfungen sowie für Projekte einsetzen.

Im Laufe der Zeit haben sich verschiedene Szenarien des Einsatzes von Neuen Medien innerhalb von Bildungsangeboten herausgebildet, welche sich nach dem Grad der Virtualisierung differenzieren lassen. Im folgenden sollen zwei Modelle vorgestellt werden:

---

[32] Als „Dual Mode" bezeichnet man in der internationalen Fernstudiendebatte solche Angebote, die sowohl im Präsenz- als auch im Distance-Learning-Mode „vorgehalten" werden und es zum Teil den Studierenden selbst überlassen bleibt, in welcher Modalität sie studieren oder zwischen den verschiedenen Modes wechseln wollen. Zu erwähnen ist die Penstate University in den USA, die ihre Programme „dual" anbietet.

- Nach Bremer (2002) lassen sich drei Szenarien des Medieneinsatzes bezüglich der Veranstaltungsform unterscheiden. Auf der ersten Ebene können Medien zur Unterstützung der (traditionellen) Präsenzlehre eingesetzt werden (Anreicherungskonzept), in dem Multimedia-Anwendungen in einer Lehrveranstaltung präsentiert oder zur Vor- und Nachbereitung angeboten werden. Neue Medien werden bei diesem Konzept als Distributions- oder Visualisierungsmedien genutzt, sowie als Selbstlernmodule zur Vor- und Nachbereitung. Auf der zweiten Ebene werden multimediale Komponenten zur Ergänzung der Präsenzlehre angeboten (Integratives Konzept). In diesem Fall wird verstärkt auf die netzbasierten Kommunikationsmöglichkeiten zurückgegriffen. Dies beinhaltet den Einsatz hybrider Lehrveranstaltungen, welche Präsenz- und Online-Phasen kombinieren. Auf der dritten Ebene substituieren multimediale Angebote die Präsenzlehre (Virtualisierungskonzept). Dabei werden traditionelle Lehrveranstaltungen vollständig durch reine E-Learning-Angebote abgelöst (z. B. durch Virtuelle Seminare), welche allerdings durch Präsenzphasen abgesichert werden sollten (meist zu Beginn und am Ende).

- Lehmann (2002) unterscheidet hingegen vier optionale Modi, die den Einsatz der neuen Bildungsmedien im Rahmen der Strategieentwicklung einer Hochschule oder anderen Institution der Erwachsenenbildung idealtypisch beschreiben: Der additive Modus entspricht einer digitalen Absichtserklärung, einer „ersten Annäherung an das Informationszeitalter" (Lehmann 2002, S. 232). In erster Linie wird damit eine Verwaltungsvereinfachung erreicht (z. B. in Form neuerer, einfacherer Distributionsmöglichkeiten) ebenso wie eine Erweiterung der Interaktionschancen (z. B. durch E-Mail-Sprechstunden). Es handelt sich also um ein ergänzendes Angebot. Der Mixed-Modus beschreibt ein Erweiterungsmodell der bisherigen Formen des Lehrens und Lernens, indem virtuelle Online- sowie traditionelle Präsenz-Formen kombiniert werden. Dabei geht es um die Teilnahme am technischen Lernkulturwandel, eine inhaltliche Arondierung sowie eine Qualitätsverbesserung (z. B. durch Tutorials) durch die Virtualisierung einzelner Lehrveranstaltungen oder Teilkomponenten bei gleichzeitiger Beibehaltung von Präsenzlehranteilen. Mit Hilfe des Teilvirtualisierungs-Modus sollen vor allem solche Nutzergruppen erreicht werden, welche aus verschiedenen Gründen keine traditionellen Bildungsinstitutionen besuchen können oder wollen. Dabei werden einzelne oder mehrere Studiengänge ausschließlich online angeboten. Dadurch lässt sich nicht nur der Raumbedarf verringern, auch können vorhandene dezentrale Strukturen im kooperativen Verbund besser ausgelastet werden. Der Vollvirtualisierungs-Modus kann – perspektivisch betrachtet – als Agentur zur Vernetzung der Mixed-Modus-Komponenten dienen. Dies umfasst nicht nur den Einsatz virtueller Lehrangebote, sondern auch die „Transformation der gesamten administrativen Funktionen" (Lehmann 2002, S. 231). Dadurch kann auch Ressourcen-Sharing (z. B. mit anderen Bildungsinstitutionen) erzielt werden. Bei dieser voll ausgebauten virtuellen Bildungseinrichtung werden sämtliche Funktionen im Netz abgebildet, der Campus löst sich sozusagen auf.

Der Vergleich der beiden Modelle verdeutlicht die Nutzungsmöglichkeiten multimedialer Lehr-/Lernangebote aus strategisch-didaktischer Perspektive (vgl. Arnold/Lermen 2002):

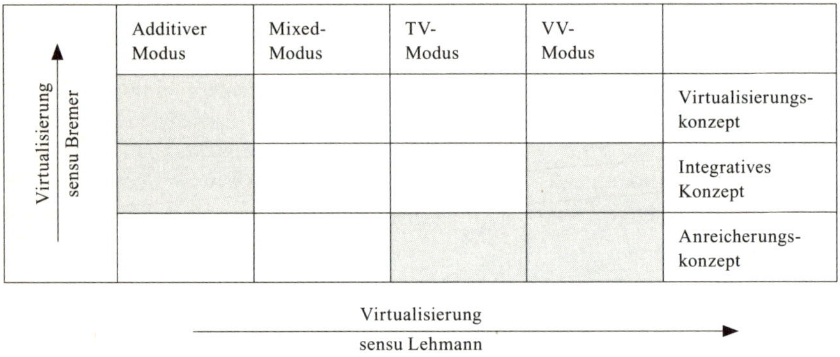

	Additiver Modus	Mixed-Modus	TV-Modus	VV-Modus	
Virtualisierung sensu Bremer					Virtualisierungs-konzept
					Integratives Konzept
					Anreicherungs-konzept

Virtualisierung

sensu Lehmann

Abb. 6: Strategisch-didaktische Optionen multimedialer Lehr-Angebote

Im Zuge der Erfahrungen der letzten Jahre mit dem Einsatz von Multimedia in der Lehre hat sich gezeigt, dass es sinnvoll und notwendig ist, verschiedene Lern- und Sozialformen sowie verschiedene Medien zu einem auf die entsprechende Zielgruppe abgestimmten Medienportfolio zu kombinieren, um die Vorteile der netzbasierten und traditionellen Lernformen zu nutzen und Synergieeffekte zu schaffen. Dabei sind folgende Punkte von strategischer Relevanz
- die Notwendigkeit von Lernberatung,
- die Notwendigkeit der Einbeziehung von Formen des sozialen Austauschs (vgl. Döring 1999),
- die schrittweise Erweiterung von Medienkompetenz als vierter Kulturtechnik (vgl. Baacke 1999) sowie die
- Veränderung der Lehrer-Rolle bzw. die Rolle derjenigen, die für die Inszenierung des Lehr-/Lern-Arrangements zuständig sind.

Neue Medien bieten aufgrund ihrer Möglichkeiten eine Vielzahl von potenziellen Chancen in der Anwendung des multimedialen und telekommunikativen Lernens. Allerdings konnte eine größere Effizienz dieser Anwendungen gegenüber traditionellen Angeboten in Untersuchungen nicht nachgewiesen werden. Vor allem in den USA sind eine Vielzahl von Vergleichsuntersuchungen zwischen Online-Lernen und Präsenzlernen durchgeführt worden, vorwiegend auf den universitären Sektor bezogen. Darin wurden zumeist keine signifikanten Effizienz-Unterschiede oder nur geringe Vorteile für das Online-Lernen festgestellt (*„No Significant Difference Phenomenon"*, Saba 2000). In diesem Zusammenhang relativiert auch Kerres (2001) die häufig vorgebrachten Argumente in der Diskussion um die Vorteile Neuer Medien. Demnach gibt es keine empirisch eindeutigen Belege dafür, dass der Einsatz Neuer Medien unmittelbar zu einer Steigerung der Lernmotivation, des Lernerfolgs oder der Effizienz von Bildungsangeboten führt (vgl. Kerres/Petschenka 2002).

Diese Ergebnisse bestätigen die These, dass das Potenzial der Neuen Medien doch stärker von der didaktischen Gestaltung der Lernumgebung abhängt als vielfach angenommen. Problematisch scheint beim Einsatz Neuer Medien vor allem zu sein, dass viel multimediale Angebote sich häufig an einer Nachbildung traditioneller Lehr- bzw. Lernformen orientieren. Sie bilden mit multimedialen Mitteln das Lernen aus Büchern oder den von Lehrenden determinierten Unterricht nach. Lernmedien für ein erwachsenengerechtes Lernen müssen jedoch in grundlegender Weise anders gestaltet sein. Ein wesentliches Potenzial der Neuen Medien liegt in der Option „für ein anderes Lernen" (Kerres/Petschenka 2002, S. 241); eine bloße mediale Abbildung traditioneller Lernprozesse ist nicht ausreichend.

Komparative Vorteile der einzelnen Distribuierungsformen

Für die Gestaltung und Nutzung sämtlicher Lehr-/Lern- und Distribuierungsformen gilt der sogenannte didaktische Implikationszusammenhang (Klafki 1985). Dies bedeutet, dass es keine Form gibt, die „per se" didaktisch sinnvoller ist und ein kompetenzbildendes und nachhaltiges Lernen grundsätzlich besser gewährleistet als dies andere Formen können. Es ist vielmehr auch bei der Nutzung von Formen des Distance-Learning oder E-Learning davon auszugehen, dass „die Entscheidungen über Ziele, Inhalte, Methoden und Medien entlang der Leitlinie der ‚allgemeinen Zielorientierung' zu treffen [sind]. Änderungen in einem der Momente bewirken Folgen in den anderen und sind nicht beliebig" (Jank/Meyer 1994, S. 197). Aus diesem Grunde wird auch zu Recht darauf verwiesen, dass

„[...] es keinen Grund zu der Annahme gibt, dass [im Online-Bereich] diese allgemeindidaktische Grundthese nicht gelten soll und das Design einer Online-Lernumgebung weniger komplex ist als das einer Lerneinheit im Präsenzmodus" (Bloh/Lehmann 2003, S. 56).

Bei der Frage nach den komparativen Vorteilen der drei untersuchten Lernorganisations- und Distribuierungsmodes lässt sich zunächst festhalten, dass die schon erwähnten fünf Prinzipien eines aktiven, selbstgesteuerten, konstruktiven, situativen und sozialen Prozesses (Reinmann-Rothmeier/Mandl 2001b), sowohl in traditionellen Setting der Präsenzlehre, als auch im Fernstudium oder in multimedialen Settings (E-Learning) realisiert (oder auch nicht realisiert) werden können. Sicherlich ist dabei Lernen als ein sozialer Prozess – so wie wir ihn aus der interaktiven Bildungsarbeit kennen – leichter in traditionellen Lernumgebungen zu erreichen als mit neuen Medien, doch ermöglicht auch E-Learning – wie schon erwähnt – einen relativ offenen sozialen Austausch in sehr spezifischen Formen sowie mit ganz eigenen Chancen und Schwierigkeiten (vgl. hierzu Döring 1999), was die Frage aufwirft, ob wir nicht auch grundsätzlich über die tatsächliche Bedeutung des sozialen Bezugs in Lehr-/Lern-Prozessen nachdenken müssen. Eben so wenig, wie Menschen schon allein dadurch nachhaltig lernen, dass sie sich mehr oder weniger selbstgesteuert durch eine Lernumgebung bewegen, so wird auch nicht allein schon deshalb gelernt, weil man in dem Seminarraum im Rahmen der traditionellen Lernkultur schweigsam-sitzend zusammenkommt. Dies wird aber unterstellt, wenn wir die neuen Lernmodes grundsätzlich einem stärkeren Begründungszwang unterwerfen als wir dies mit den uns vertrauten Formen des Präsenzlernens tun. Auch in diesem Zusammenhang gilt: Alles gehört „auf den Prüfstand" einer kriterienorientierten Evaluierung, was aber voraussetzt, dass man über ein Konzept erwachsenengemäßen, nachhaltig kompetenzentwickelnden Lernens verfügt.

Die spezifischen Vorzüge eines Einsatzes Neuer Medien sind nicht allein schon dadurch didaktisch erfolgreich realisiert, dass die Möglichkeiten einer multimedialen Anwendung angeboten und genutzt werden, ohne sich zu „versichern", dass die Lernenden tatsächlich nachhaltig und kompetenzbildend lernen. Zwei- oder dreidimensionale Grafiken, farbige Abbildungen, Audio- und Videosequenzen etc. können auch in traditionellen Lernsettings mit „alten" Medien didaktisch sinnvoll eingesetzt und zugänglich gemacht werden. Und auch eine Individualisierung der Lernwege, eine gezielte Erhöhung der sozialen Interaktivität sowie das „Einüben" und die Förderung von „Selbstlernkompetenzen" für das selbstgesteuerte lebenslange Lernen können in traditionellen Settings verwirklicht oder eben *nicht* verwirklicht werden.

Werden Neue Medien auf das Bestehende additiv aufgesetzt, so ist zu befürchten, dass der bestehenden Struktur (z. B. die Informationsinfrastruktur) nach wie vor die meiste Aufmerksamkeit gewidmet wird. Erforderlich ist demgegenüber ein nachhaltiger „Wandel der Lernkulturen" (vgl. Arnold/Schüßler 1998): Erst durch eine neue Lernkultur kann der Einsatz multimedialer Angebote zu einem sûr-plus führen. Dabei sollte vermieden werden, sich zu sehr von Traditionen bestimmen zu lassen. Die Tatsache, dass bestimmte Lehraufgaben mit bestimmten Veranstaltungsformen recht eng verknüpft sind (z. B. eine einführende Lehrveranstaltung als Vorlesung zu konzipieren) kann leicht dazu führen, dass bei der Beurteilung von Alternativen weniger untersucht wird, ob diese die Lehraufgabe optimieren, als vielmehr, ob sie das Gleiche leisten, wie die in diesem Zusammenhang traditionell übliche Lehrform, wobei das Neue zumeist einmal durch die Brille des Alten betrachtet wird. Übersehen wird hierbei, dass vielleicht die alte Form schon längst obsolet ist und nur aus Gründen der Zählebigkeit lernkultureller Muster noch andauert.

Aus diesem Grund muss eine komparative Betrachtung von Präsenzlehre, Distance-Learning und E-Learning neben den didaktischen auch die strategischen Gesichtspunkte in Rechnung stellen. Und gerade letztere verweisen auf die Relevanz einer stärkeren Nutzung der entgrenzten Formen Distance- und E-Learning. Auf der Basis einer erwachsenendidaktischen Gesamtkonzeption, die sich an Kriterien nachhaltiger Kompetenzentwicklung orientiert, müssen daher gezielt die Themenbereiche identifiziert werden, in denen Standard-Fortbildungs-Module neu didaktisiert und fernstudien- oder e-learningmäßig aufbereitet werden können. Die dabei zu treffenden Entscheidungen können von den in der folgenden Übersicht zusammengestellten Aspekten ausgehen:

	Präsenzlehre	Distance-Learning	E-Learning
Charakteristika	Menschen kommen zusammen, um zu lernen, und sie treffen sich dabei mit einem älteren, erfahreneren oder gar spezifisch professionalisierten Menschen, der ihnen als „Wissensträger" seine Kenntnisse und Kompetenzen tradiert.	... „[subsumiert] alle Formen des Lehrens und Lernens [...], die überwiegend unabhängig von Zeit, Ort und personaler Vermittlung eine didaktisch-pädagogische Individualisierung des Lernens zulassen [und fordern] und zugleich wesentliche didaktische Funktionen des Lehr-Lern-Prozesses, wie z.B. Stoffgliederung, Lernkontrollen, Praxistransfer an Medien (Text, Bild, Ton) übergeben und dadurch für [eine] Anleitung des individuellen Lernprozesses sorgen" (Eckert 1994, S. 32).	... „kann als Oberbegriff für alle Varianten internetbasierter Lehr- und Lernangebote" (Kerres 2001, S. 14) verstanden werden, d.h. als Lernen in virtuellen Informations- und Kommunikationsnetzen (aber auch unter Nutzung von CD-Roms, Videoconferencing etc.).

	Präsenzlehre	Distance-Learning	E-Learning
genuine Vorzüge	- vergleichsweise niedrige Anfangsinvestitionen bei neuen Angeboten - face-to-face-Kontakt und Möglichkeit der unmittelbaren sozialen Kooperation - Vermittlung psychomotorischer Fähigkeiten in situiertem Lernen („Imitatio", „Learning by watching and doing") - Persönlichkeitsentwicklung und Bindung („Persönlichkeit als Motivationsfaktor", „pädagogischer Bezug")	- prinzipielle Transfernähe durch „Verbleib" der Lernenden in Lebenswelt und Beruf (bei „Studium neben dem Beruf") - Situierbarkeit des Gelernten - Orts- und Zeitunabhängigkeit („Asynchronizität des Lernens") - potenziell unbegrenzte Teilnehmerzahl möglich („Industriemodell") - vergleichsweise hohe Selbststeuerung des Lernens („autodidaktisches Lernen")	- hohe Komfortabilität von Layout und handling („Komfortabilitätsvorsprung") - prinzipielle Transfernähe; Lernende „verbleiben" in Lebenswelt und Beruf (bei Studium neben Beruf) - Situierbarkeit und Individualisierbarkeit (durch hypertextual vielfältige Verzweigung) des Gelernten („face-to-face at the diatance") - potenziell unbegrenzte Teilnehmer („Industriemodell") - Orts- und Zeitunabhängigkeit („Asynchronizität des Lernens") - vergleichsweise hohe Selbststeuerung des Lernens („autodidaktisches Lernen") - weltweite Verbreitbarkeit - prinzipiell hohe Accessibility
genuine Nachteile	- Synchronizität („Lernen im Gleichschritt") in den „Leitplanken" eines lehrerzentrierten Planes („Oberkellnersyndrom") - die vielgerühmte Interaktion ist oft nur ein Dialog mit einem Lernenden bei gleichzeitigem Schweigen der Mehrheit („Lernkultur des schweigsam-sitzenden Zuhörens"), wobei dieser Effekt natürlich durch eine entsprechende didaktisch-methodische Inszenierung vermieden werden kann.	- höhere Anfangsinvestitionen (Studienmaterialentwicklung, Mentorensystem etc.) - ständige „Renovierungs"-Investitionen (zum A-jour-Halten der Studienbriefe) - funktionierendes Postwesen als „conditio sine qua non" - tendenziell auch „didaktische Einheitskost" („for all the same") durch standardisiertes Angebot	- Netzzugang muss gewährleistet sein - Ständige „Pflege" der Lernumgebung (auch zur Aktualisierung) sowie Gewährleistung eines tutoriellen Systems - vergleichsweise sehr hohe Anfangsinvestitionen - Probleme des Netz-Zugangs sowie der Verfügbarkeit leistungsstarker Rechner

Tabelle 4:   Komparative Betrachtung von Präsenzlehre, Distance Learning und E-Learning

Zusammenfassend kann festgehalten werden, dass die wesentlichen Vorteile des Einsatzes Neuer Medien ohne Zweifel in der zeit- und ortsunabhängigen Nutzungsmöglichkeit gegenüber den traditionellen (Präsenz-)Veranstaltungen liegen. Als spezifische Vorzüge sind besonders der Komfortabilitätsvorsprung, die bessere Standardisierbarkeit, die einfache Reproduzierbarkeit sowie das Aktivierungspotenzial zu nennen. Allerdings bedeutet der größere Komfort nicht unbedingt einen didaktischen Vorteil, sondern nur eine bequemere und schnellere Nutzungsmöglichkeit. Die bessere Standardisierbarkeit ermöglicht eine institutionsübergreifende Nutzung von Lerninhalten im Sinne von Kooperationen zwischen verschiedenen Bildungseinrichtungen. Die einfache Reproduzierbarkeit erleichtert insbesondere den Aufwand für die Aktualisierung und „Pflege" der Lerninhalte, allerdings nur in längerfristiger Perspektive. Und schließlich birgt das Aktivierungspotenzial die Chance, neue Nutzergruppen zu erreichen.

Ein besonderer Vorteil des Einsatzes multimedialer Lernangebote liegt u. a. in einer möglichen Trennung zwischen kognitiver Aneignung und praktischer Übung: Wenn die theoretischen Grundlagen per Online-Kurs vorbereitet werden, können sich die Lehrenden innerhalb der Präsenzphasen mehr auf eine anwendungsbezogene Ausbildung konzentrieren. Abschließend muss jedoch erwähnt werden, dass alle untersuchten Learning-Modes bei verschiedenen Lerntypen sehr unterschiedlich wirken können. Und auch der kulturelle Faktor wirkt sich disparat aus. Zwar liegen bislang erst vergleichsweise wenig Ergebnisse zu der Frage vor, wie „culturally patterned behaviour" (Labour et al. 2000, S. 6) das Online-Lernen prägen, doch können Online-Tutoren beobachten, dass folgende kulturspezifische Eigentümlichkeiten die Online-Kommunikation bestimmen:

„- Choice of words,
• formality of informality of writing,
• amount of selfdisclosure,
• amount of willingness to take risks by sharing ideas or comments" (ebd., S. 6 – 2).

Labour u. a. resümieren hierzu:

> „What is not always immediately accessible to the reader are the cultural meanings that the participant wishes to convey in the message via the choice of vocabulary, syntax or metaphor, etc." (ebd., S. 6 – 3)

Solche Überlegungen markieren einen Aspekt, der auch und gerade im Hinblick auf die Entgrenzung des Lernens für internationale Kooperationen von grundlegender Bedeutung ist. Der Umgang mit den neuen Lerntechnologien folgt nur auf dem ersten Blick universalen Standards, das Lernen selbst, d.h. das Entschlüsseln, Deuten, Aneignen und Anwenden im Lernprozess folgt jedoch subjektspezifischen (Stichwort „Lerntypen") und kulturspezifischen (Stichwort „kulturgebunden") Mustern. Die Vorzüge und Nachteile sämtlicher Lern- und Distribuierungsmodalitäten müssen deshalb noch vor dem Hintergrund des noch sehr bescheidenen Forschungsstandes zu den Unterschieden im Lernverhalten und in den Lernkulturen besonders analysiert werden.

6. Pädagogische Professionalität als Entwicklungsaufgabe für Lehrende

„Haben Sie jemals einen richtigen Lehrer gehabt?
Jemand, der Sie als etwas Rohes, aber Kostbares betrachtet,
ein Juwel, das, wenn man es richtig anfasste,
auf Hochglanz poliert werden konnte?
Wenn Sie das Glück haben,
einmal einen solchen Lehrer gefunden zu haben,
dann werden Sie auch immer wieder
den Weg zu ihm finden."

(Albom 1998, S.217f)

Versteht man unter Professionalität die Ausgeprägtheit der Kompetenzen, die für ein zielerreichendes Handeln in einem bestimmten Bereich unverzichtbar sind, so gilt es zunächst, die Strukturen und Funktionslogiken dieses Bereiches genauer zu bestimmen. Dies ist in den vorstehenden Kapiteln mit verschiedenen Annäherungen an die Wandlungstendenzen im Bereich des pädagogischen Handelns versucht worden. Dabei ist u.a. deutlich geworden, dass dieses Handeln ein in mehrfacher Hinsicht ungesichertes Handeln ist. Mit einem Wortspiel könnte man feststellen, dass das einzige Sichere die Ungesichertheit des pädagogischen Erfolges ist. Diese Ungesichertheit findet u.a. in den unvermeidbaren systemischen Nebenwirkungen ihren Ausdruck: Wer pädagogisch professionell handelt, muss sich deshalb von technologischen Vorstellungen der Machbarkeit und Beherrschbarkeit von Bildung und Kompetenzentwicklung lösen und nach den Eigenlogiken, der sich in solchen Prozessen Ausdruck verschaffenden subjektiven Potenziale fragen. Hierzu haben die neueren systemischen Theorien, aber auch die neurobiologischen Einsichten über die Wirkungsweisen unserer kognitiven und emotionalen Verarbeitungsweisen und Handlungsbegründungen grundlegende Präzisierungen geschaffen und die Einsicht gestärkt, dass pädagogische Professionalität eine Fähigkeit umschreibt, mit prinzipiell unbeherrschbaren und vielleicht gar unsteuerbaren Systemiken in einer Weise umzugehen, dass diese in der Lage sind, sich produktiv weiter zu entwickeln.

Was müssen nun pädagogische Professionals können, um die Lernenden in ihren Lernprozessen zu unterstützen? Wie es sich schon angedeutet hat, ist eine Voraussetzung der Erwerb einer Haltung, die eine didaktische Kopplung ermöglicht, wobei deutlich geworden sein dürfte, dass eine solche Haltung genauso wenig wie die Lernprozesse der Lernenden durch Instruktion und Belehrungsszenarien angebahnt und entwickelt werden kann.

Pädagogische Professionalität bedarf vielmehr der Einsicht in die systemisch-konstruktivistischen Abläufe und Grundlagen, denn nur so erreicht man, dass zumindest der blinde Fleck bewusst wird, den man durch die Beobachtung auf der Grundlage einer gewählten Unterscheidung in Kauf nehmen muss, d.h. dass man eben nur das sieht, was man sieht. Auf dem Weg zur pädagogischen Professionalität ist demnach der erste Schritt die Bewusstmachung dieser Zusammenhänge und der zweite Schritt die Beachtung der kognitiven und affektiven Dimensionen der Wirkungszusammenhänge, in denen Lehrende und Lernende sich befinden. Dies führt unweigerlich zu einer Selbstreflexion, die die eigenen Bereitschaften zum Wandel und das Festhalten am Bestehenden in den „Blick" bzw. die Reflexion rückt. Ortfried Schäffter (1995) plädiert ähnlich, jedoch aus der Perspektive der Organisationsentwicklung heraus, für eine selbstreflexive pädagogische Fortbildung, die pädagogische Praxisfelder als Lernanlass aufgreift und damit auch das praktiziert, was in der Lernpraxis ebenfalls gemacht wird: reflexive Lernprozesse zu begleiten.

Für diese Fähigkeiten sind die das Lernen bestimmenden Systemiken im Innen und Außen zu verstehen. Das Außen steht dabei für anderes und mehr als eine bloß materiale Inhaltlichkeit, in welcher die gesellschaftlichen Anforderungen und Überlieferungen in einer mehr oder weniger zeitgemäßen Form ihren Niederschlag finden.

6.1 Pädagogische Professionalität in der Erwachsenenbildung

Mit pädagogischer Professionalität wird im Allgemeinen ein zielgerichtetes und planmäßiges, reflektiertes Handeln verbunden. So schreibt Bauer (1998, S. 346):

> „Pädagogisch professionell handelt eine Person, die gezielt ein berufliches Selbst aufbaut, das sich an berufstypischen Werten orientiert, die sich eines umfassenden pädagogischen Handlungsrepertoires zur Bewältigung von Arbeitsaufgaben sicher ist, die sich mit sich und anderes Angehörigen der Berufsgruppe Pädagogen in einer nicht-alltäglichen Berufssprache zu verständigen in der Lage ist, ihre Handlungen unter Bezug auf eine Berufswissenschaft begründen kann und persönlich die Verantwortung für Handlungsfolgen in ihrem Einflussbereich übernimmt."

Für die Erwachsenenbildung hat Roswitha Peters (2004) in ihrer Arbeit den Begriff der „Erwachsenenbildungs-Professionalität" nachgezeichnet und kommt zu dem Ergebnis, dass erwachsenenpädagogisches Handeln zunächst und im Kern didaktisches Handeln sei:

> „Erwachsenenbildungs-Professionalität erweist sich so als kompetentes didaktisches Handeln, das auf das Lernen und die Bildung von Personen und auf Bildung als gesellschaftlichen Wert bezogen ist, das die daran geknüpften individuellen und gesellschaftlichen Interessen personen- und sachgerecht in Beziehung zu setzen vermag und das die jeweiligen Lern- und Bildungsinhalte sowohl nach Maßgabe ihrer (wissenschaftlichen) Wahrheit und Richtigkeit als auch nach Maßgabe ihrer interessensspezifischen partikularen Relevanz und Nützlichkeit angemessen berücksichtigt." (ebd., S. 125 f.)

Beide Definitionen enthalten bestimmte Eckpunkte, an denen sie die pädagogische Professionalität festmachen, immer jedoch auch mit der Anerkennung der Möglichkeit, dass das Handeln nicht von den pädagogischen Professionals allein bestimmt wird, sondern jeweils von den Rahmenbedingungen und den Lernenden abhängt. Der Erfolg des professionellen Handelns ist damit nicht vorausplanbar, selbst wenn die Aspekte der Zielgerichtetheit und Planmäßigkeit, der Wissenschaftsorientiertheit, des begründeten und reflektierten Handelns, der Übernahme von Verantwortung, der Einhaltung eines Berufsethos sowie der Weiterentwicklung der eigenen Persönlichkeit beachtet werden. Gerade diese Unplanbarkeit des Planbaren macht eine Haltung nötig, die auch das Scheitern des pädagogischen Handelns mit in den Blick nimmt. Der Aufruf zum „Lob des Scheiterns" (Meueler 2001) gilt somit für alle.

Professionelles pädagogisches Handeln benötigt einerseits Wissen für die Planung, Organisation und Evaluation von Unterricht, dessen Inhalten und die Zielsetzung sowie für die als Grundlage nötige Bedarfs- und Bedürfnisanalyse und Öffentlichkeitsarbeit. Andererseits Können für die Durchführung der Arbeiten auf Organisationsebene und für die Lehre bzw. den Unterricht, d. h. für die Umsetzung von Methoden und für den Einsatz von Beratung, Diagnose und Evaluation. Für die Bandbreite von Aufgaben müssen vor allem die kommunikativen Fähigkeiten vorliegen. Hierbei wird erwartet, dass diese Fähigkeiten während der Ausbildung und im Laufe des Berufslebens durch die Praxis und durch Fortbildungen oder Supervision erworben und ausgebaut werden. Als ein drittes Element ist bei professionellem Handeln – und darin sind sich die neueren Ansätze alle einig – eine gewisse Reflexionsfähigkeit notwendig, und zwar antizipierend, um die Planung und die Durchführung vorweg auf mögliche Risiken und Schwierigkeiten hin zu durchdenken und a posteriori, um auf der Grundlage der Planung und Durchführung eine abschließende Bewertung des Lehr-/Lernprozesses vorzunehmen. Die hierbei gewonnenen Erkenntnisse gehen dann wiederum in künftige Planungen ein. Verbunden mit diesen Aspekten ist die Einsicht in die Bedeutung der Kenntnis der eigenen Stärken und Schwächen, die sich im Lehr-/Lernprozess förderlich oder hinderlich auswirken können. Damit ist die Beobachterposition angesprochen, die eine Lehrkraft einnimmt, wenn sie über ein Lehr-/Lerngeschehen reflektiert. Sie zieht sich zurück und die mit dem Rückzug verbundene Distanz schafft eine Weitsicht bzw. eine Vogelperspektive, was zur Bewältigung der anstehenden Situationen beitragen kann. Wittpoth (2004, o. S.) schreibt hierzu: „Zur professionellen wird ihre Tätigkeit aber erst, wenn die Akteure in der Lage sind, die Strukturbedingungen ihrer Arbeit zu ‚verstehen' und die alltäglichen Diskurse, in die sie leibhaftig eingebunden sind, gelegentlich zu beobachten."

Diese drei Dimensionen der Professionalität (vgl. Abbildung 7), bei der sich die Reflexionsfähigkeit als zentrale Dimension herausstellt, ermöglicht es, die aufkommenden Widersprüche im pädagogischen Handeln zu bearbeiten und „unter Bedingungen von Unsicherheit und Nichtwissen" (Reh 2004, S. 363) dem Handeln Kontinuität zu verleihen. Entscheidend ist demnach die Selbstreflexivität, also die Möglichkeit der Distanzeinnahme und Beobachtung des eigenen Handelns und der emotionalen Vorgänge, die bislang zu Unrecht vernachlässigt wurden. Folgerichtig ist deshalb von „emotionaler Selbstreflexivität" (Arnold 2003) zu sprechen, um auszudrücken, dass Reflexionsvorgänge immer sehr stark mit emotionalen Abläufen verknüpft sind.

„Eine solche emotionale Selbstreflexivität ist der Professionalitätskern aller helfenden Berufe, zu denen auch Lernhelfer […] zählen. Niemand kann wirklich hilfreich Lernprozesse arrangieren und begleitend unterstützen, der den Wissensvorsprung vor anderen, ihr Zuhören oder ihre Anpassung und Kontrolle aus unbewusster innerseelischer Motivation heraus selbst ‚braucht'" (ebd., S. 16).

Der dabei entstehende „professionelle Habitus" (Bastian u. a. 2000) bildet sich hierbei parallel zur Entwicklung der Persönlichkeit aus, so dass man auch von Lehrerpersönlichkeit oder einem professionellen Selbst sprechen kann, weil es sich um einen Prozess handelt, bei dem eine biographische Passung des wissenschaftlichen Wissens, der Rahmenbedingungen der Arbeit sowie der Reflexionen des beruflichen Alltags unter Einwirkung individueller Vorstellungen und Werte stattfindet. Lehrkräfte versuchen damit „professionell definierte Balanceakte" (Hansmann 2000) zu entwickeln und die Komplexität der Aufgaben zu bewältigen.

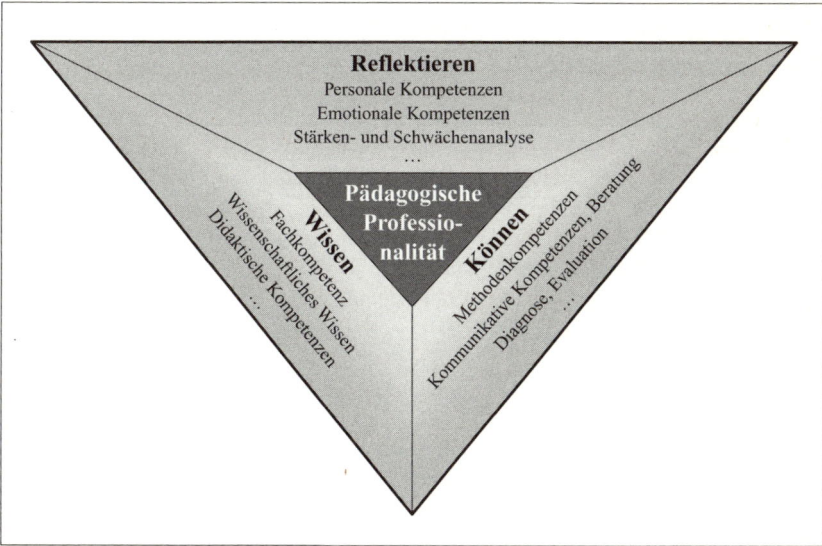

Abb. 7:   Komplexität pädagogischer Professionalität

165

Diese angesprochenen selbstreflexiven Balanceakte dienen auch dazu, eine erweiterte und gegebenenfalls ergänzte Perspektive auf die Praxis zu schaffen, die unter einer subjektorientierten Sichtweise notwendig ist. Damit ist gleichzeitig der Schritt für pädagogische Professionals gemacht von der bloßen Reaktion auf die „Bewegungen" von Lernenden hin zur Aktivität. Nicht nur Lernende müssen aktiv im Lernprozess sein, sondern auch die Lehrenden, deren Aktivität in der Reflexion – also Aufschub – der Handlung liegt. Dörpinghaus (2005, S. 570) schreibt in diesem Zusammenhang:

> „Professionelles Handeln ist verzögertes Handeln durch Abwägen, Bedenken anderer Perspektiven, Folgen und Rückgriffe, Ausschlüsse und Implikationen. Handeln, das nicht zur Reaktion verkümmern will, ist durch Fraglichkeit und ein Nicht-Wissen verzögert. Das Nicht-Wissen wird somit, scheinbar paradox und letztlich konsequent, handlungsleitend und -orientierend."

Um professionell handeln zu können, muss eine „Pause" eingelegt werden, denn es geht nicht nur um das Wissen, wie eine bestimmte Situation gestaltet werden kann, sondern auch um

> „ein Wissen-Was, also um die Frage, was ich tue, wenn ich eine methodische Auswahl treffe und sie in einer spezifischen Weise umsetze. [...] Die Explikation des Wissens, wie ich etwas tue, führt in der Verzögerung zur Frage, was ich tue, wenn ich tue, wie ich es tue. Das heißt, Verzögerung ist keine Langsamkeit oder ein sich Zeitlassen, sondern ist selbst ein tätiger, responsiver Akt. [...] Professionelles Handeln ermöglicht also in der Verzögerung ein ‚mehr sehen können', das sich gegen den Druck der Zeit und gegen erzwungene Reaktionen auf Stimuli wendet." (ebd., S. 571).

Dieses „mehr sehen können" der pädagogischen Professionalität ist die Grundlage für ein Handeln, das sich schrittweise bewegt. Wie in den handlungstheoretischen Ansätzen üblich, kann das Handeln in Schritten beschrieben werden. Ausgehend von einem Handlungsanlass (Problem, Unterrichtsfragestellung, etc.) wird eine Analyse und danach die Diagnose der Handlungssituation durchgeführt, gefolgt von der Bestimmung des Zieles, der Erarbeitung eines Handlungsplanes, der Durchführung der Handlung sowie deren Evaluation. Diese einzelnen Schritte können, müssen aber nicht in der angegebenen Reihenfolge durchlaufen werden, sie sind jedoch relevant für eine mit pädagogischer Professionalität ausgestatteten Lehrperson, die reflektiert und planmäßig an ihre Aufgaben geht. Die folgende Abbildung 8 kann als heuristisches Modell betrachtet werden, das die Aspekte der pädagogischen Professionalität in Zusammenhang mit den Handlungsschritten darstellt. Diese Handlungsschritte machen die Erwachsenenbildungsarbeit zu einer reflexiven Bildungsarbeit, wenn die ermöglichungsdidaktischen Implikationen und damit die jeweils spezifischen Wirklichkeitskonstruktionen berücksichtigt werden. Reflexives Handeln ist so ein nachdenkendes sowie ein vor-denkendes Handeln von Lehrenden und Lernenden.

Abb. 8: Elemente pädagogischer Professionalität im Überblick

6.2 Situiertes Lehr-/Lernhandeln

Gelungenes pädagogisches Handeln in einer prinzipiell unsicheren und nicht vorhersagbaren Situation ist eine direkte Konsequenz aus einer professionellen Ausbildung, die eine Person mit einem reichhaltigen Handlungsrepertoire ausstattet, um bestimmte pädagogische Funktionsfelder (Faulstich u. a. 2005) zu bearbeiten. Das Hauptgeschäft der Lehrenden wird nach wie vor in der Lehrtätigkeit gesehen, wie eine Untersuchung von Gruber/Harteis/Kraft (2005) zeigt, in der die Durchführung von Lehre und Unterricht als eines der Hauptaufgabenfelder genannt wird. Lehrende sind aber nicht nur als die Experten für die Organisation und Durchführung von Lernprozessen zu betrachten. Übersehen wird hierbei, dass dies nur einen Teil ihres Aufgabenspektrums ausmacht und eine Reihe anderer, mehr oder weniger pädagogischer Aufgaben diese erste komplettieren. Auch dies zeigt die gerade erwähnte Studie: Arbeitsfelder wie Management, Öffentlichkeitsarbeit, Beratung, Organisation und Planung sowie Evaluation werden zunehmend wichtiger.

Lehrende in erwachsenpädagogischen Zusammenhängen erfüllen einige der Aufgaben, die auch Lehrerinnen und Lehrer in Schulen erfüllen. Unterrichten, Beraten, Beurteilen, Kooperieren, Organisieren, Schule entwickeln oder sich fortbilden, die von Bauer (2002) bzw. Kiper (2001) als typische Aufgabenfelder von Lehrkräften an Schulen festgehalten werden, können ohne weiteres auf die Erwachsenenbildung übertragen werden, wie die oben erwähnte Untersuchung (Gruber/Harteis/Kraft 2005) zeigt. Die Unterschiede zum schulischen Aufgabenfeld liegen jedoch in den eher indirekten Tätigkeiten, die in der Erwachsenenbildung vermehrt anfallen, wie verwalten, Programme planen, Bedarfsanalysen oder regionale Angebotsprofile erstellen. Im folgenden sollen einige Aufgaben unter dem veränderten Selbstverständnis einer Ermöglichungsdidaktik betrachtet werden, die versucht, dem „trägen" Wissen (Renkl 1996) dadurch zu entgehen, dass anwendungsorientierte, authentische Lehr-/Lernsituationen gestaltet werden. Die in diesem Zusammenhang auftretenden Aufgaben können folgendermaßen beschrieben werden:

Neben dem informellen Lernen ist der Unterricht die „institutionalisierte und systematisierte Seite des Lernens" (Horster & Rolff 2001, S. 19). *Unterrichten* bezeichnet einen Vorgang, „in dessen Verlauf von seiten des Unterrichtenden aus der Versuch unternommen wird, eine Erweiterung des gegebenen Wissens-, Kenntnis- und Fähigkeitsstandes auf seiten des bzw. der Unterrichteten hervorzurufen" (Terhart 1997, S. 133). Damit wird deutlich, dass von Unterricht nur dort gesprochen werden kann, wo ein Vorgang bewusst und mit pädagogischer Absicht mindestens einer Person stattfindet, die sich planmäßig daran macht, Wissen und Kenntnisse bereitzustellen bzw. weiterzugeben. Als weitere Kriterien für Unterricht in modernen Gesellschaften ergibt sich – in Abgrenzung zum informellen Lernen – das Merkmal der Institutionalisierung und damit der Ausgliederung dieser Aufgabe aus dem Familien- und Berufsalltag. Schließlich wird der Begriff Unterricht dann verwendet, wenn die damit verbundene Tätigkeit durch eine dazugehörige berufliche Ausbildung aus dem Bereich des Zufälligen und Willkürlichen herausgelöst ist. Unterrichten ist keine Tätigkeit, die nebenbei – quasi zwischen Tür und Angel – erledigt wird, sondern gilt als eine geregelte und nach bestimmten Vorgaben ablaufende Aktivität.

In welcher Weise nun das Unterrichten gestaltet wird, dies hängt von der zugrunde liegenden Ansicht über die Didaktik ab. Bislang wurde Unterrichten häufig als ein Prozess betrachtet, bei dem es sich um eine planmäßige Weitergabe von Informationen handelte. Dieser „Erzeugungsdidaktik" stehen die erläuterten Vorstellungen gegenüber, dass Lehrende lediglich unterstützen und Informationen bereitstellen können. Gemäß diesen Vorstellungen aus konstruktivistischen Theorien kann damit Wissen nicht erzeugt werden. Die Lernenden arbeiten auf ihre jeweils spezifischen Art und entsprechend ihrer individuellen Wahrnehmung der Situation diese Erfahrungen in ihre kognitiven Strukturen ein. Horst Siebert (2004, S. 4–5) fasst die einzelnen Arten von Wirklichkeitskonstruktionen zusammen, wobei er die von Kersten Reich (2002a) beschriebenen Arten erweitert. Demnach sind verschiedene Formen der subjektiven Welterzeugung zu nennen, die durch Unterricht unterstützt werden können:

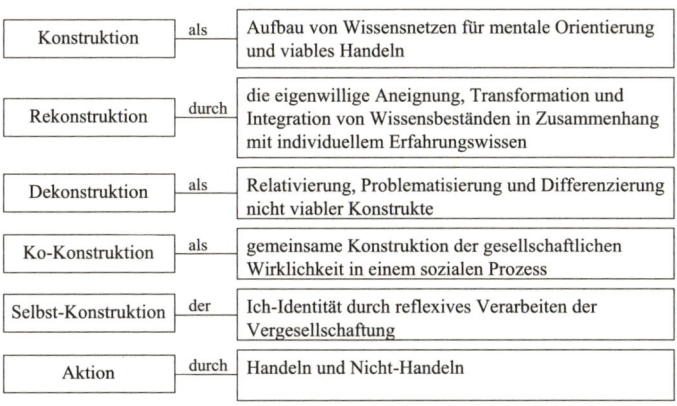

Abb. 9: Formen der subjektiven Welterzeugung (vgl. Reich 2002 a)

Neben dem Unterrichten ist es die Tätigkeit der *Beratung,* die in Lehr-/Lernprozessen eine Bedeutung hat. Beratung wird häufig unter dem Aspekt der medizinischen, psychologischen Hilfe betrachtet. Diese Art von Beratung tritt in der Regel erst dann ein, wenn ein nicht mehr zu bewältigendes Problem vorliegt und Lernende ihre extremen Lernprobleme nicht mehr alleine bewältigen können. Lehrende sind dann häufig die ersten Ansprechpartner und verweisen bislang in diesen Fällen auf die entsprechenden Institutionen. Diese Art von Beratung ist eher defizitorientiert und greift erst ein, wenn sich ein Problem schon zu einer spürbaren bzw. sichtbaren Barriere im Lernprozess ausgebildet hat.

Davon abzugrenzen sind die Beratungsthemen, bei denen Lehrerinnen und Lehrer die Beratung sozusagen präventiv bzw. begleitend vornehmen können und aufgrund der Rollenzuschreibung der Lehrperson dann als Lernbegleiter, die das Lernen anstoßen können, auch vornehmen. Lernende beispielsweise in ihrem methodischen Vorgehen zu unterstützen und zur Weiterentwicklung zu verhelfen ist hierbei inzwischen ein selbstverständliches Thema, wird aber häufig nach der Manier der Erzeugungsdidaktik als Einzelwissen vermittelt, ohne es in die Situation von Lernenden einzubinden. Wird jedoch ein vorgefertigtes Methodentraining eingesetzt, so ist eine individuelle Beratung bzw. Förderung und Unterstützung im Bereich der Lernmethoden nicht gewährleistet. Beratung von Lernprozessen muss demnach flexibel auf die unterschiedlichen Schwierigkeiten oder die noch nicht ausgebildeten Lerntechniken erfolgen, was jedoch nur dann möglich ist, wenn eine genaue Analyse der Ausgangsbedingungen und auch individuellen Lernvorlieben vorliegt. Lernberatung ergänzt in diesem Sinne eher das selbstgesteuerte Lernen, indem Lehrende die Lernenden in den einzelnen Schritten des Lernprozesses zur Seite stehen (Pätzold 2004) und über diagnostische Mittel versuchen, den Lernenden die optimale Begleitung zu ermöglichen.

Gemäß der Vorstellung der sich selbst organisierenden Systeme ist auch für die Beratung festzuhalten, dass Lehrende allenfalls Angebote und Entscheidungshilfen auf der Grundlage der Informationen unterbreiten können, die sie von den Lernenden zur Verfügung gestellt bekommen. Sie konstruieren die Wirklichkeit damit anhand ihrer eigenen Beobachtungskategorien. Eine tatsächliche Entscheidung über die Bewältigung eines Problems, sei es ein Problem im Zusammenhang mit einem Lernprozess oder ein Problem der Entscheidung über einen weiteren Ausbildungsweg, kann nur von den Lernenden selbst getroffen werden. Eine Beratung muss in diesem Sinne also immer „ergebnis-offen" stattfinden und steht unter dem Motto der „Hilfe zur Selbsthilfe".

Jedoch ist nicht gesagt, dass situiertes Lernen und Beraten eine durchgängige Überlegenheit aufweist, denn in Untersuchungen weisen uneinheitliche Ergebnisse (Hasselhorn / Mähler 2000) darauf hin, dass für „durchschnittliche" Lernende (Guber / Mandl / Renkl 2000, S. 152) eine instruktionale Unterstützung wesentlich vorteilhafter ist. Auch dies gehört also mit zu den Beratungsaufgaben: Herausfinden, welche Art von Unterstützung jede Lernerin und jeder Lerner braucht. Das oben beschriebene Nach-Denken wird damit in seiner Relevanz nochmals deutlich, denn „gute Instruktion ist [aber] mehr: Sie ist ein Dialog zwischen der Lehrperson und den Lernenden, in welchem das prozedurale Wissen im Vordergrund steht, d. h. die Lehrkraft steuert den Unterricht je nach Situation stärker oder weniger stark" (Dubs 2004).

Eng verbunden mit der Aufgabe der Beratung steht auch die Tätigkeit des Diagnostizierens. Unter Diagnostik ist im psychologischen Kontext die „Feststellung des Vorhandenseins oder Ausgeprägtseins von psychologischen Merkmalen (Eigenschaften, Fähigkeiten, Verhaltensweisen usw.)" (Zimbardo/Gerring 1995, S. 520) zu verstehen. Für eine Diagnose im Lernbereich werden traditionell die Instrumente der schriftlichen Überprüfung oder Tests eingesetzt, denkbar wären aber auch Beobachtungsbogen, Videoaufnahmen oder Tondokumente, um daraus eine Diagnose über den Leistungsstand eines Lernenden zu erstellen. Ein Instrument sollte zwar immer auf seine Umsetzbarkeit bzw. Einsetzbarkeit und Zweckmäßigkeit hin überprüft werden, so dass der Aufwand und der Zweck in einer gewissen Relation zueinander stehen, dennoch ist es ein Signal an die Lernenden und ein Hinweis auf den Lernkulturwandel, wenn neue Instrumente der Datenerhebung eingesetzt werden.

Neben der Selektionsfunktion, also der Ein- und Aufteilung der Lernenden auf die unterschiedlichen Schultypen bzw. Leistungsstufen, später auf verschiedene Berufe bzw. Positionen, kann eine Diagnose auch dazu dienen, den Lernenden über ihren Lernprozess Auskunft zu geben. In diesem Sinne unterstützt die Diagnose auch die zuvor beschriebene Aufgabe der Lernberatung. Eine Diagnose soll daher zunächst für Lehrende und Lernende die Überprüfung der subjektiven Welterzeugungen und deren eventuelle Veränderung ermöglichen. Aber auch eine Bestätigung der erfolgreich absolvierten Lernschritte sowie die Planung der folgenden. Aus diesen Vorgängen können Lernende Motivation schöpfen und – unter Mithilfe der Lehrenden – ihre weiteren Lernprojekte planen sowie die Lernumgebung gestalten. Wichtig ist wiederum, dass die Lernenden in den Prozess mit einbezogen werden, indem die Indikatoren für die einzelnen Bestandteile der Diagnose klar und nachvollziehbar gestaltet werden und so der Prozess transparent gehalten wird.

Eine weitere Aufgabe von Lehrenden – zumindest in formellen Lernsituationen – besteht häufig im Bewerten, also darin, die erhobenen Daten der Leistungen von Lernenden auszuwerten. Wie die Bewertung geschieht, ist abhängig von der verwendeten Bezugsnorm. So ist eine soziale Bezugsnormorientierung bislang eher die Regel, bei der der Durchschnitt der Lerngruppe maßgebend für die Einordnung einer individuellen Leistung ist. Alternativ zur sozialen Bezugsnormorientierung lässt sich aber auch eine individuelle Bezugsnormorientierung verwenden, bei der ein Vergleich der individuellen Leistungen einer Person über einen Zeitraum hinweg im Vordergrund steht und den Lernzuwachs bzw. die Variabilität der Leistung in Beziehung zur Anstrengungsbereitschaft stellt. Verschiedene Studien (Rheinberg 2002, S. 12) zeigen, dass sich eine individuelle Bezugsnormorientierung günstig auf die Motivation von Lernenden auswirkt und vor allem bei misserfolgsängstlichen Lernenden einen positiven Effekt hat. Außerdem stellt unter dem Blickwinkel der subjektiven Konstruktion von Wirklichkeit eine auf sich bezogene Orientierung eine „sinnvolle" Möglichkeit dar, die Konstruktionsprozesse für Veränderungen zu nutzen.

Eines der größten Probleme bei der Leistungsbewertung stellt vermutlich die Kollision der Rollen dar, die sich dadurch ergibt, dass Lehrende häufig gleichzeitig die Inhalte (Unterrichtsstoff) bereitstellen, die Messinstrumente (Klausuren, Klassenarbeiten) entwickeln und die Bewertung (Notengebung) durchführen. Die damit entstehende Wirklichkeitskonstruktion kann von Lernenden unter Umständen nicht mehr nachvollzogen werden, eine didaktische Kopplung wird erschwert, was den Lernprozess behindern kann. Wichtig ist, dass Wege gefunden werden, um die unterschiedlichen Sichten anzunähern, bislang wurde hierzu die drei Messkriterien Objektivität, Reliabilität sowie Validität verwendet. Unter Objektivität der Messung versteht man den „Grad, in welchem die Ergebnisse unabhängig von der Person des Messenden sind. Gefragt wird danach, ob ein anderer Prüfer zu denselben Ergebnissen käme" (Kiper 2001, S. 22). Reliabilität der Messung beschreibt die Zuverlässigkeit bzw. Genauigkeit und die Sicherheit der Messung. „Hier geht es darum, inwiefern Sicherheit darüber besteht, dass das Messergebnis den wahren Ausprägungsgrad der Leistung repräsentiert und nicht über Gebühr von Messfehlern verfälscht wird" (ebd., S. 22–23). Validität der Messung fragt danach, ob „tatsächlich das gemessen wird, was man messen will" (ebd., S. 23). Auch unter der Perspektive des Konstruktivismus bleibt die Frage der Objektivität bzw. Subjektivität von Messungen aktuell, wenngleich diese Leitdifferenz nicht verwendet wird. Dennoch werden Aussagen – auch wissenschaftliche – nicht beliebig, sondern „wissenschaftliche Erkenntnis als Suche nach bestmöglichen zweckgerechten Problemlösungen behält spezifische Differenzqualitäten gegenüber Kunst, Politik oder Religion. Auch wenn kein objektives Maß für beste Problemlösungen zur Verfügung steht, gibt es in der Wissenschaft bewährte Kriterien gegen Beliebigkeit, angefangen von der logischen Konsistenz der Argumentation, der Einfachheit und Widerspruchsfreiheit der Theorie bis hin zur ,empirischen Überprüfung'." (Schmidt 1998, S. 123). Die von Schmidt geforderten Kriterien sind auch für Bewertungsmaßstäbe zugrunde zu legen.

Sich *fortbilden* bedeutet die Auseinandersetzung mit sich oder mit unterschiedlichen pädagogischen und fachlichen Themen. Die fachliche Fortbildung ist hierbei ein weniger umstrittenes Feld, denn die Notwendigkeit auf der Höhe der wissenschaftlichen Fortschritte in den Unterrichtsfächern zu bleiben, ist für die meisten Lehrenden einsichtig und als eine Aufgabe akzeptiert. Für die Fortbildung in pädagogisch-didaktischen Fragen gab es bislang nicht immer ausreichend Verständnis über die Notwendigkeit, vor allem weil hier über etwas informiert wird, was von den Lehrenden selbst gemacht wird, eine paradoxe Situation, in der Lehrende zu Lernenden über Themen werden, in denen sie als Experten gehandelt werden. Dabei macht die Untersuchung von Gruber/Harteis/Kraft (2005) deutlich, dass die überwiegende Anzahl (80%) der Befragten davon ausgehen, dass für die zukünftigen Aufgaben, allein schon in den nächsten fünf Jahren, ihr derzeitiger Kenntnisstand nicht genügt und dies nur durch Fortbildungen, deren Bedarf in der Studie angemeldet wurde, ausgeglichen werden kann. Im besonderen Maße wird der Weiterbildungsbedarf in den Bereichen Arbeitstechniken, -methoden, Lehrmethoden, Didaktik, EDV, BWL sowie Kostenrechnung gesehen. Also sowohl Themen, die den Bereich der Lehre und des Unterrichts betreffen, als auch Themen aus dem Bereich Organisation und Planung. In einer weiteren Studie zu Fortbildungsbedarfen (Gieseke/Reich 2004) zeigte sich ebenfalls ein ähnlich breites Themenspektrum mit den folgenden Themen: Theorien zum selbstgesteuerten Lernen, erwachsenenpädagogische Prinzipien, Lernverhalten und Lernmotivation, Theorien zur Berufs- und Weiterbildungsentwicklung, Öffentlichkeitsarbeit/Marketing, Organisationsentwicklung, Moderation/Präsentation, Erweiterung der Methodenkenntnisse, Personalentwicklung und Selbst- und Fremdevaluierung im Rahmen von Qualitätsmanagement.

Gerade die Diskussionen zur Qualitätsentwicklung und Entwicklung der Leistungsfähigkeit von Einrichtungen der Erwachsenenbildung werden vermehrt geführt, also auch in Fortbildungen inzwischen stärker nachgefragt, denn auch die Lehrenden werden hierzu deutlicher in die Pflicht genommen, wobei die Diskussionen nicht nur in den schulischen Zusammenhängen, sondern auch in der Erwachsenenbildung unter einem systemischen Blick geführt werden, bei dem die Einheit von Organisations-, Unterrichts- und Personalentwicklung betrachtet wird (Rolff u.a. 2000):

- Organisationsentwicklung meint hierbei die Weiterentwicklung der Organisation von innen durch Anstöße der in der Organisation tätigen Mitglieder und betrifft damit nicht nur die Stundenplangestaltung, sondern alle Abläufe, aber auch die vorhandenen Werte und Normen (Organisationskultur).
- Mit Unterrichtsentwicklung werden vor allem Fragen des Unterrichts und der dazugehörigen unterrichtsbegleitenden Aspekte betrachtet und die Neuorientierung oder Weiterentwicklung von Unterrichtsarrangements oder Methodeneinsatz, aber auch der mentalen Modelle in den Blick genommen (Horster & Rolff 2001).
- Unter Personalentwicklung wird neben der Fortbildung auch die Supervision sowie verschiedene Instrumente der Unterstützung des Lehrerhandelns (Trainings, Jahresgespräche, Zielvereinbarungen, Hospitationen, Evaluationen, Teamentwicklung) betrachtet, die dazu dienen sowohl den Unterricht als auch die gesamte Organisation zu fördern (Buhren & Rolff 2002).

Die drei Aspekte der Schulentwicklung lassen sich auf die Entwicklung einer Erwachsenenbildungeinrichtung übertragen. Insgesamt wird deutlich, dass die Entwicklung eines der drei Bereiche sich weiterhin auch auf die anderen Entwicklungsbereiche auswirkt. Damit wird gleichzeitig deutlich, dass die Lehrenden an dem Prozess der Entwicklung der Erwachsenenbildungseinrichtung beteiligt sind, selbst wenn sie sich nur mit ihren eigenen Kursen und Veranstaltungen befassen und sich hier weiterentwickeln.

Um die aufgelisteten Aufgaben erfüllen zu können, sind unterschiedliche Kompetenzen und Kenntnisse notwendig, die sich über die Zeit hinweg in Aus- und Fortbildung sowie während der beruflichen Praxis entwickeln. Wie die Aufgaben oder Grundformen des pädagogischen Handelns wahrgenommen und umgesetzt werden, ist abhängig von den Erwartungen und Vorstellungen, die die Lehrenden mit in den Prozess einbringen, und von den Erwartungen und Vorstellungen des Umfeldes. Zur Ausübung der Tätigkeiten haben Lehrende vielfältige Handlungsstrategien ausgeformt, um die „Entgrenzung des Pädagogischen" (Bastian u. a. 2000) und das „Handeln in prinzipieller Unsicherheit" (Reh 2004) zu regeln. Hierbei zeigt sich, dass diese Handlungsstrategien jeweils individuell erarbeitet und in die Biographie eingebaut werden. Keine eindeutigen Handlungsstrategien, sondern biographische Passung bedeutet aber auch, dass eine gewisse Zufälligkeit und Abhängigkeit von den individuellen Einflussfaktoren auf die Lehrperson nicht verhindert werden kann. Professionalität von Lehrenden ist somit ein eher dynamischer und wechselhafter Begriff, der nicht eindeutig und permanent mit einem spezifischen Kompetenzprofil belegt werden kann. Dennoch bleibt die Frage, welche Kompetenzen für die Ausübung eines solchen komplexen Aufgabenfeldes notwendig sind, um den Aufgaben und den Erwartungen gerecht zu werden.

Erwartungen werden dabei beispielsweise von den Lernenden an die Lehrenden herangetragen: diese wollen, dass Lehrende den Stoff gut erklären, keinen langweiligen Unterricht machen und gut strukturieren (vgl. Arnold / Gómez Tutor / Kammerer 2005). Diese Erwartungen stehen meist in Einklang mit den Erwartungen, die Lehrende selbst an sich stellen, jedoch kann sich der Druck, alles richtig zu machen, verstärken, wenn von außen eine übersteigerte und unrealistische Erwartungshaltung auf die Lehrpersonen zu spüren ist. Auch von Seiten der Institution sind die Lehrenden mit Forderungen konfrontiert, beispielsweise nach Teilnahme an der Organisationsentwicklung, einer hohen Qualität der Lehrveranstaltungen sowie Übernahme von Außenkontakten oder Zusatzaufgaben. Ein weiteres Problem kann sich durch das immer stärker um sich greifende Problem des Mobbing ergeben. Mobbing kann eine Bandbreite von Situationen betreffen: Da spricht jemand abwertend über eine Kollegin, weil diese immer wieder krank ist oder Kollegen drehen sich weg und hören auf zu reden, wenn eine bestimmte Kollegin hereinkommt. Häufig lösen Konflikte oder Stress das Phänomen Mobbing aus. Der Begriff „Mobbing" beschreibt dann auch den Psychoterror, der am Arbeitsplatz auftreten kann. Der Arbeitspsychologe Heinz Leymann prägte diesen Begriff schon zu Beginn der 60er Jahre als er das Phänomen Mobbing bei Kindern beobachtete. Später konnte er es auch bei Erwachsenen nachweisen. Von der Gesellschaft gegen psychosozialen Stress und Mobbing (GpsM) wird heute im Anschluss an Leymann Mobbing folgendermaßen definiert:

„Mobbing ist eine konfliktbelastete Kommunikation am Arbeitsplatz unter Kollegen oder zwischen Vorgesetzten und Untergebenen, bei der die angegriffene Person unterlegen ist, von einer oder mehreren anderen Personen oft systematisch und während längerer Zeit mit dem Ziel und/oder dem Effekt des Ausstoßes direkt oder indirekt angegriffen wird, und dies als Diskriminierung empfindet."

Die Frage, die sich hier anschließt, ist, wie Mobbing wirksam verhindert werden kann. Hierzu zeigen Erfahrungen (vgl. Tresselt 2004), dass bei einem starken sozialen Netz Mobbing eher seltener zu verzeichnen ist. Das bedeutet, die einzelnen Lehrenden, die es ja nach wie vor gewöhnt sind in Einzelkämpfermanier zu arbeiten, können Mobbingstrukturen vermeiden, wenn sie versuchen innerhalb des Kollegiums oder Weiterbildungsteams eine offene und unterstützende Atmosphäre zu schaffen. Rat einholen, miteinander Reden, auch die eigene Meinung deutlich und begründet äußeren trägt dazu bei, dass eine offene Gesprächssituation entstehen kann, in der schwelende Konflikte nicht durch Ignorieren stillschweigend akzeptiert werden. Gerade schwelende Konflikte, die nicht offen angesprochen werden, sind gefährliche Herde, an denen sich Mobbing entzünden kann, weil die dahinterliegenden Meinungen und Vorstellungen der einzelnen Parteien nicht klar sind. Was nicht klar ist, das gibt Anlass zur Konstruktion eigener Meinungen zum Thema, die manchmal weit entfernt von dem sind, was die andere Person meint, aber nicht sagt.

Eine Folge der Erwartungen und der Umfangsformen am Arbeitsplatz ist das seit einiger Zeit diskutierte Burnout-Syndrom. Seit 1974 ist der Begriff Burnout durch amerikanische Untersuchungen von Freudenberger bei Angestellten im sozialen Bereich bekannt geworden. Inzwischen wird hierzulande davon ausgegangen, dass mindestens ein Drittel der Lehrerinnen und Lehrer an Schulen akut davon betroffen sind. Joachim Bauer (2004) von der Universität Freiburg schreibt hierzu:

„Beim ‚Burnout-Syndrom' handelt es sich um einen andauernden und schweren Erschöpfungszustand mit sowohl seelischen als auch körperlichen Beschwerden. Die Betroffenen fühlen sich erschöpft und leer, sie sehen den Sinn und Nutzen ihrer eigenen Arbeit nicht mehr und haben den Glauben an sich selbst verloren. Besonders fatal ist der Verlust der persönlichen Wertschätzung sich selbst und anderen gegenüber."

Wie kommt es zum beruflichen Ausbrennen? Nach Rheinberg u.a. (2001) kann unterschieden werden zwischen individuellen Ursachen (bestimmte Persönlichkeitsmerkmale wie hoher Ehrgeiz, großes Engagement verbunden mit geringer Distanzierungsfähigkeit vom Beruf, mangelnde Stressverarbeitung, unrealistische Erwartungen) und institutionellen Ursachen (hohe Komplexität der Tätigkeit, Zeitdruck, geringe Handlungsspielräume, schädliche Arbeitsbedingungen wie Lärm, zunehmende Gewalt, gesellschaftliche Abwertung des Berufs).

Burnout bezeichnet hierbei den Prozess, der auftritt, wenn Personen, die durch großes persönliches Engagement und hohe Erwartungen sowie eine hohe emotionale Bindung an ihre Arbeit gekennzeichnet sind, aufgrund auftretender Konflikte und Enttäuschungen sowie unrealistischer Erwartungen keine ausreichende Befriedigung mehr bei ihrer Arbeit empfinden und dadurch noch mehr investieren, um diese Diskrepanz aufzufangen. Kann die Diskrepanz jedoch nicht mehr aufgelöst werden, sondern bleibt trotz erhöhten Engagements weiter bestehen, so brennt die Person aus, was einen fortschreitenden Prozess auslöst, der von Erschöpfungszuständen mit dem Gefühl von Hilflosigkeit und sozialem Rückzug ausgeht und in einem nächsten Schritt verstärkte emotionale Reaktionen in Richtung Aggression, Depression, Verlust des Selbstwertgefühls auslösen kann. In einer weiteren Phase führt dies zu einem Leistungsabfall mit innerer Kündigung und „Dienst nach Vorschrift" oder innerem Widerstand gegen alle Änderungen bis hin zu einer geistig-emotionalen Verflachung mit stärker werdenden psycho-somatischen Symptomen.

Die Frage stellt sich nun, wie das Burnout-Syndrom verhindert werden kann. Hierbei kann sowohl an den institutionellen Bedingungen als auch an den individuellen Voraussetzungen angesetzt werden. So können beispielsweise die Arbeitsbedingungen durch klare Zielvorgaben und regelmäßige Überprüfung und Anpassung der Arbeitsanforderungen, beispielsweise durch Zielvereinbarungsgespräche, verbessert werden. Die Schaffung von Möglichkeiten der beruflichen Entfaltung verhindert Routine und Langeweile und trägt so zur Erhöhung der Zufriedenheit und Kreativität von Lehrenden bei. Auch Weiterbildung kann dazu dienen dem Ausbrennen vorzubeugen, denn es konnte festgestellt werden, dass Personen mit Burnout-Syndrom jahrelang keine Fortbildung mehr besucht hatten. Gerade der Austausch und der Blick über den Tellerrand verhilft dazu die eigene Arbeit zu relativieren, Erwartungen realistisch einzuschätzen und durch Gespräche mit anderen den Druck des Alltags zu verarbeiten.

Die individuellen Möglichkeiten der Prävention von Burnout liegen vor allem im Abbau der unrealistischen Erwartungen und im Aufbau eines erfolgreichen Stressmanagements sowie um den Erwerb von Methoden der Arbeitsorganisation und des Zeitmanagements. Hilfreich kann hier vor allem das Instrument der Supervision sein, das in anderen Berufen eine Pflichteinrichtung darstellt und auch Lehrenden dazu verhelfen könnte den Alltag besser zu verarbeiten. All dies deutet darauf hin, dass die zuvor gedeutete pädagogische Professionalität als emotionale Selbstreflexivität aufgebaut werden muss.

6.3 (Neue) Kompetenzen für Lehrende

Unter der Perspektive des Lernkulturwandels hin zu einem ermöglichungsdidaktischen Arrangement und dem Eindruck der unterschiedlichen Aufgaben und Anforderungen an Lehrende muss auch die Rolle von Lehrenden noch etwas genauer in den Blick genommen werden. Sollen Lernende einen aktiven Part beim Lernen übernehmen, so heißt das für Lehrende, dass sie eine veränderte Haltung einnehmen und sich im Lernprozess stärker zügeln. Hierzu sei zunächst nochmals erinnert an die grundlegenden Aspekte von ermöglichungsdidaktischen Arrangements, die in Kapitel 4 behandelt wurden:

- Aufhebung der Trennung von Lehren und Lernen
- Reduzierung des Lernens im Gleichschritt
- Überwindung des einseitigen Methodenbesitzes im Lehr-/Lernprozess
- Milderung des Vorranges von Lerngegenständen bzw. -inhalten

Ein Vergleich der alten und neuen Sicht zeigt nochmals die Unterschiede zwischen einer Erzeugungs- und einer Ermöglichungsdidaktik auf. Die Aufstellung zeigt, dass ermöglichungsdidaktische Lernarrangements einige Änderungen nach sich ziehen und daraus eine veränderte Rolle der Lehrenden folgt. Lehrende sind nun für die Beratung, Reflexionshilfe, Informationsbereitstellung, Vermittlung von Arbeitstechniken, Moderation von Lernprozessen, Ermöglichung von Probehandlungen sowie Partnerschaft bei Bearbeitung und Lösung von Aufgaben zuständig und haben damit eine breites Aufgabenspektrum (vgl. Schüßler/Arnold 2001), das eine Reihe von Kompetenzen erforderlich macht.

	Erzeugungsdidaktik	Ermöglichungsdidaktik
Orientierung der Lehrenden und Lernenden	• Lehrende aktiv – Lernende passiv • Lernende sind defizitär, und müssen nach bestimmten Vorgaben geformt werden • schwache Wechselwirkung zwischen Lehrenden und Lernenden und zwischen den Lernenden	• Lehrende zurückhaltend – Lernende aktiv • starke Wechselwirkung zwischen allen am Lernprozess beteiligten Personen
Erschließung von Inhalten	• Weitergabe von Informationen • Stellvertretende Erschließung durch die Lehrperson • Kleinschrittige, im Voraus festgelegte Darbietung der Informationen • Hilfestellung beim Nachvollzug der „richtigen" (einzigen) Lösung auf einem eingefahrenen Lernweg	• Lernende beschaffen sich ihre Informationen selbst • Selbsterschließung durch die Lernenden • Beobachtung von Lernprozessen, Rückfragen, Abwarten • Eigene Erfahrungen, Wege und Lösungen werden zugelassen („Hilfe zur Selbsthilfe") • Hilfe zu Konstruktion, Rekonstruktion, Dekonstruktion
Vorrangiges Ziel	• Vermittlung und Nachvollzug von gefordertem Wissenskanon • Inhaltsfixierung	• Entwicklung und Konstruktion von reflexivem Wissen • Kompetenzorientierung
Grundhaltung der Lehrperson	• Unterweisung von Lernenden • Planungsdenken im Sinne der Realisierung von geplanten Lehrschritten • Push-Haltung (Lernenden wird der Inhalt, etc. zugeschoben)	• Lernbegleitung • Lernberatung • Unterstützung von Selbsttätigkeit • Pull-Haltung (Lernende rufen bei Bedarf die Inhalte, Hilfe etc. ab)
Zentrale Begriffe	• Lehren • Vermitteln • Führen	• Autonomes Lernen • Aneignung • Selbsttätigkeit

Tabelle 5: Vergleich der Erzeugungs- und der Ermöglichungsdidaktik
(vgl. Schüßler / Arnold 2001)

Hilfreich ist die Reflexion der eigenen Rolle und eine Selbstbeobachtung, die aufzeigen kann, welche Kompetenzen wie eingesetzt werden, die den Unterricht aktivierend unterstützen können. Aufgrund der großen Zahl von notwendigen Kompetenzen ist es wichtig, dass Lehrende sich intensiv mit ihren vorhandenen, ausbaufähigen und noch zu entwickelnden Kompetenzen auseinandersetzen.

Lehrende brauchen, wie sich gezeigt hat, diese bestimmten Kompetenzen für die Durchführung ermöglichungsdidaktischer Lehr-/Lernsituationen, wobei auch die Selbststeuerungsfähigkeit eine wichtige Rolle spielt, denn Lehrerhandeln ist ein hochgradig selbstgesteuertes Handeln. Hierbei erweisen sich die relevanten Tätigkeiten als dynamische Prozesse, die sich permanent in Veränderung befinden. Allerdings ist nicht davon auszugehen, dass die spezifischen Kompetenzen für selbstgesteuerte Prozesse schon vorhanden sind, sondern im Laufe des Berufslebens durch Weiterbildungen und der Praxisreflektionen erworben werden. Im Mittelpunkt des Kompetenzkatalogs für Lehrende stehen unter der Perspektive, dass pädagogische Professionalität eine hohe Selbstreflexion und Selbststeuerung voraussetzt, beispielsweise die methodischen, personalen, kommunikativen, emotionalen und sozialen Kompetenzen, die für die notwendigen Selbst- und Fremdeinschätzungsprozesse sowie zur Gestaltung von Innovationsprozessen und deren Evaluation (vgl. Brockmeyer 1999) erforderlich sind. Im folgenden sollen die Kompetenzen für Lehrerhandeln näher ausgeführt werden, die dazu dienen, die Anzahl der Handlungsmöglichkeiten von Lehrenden zu erhöhen und zu optimieren. Professionelles Handeln von Lehrenden ist zu großen Teilen einem Projektmanagement gleichzusetzen, bei dem es auch darum geht, Prozesse vorzubereiten, durchzuführen und zu reflektieren.

Hierzu ist zunächst *Fachwissen* gefragt, das Lehrenden und Lernenden über die Schaffung von anschlussfähigem Vorwissen den Einstieg in neue Projekte oder Themen ermöglicht. Dieser Einstieg kann nur gelingen, wenn die „Vorgeschichte" und Vorüberlegungen eines neuen Themas bekannt ist und auf diese Weise ein langsames Herantasten an die Thematik möglich ist.

Als eine weitere Kompetenz für Lehrende lässt sich hier die *didaktische Kompetenz* anschließen, die die Planung und Steuerung der einzelnen Themen unter Einbeziehung der Lernenden meint und die Offenheit für neue didaktische Konzepte mit einschließt.

Weiterhin verlangt professionelles Handeln nach *methodischen Kompetenzen,* die den Lernenden möglichst vielfältige Zugänge zu den Unterrichtsthemen bieten, vor allem auch unter der Perspektive, dass sie ihr Wissen aus den erhaltenen Informationen selbstorganisiert strukturieren und in ihre neuronalen Netze einbauen (Spitzer 2002). Wie sich auch in einer empirischen Studien zeigte (Arnold, Gómez Tutor, Kammerer 2002) nehmen Lernende ihre Lehrenden gerade im Bereich des Methodeneinsatzes als Vorbild. Der offensichtliche Einsatz von Strategien, die der Planung, Überprüfung und Strukturierung des Lernstoffes dienen, kann deshalb auch Lernenden dazu verhelfen ihre selbstgesteuerten Lernprozesse besser zu organisieren.

Hierbei kann beispielsweise für den Aufbau und die Entwicklung von Strukturierungskompetenzen die Entwicklung eigener Strukturbilder trainiert werden, denn dies setzt die intensive Beschäftigung mit dem jeweiligen Lerngegenstand voraus. Wer selbständig ein Strukturbild entwickelt, muss Wichtiges von Unwichtigem oder Bedingungen von Bedingtem unterscheiden können. Wer mit Strukturbildern umgehen kann, erwirbt sich ein Gefühl für die Konstruktivität von Standpunkten – eine wichtige Voraussetzung für pädagogisch professionelles Handeln. In diesem Sinne stellt Kersten Reich (1998) fest:

> „Selbsttätigkeit ist stets die Basis für alles pädagogische Handeln. Aber Selbsttätigkeit ist pädagogisch gesehen vor allem die Tätigkeit des Anderen, die gefördert werden soll. Tue stets selbst, was du von Anderen erwartest! Erwarte von dir, dass Andere tatsächlich etwas tun können, aber erwarte nicht immer von Anderen, was du alles selbst tust."

Ein weiteres Kompetenzbündel sind die *personalen Kompetenzen* zur Bewältigung von (längerfristig angelegten) Aufgaben, bei denen Konzentration und Ausdauer notwendig sind und eine kontinuierliche Reflexion die Qualität der Tätigkeiten verbessert. Auch die alltäglichen Routinearbeiten, administrative und pädagogische Aufgaben, sowie Organisationsentwicklungsaufgaben erfordern Fähigkeiten wie Aufmerksamkeit und Ausdauer, aus denen eine intrinsische Motivation entstehen kann. Erst auf diese Weise kann sich dann ein Selbstwirksamkeitserleben ausbilden, das zu der Überzeugung beiträgt, die gestellten Aufgaben seien zu bewältigen und dies ist wiederum eine wichtige Hilfe im Kampf gegen Burnout und Mobbing. Nach Herzog (2001, S. 327) meint Selbstwirksamkeit die „subjektive Überzeugung, neuen und schwierigen Anforderungen aufgrund eigener Kompetenz gewachsen zu sein".

Ganz zentral ist dabei die Fähigkeit zur Selbstreflexion, auf die pädagogische Professionalität grundsätzlich angewiesen ist. Hierzu zählt in erster Linie das Gespür und das Wissen um die innere Substanz, aus welcher sowohl Handlungsmotive als auch die bevorzugten Denk- und Fühlweisen in pädagogischen Situationen konstruiert sind. Die bevorzugte Weise ist hierbei diejenige, welche einem Vertrautheit, Wiedererkennen und Sicherheit suggeriert, die jedoch nicht immer die angemessene Weise ist. So gilt es, die eigenen Verkrustungen zu erkennen.

Als zusätzlicher und bislang wenig beachteter Bereich im Kompetenzbündel für Lehrende ist die *emotionale Kompetenz* zu erwähnen, ohne die eine emotionale Selbstreflexivität nicht entstehen kann. Reflexivität immer auch emotionale Reflexivität ist, denn jede Art von Nachdenken über sich und andere setzt auch gefühlsmäßige Reaktionen in Gang, die nur dann in konstruktive Bahnen gelenkt werden können, wenn hierfür emotionale Kompetenzen vorliegen. Damit rückt das vernachlässigte Gebiet der emotionalen Anteile im professionellen Handeln von Lehrerinnen und Lehrern in den Blick und macht deutlich, dass Motivation und Lerntechniken allein nicht die einzigen Erfolgsgaranten für professionelles Handeln sind, sondern ergänzt werden müssen durch eine emotionale Basis, die auf Zuversicht und Einfühlungsvermögen gründet. Wichtig ist es beispielsweise, die eigenen emotionalen Barrieren zu reflektieren und überwinden zu können, aber auch bei anderen Empathie zu zeigen, denn der entstehende Stress kann zu Angstreaktionen führen, die die Zusammenarbeit erschweren und Lernen unmöglich machen können.

Emotionale Reife drückt sich dann darin aus, dass die Aufgaben angenommen, reflektiert und bearbeitet werden, die sich stellen. Erika Landau (1999, S. 29) beschreibt diesen Aspekt folgendermaßen:

> „Emotionale Reife ist für mich die Fähigkeit, frei und sicher und / oder trotz der Angst die Herausforderung der Gesellschaft gemäß meinen Potentialen anzunehmen. Das kreative und integrative Selbst der sich aktualisierenden Persönlichkeit ist die harmonische Balance zwischen Intellekt und Gefühlen, zwischen Eigen- und Umwelt."

Auch die *kommunikative Kompetenz* ist für das professionelle Handeln von Lehrenden ein wichtiger Aspekt, weil es sich bei den einzelnen Tätigkeiten zum größten Teil um Gruppenprozesse, also Interaktionen, handelt. Zusammenarbeit mit anderen, Beratung und Moderation von Arbeits- und Entwicklungsprozessen, organisatorische Tätigkeiten stellen die Hauptgeschäfte von Lehrenden dar. Dies macht die Notwendigkeit eines konstruktiven kommunikativen Umgangs miteinander deutlich.

Zentral hierfür sind die Fähigkeiten zu Beobachtung und Empathie, denn die Wirklichkeitskonstruktionen aller beteiligten Personen müssen zunächst dekonstruiert werden. Lehrende sind deshalb „Beobachter II. Ordnung", die nicht nur darauf achten, was die Lernenden denken, wahrnehmen, erkennen, sondern auch, wie sie ihre Wirklichkeiten konstruieren, auf Grund welcher Leitdifferenzen und Maßstäbe („Codes') sie wahrnehmen und bewerten, welche Perspektiven sie einnehmen (z.B. als Opfer, als Benachteiligter), welche blinden Flecken eine Codierung zur Folge hat" (Siebert 2001, S. 182).

Die beratende Begleitung in diesem Prozess kann Sicherheit und Vertrauen vermitteln und zur Einsicht verhelfen, dass Fehlschläge oder Widerstände den Beginn für neue Fragen und Einsichten darstellen können. Sprache, die Art und Weise sich auszudrücken, nimmt hierbei eine besondere Rolle ein, denn sie vermittelt an andere unsere Einstellung und Vorstellungen, sie „bringt notwendigerweise eine Perspektive, in der Dinge betrachtet werden, und eine Einstellung gegenüber dem, was wir betrachten, ins Spiel" (Bruner 2003; Original 1982, S. 485). Wichtig ist es, solche sprachlichen Konstrukte zu verwenden, die andere zum Mitdenken, zur Reflexion anregen. Bruner (2003, S. 494) nennt dies „reflexive Intervention", die zum Denken einlädt, „zur genauen Ausarbeitung, zur Fantasie" (ebd., S. 491).

Der kommunikative Aspekt ist sehr eng verbunden mit dem Aspekt der *sozialen Kompetenzen*. Gefordert sind für die Zusammenarbeit und für die Durchführung von Unterricht beispielsweise Fähigkeiten wie Situationsgespür, Konfliktmanagement oder Teamentwicklung.

Schließlich stellt auch die *Diagnosekompetenz* eine notwendige Fähigkeit dar, um die Befindlichkeiten und individuellen Bedingungen von Lernenden systematisch zu erfassen und produktiv zu nutzen.

Die folgende Tabelle zeigt die einzelnen Kompetenzen im Überblick in Verbindung mit den Teilfähigkeiten, die für die Schritte Planung, Durchführung und Bewertung von Handlungen notwendig sind.

Kompetenz	Notwendige Teilfähigkeiten zur:		
	Antizipation	**Durchführung**	**Evaluation**
Fachkompetenz	Vorwissen als Planungsgrundlage	Vorwissen als Handlungsgrundlage Transferwissen	Vorwissen als Bewertungsgrundlage
Didaktische Kompetenz	Planung von einzelnen Lerngelegenheiten	Einsatz neuer didaktischer Modelle	Überprüfung und Reflexion des didaktischen Vorgehens
Methodenkompetenz	Planung Strukturierung Metakognition	Moderation Prozessbegleitung Zeitmanagement	quantitative und qualitative Instrumente zur Selbst- und Fremdeinschätzung
Diagnosekompetenz	Analysefähigkeiten Prozessdiagnostik	Durchführung von Beratung und Analyse Einsatz von Instrumenten	Auswertung (Selbst)reflexion
Personale Kompetenz	Aufmerksamkeit Motivation Vorbild sein	Motivation Selbstwirksamkeitserleben Vollendungswunsch Anstrengungsbereitschaft	Selbstreflexionsbereitschaft
Emotionale Kompetenz	Zuversicht Empathie Ängste überwinden	Erkennen und Beseitigung emotionaler Barrieren Empathie	Selbsteinschätzung
Soziale Kompetenz	Integration Teamarbeit vorbereiten	Teamarbeit durchführen Konfliktfähigkeit	Teamdiagnose
Kommunikative Kompetenz	Aushandlungsprozesse initiieren	Überzeugen Inhalte vermitteln	Klare Kommunikation Feedback-Kultur

Tabelle 6: Überblick über die Kompetenzen für eine pädagogische Professionalität

Im Verlauf der Ausführungen hat sich gezeigt, dass Lehrende zur Ausübung ihrer Tätigkeiten mit einer pädagogischen Professionalität ausgestattet sein müssen, die eine Reihe von Kompetenzen erforderlich macht. Eines muss jedoch klar sein: auch der Aufbau und die Weiterentwicklung von pädagogischer Professionalität ist ein Lernprozess, der von außen nur angeregt und angestoßen, nicht jedoch „gemacht" werden kann. Wie Lehrende ihre Professionalität definieren und jeweils neue Aspekte in ihr professionelles Selbst integrieren, dies hängt von ihrer Wirklichkeitsdefinition ab. Hier kann jedoch zumindest durch die Vorbereitung der Rahmenbedingungen oder reflexionsanstoßende Gespräche ein gewisser „Einfluss" auf die Definition einer Situation genommen werden, damit die bisherigen Handlungsmuster erkannt und gegebenenfalls geändert werden können. Wichtig ist dabei, dass der Zusammenhang der subjektiven Wahrnehmung der Umwelt und den anfallenden Anforderungen mit der individuellen Wahrnehmung als Subjekt verstanden wird und also an der subjektiven Wahrnehmung als Subjekt von den Einzelnen gearbeitet werden muss, damit sich die Wahrnehmung der Umwelt ändern kann. Auf diese Weise können Barrieren und blinde Flecke abgebaut und die eigenen Muster mit der Realität abgeglichen werden.

6.4 Systemische Achtsamkeit –
der Kern pädagogischer Professionalität

Menschliches Leben ist nicht nur im biologischen Sinne eine Entwicklung in der Zeit. Vielmehr ist die Zeit und das Zeiterleben auch ein wesentliches Strukturierungselement der subjektiven Erfahrung. Dies gilt für den großräumigen Lebenszusammenhang, die Biographie, ebenso wie für das alltägliche Handeln. Für Anfang und Schluss sowie die dazwischenliegende Phase der Realisierung, den Vollzugs, steht nicht beliebig viel Zeit zur Verfügung, besonders dann nicht, wenn verschiedene Lebenszusammenhänge gleichzeitig bzw. parallel zu organisieren sind. Dennoch muss für professionelles pädagogisches Handeln die zeitliche Verzögerung, die zum Nach-Denken benötigt wird (Dörpinhaus 2005), notwendig eingerechnet werden. An der vermuteten Verfügbarkeit und Planbarkeit setzen die Zeitmanagement-Berater an: Sie überschütten uns mit Hinweisen, die uns helfen sollen, in allem „schneller" zu sein – schneller zu beginnen („Put first things first!"), sich zielorientierter zu konzentrieren und schließlich effektiv abzuschließen. Beruf und Alltag geraten so zu einem Projektmanagement, dessen Qualität sich nach Maßstäben der Prägnanz und Geschwindigkeit bemisst. Leben erscheint so als beherrschbar, Erfolg ist eine Frage des zielbewussten Zeiteinsatzes und der zweckbezogenen Konzentriertheit. Weitgehend aus dem Blick geraten dabei die negativen, entsubjektivierenden Aspekte dieses Lebens im Modus der Geschwindigkeit, welcher sich für unsere „entfesselte Welt" (Giddens 1999) zunehmend als die identitäts- und gemeinschaftsstiftende Zentralrahmung darstellt. Subjektivität emergiert nicht mehr im Sinne einer Entfaltung der Potenziale und Besonderheiten einer Person, sie wird vielmehr erzeugt durch die permanenten und bisweilen eskalierenden Nötigungen der Zwecke – eine Tendenz, die man in der Formel fassen könnte: „Keine Zeit für Subjektivität". In Gracians Handorakel ist hierzu zu lesen:

„Es gibt Beschäftigungen, die einem wie Motten den Teppich der Zeit zerstören. Sich mit etwas Ungehörigem beschäftigen ist schlimmer als Nichtstun. [...] So sehr darf man nicht allem angehören, dass man nicht mehr sich selbst angehöre" (Gracian 1882, S. 31).

Dieser Entsubjektivierungseffekt des Lebens im Modus der Geschwindigkeit führt keineswegs automatisch zu gelingenden Aktionen oder gar in jedem Fall zu erfolgreichen Zielerreichungen im Detail. Vielfach fehlt dem beschleunigten Zugriff der Blick für die Systemik des Ganzen, und die Ruhe des aktionslosen Zustandes fühlt sich für den aktionsgewohnten und nicht selten getriebenen Menschen[33] zumeist bedrohlich an, zu bereitwillig lauert überall die Selbstbeschwörung des „Wenn-ich-nichts-tue, dann-tut-sich-nichts!" Diese Selbstbeschwörung verdeckt eine große Angst: die Angst vor der Selbstbegegnung, von der der Getriebene intuitiv spürt, dass diese sich in der Aktionslosigkeit anbahnt und ereignisloser Zeitnutzung, weshalb er ihr zu entfliehen trachtet. Beschleunigtes Leben verdeckt diese Furcht, und wer so lebt, der nähert sich kaum der Einsicht in seine Antreiberstrukturen, weshalb er süchtig nach Abwechslung bzw. nach „geeigneten" Formen beruflicher und privater Herausforderungen ist. Diese nimmt er bereitwillig wahr, kann diese jedoch nicht in einer anderen Form als der seiner eigenen – unbewussten – Bedürftigkeit gestalten. Wer nach dem Motto „Beeile dich!" gelernt hat zu leben, der sucht eilbedürftige Herausforderungen, um diesem Motto gemäß leben zu können, und er sieht Eilbedürftigkeit eigentlich in allem, selbst dort, wo diese überhaupt nicht angebracht ist. So reproduziert sich die beschleunigte Moderne letztlich über die inneren Antreiberstrukturen, die getriebene – oder besser gesagt: angstvermeidende – Eltern ihren Kindern „mitgeben", weil alle Beteiligten letztlich nur so leben wollen, wie sie gelernt haben zu denken und zu fühlen (vgl. Lange 2000).

Nur in der Getriebenheit spürt sich der durch Antreiber „bewegte" Mensch. Sein Blick ist zudem getrübt, er vermag die „wahren" Anforderungen von Situationen, Interaktionen, Reaktionen usw. überhaupt nicht mehr unverstellt zu sehen, denn er sieht nur, was er weiß – ganz so, wie es die Konstruktivisten erkenntnistheoretisch beschreiben. Dadurch ist eine systemische Blindheit angelegt, die zumeist vollständig ausgeblendet bleibt: Der solchermaßen bewegte Mensch sieht die Dynamiken der anderen Systemelemente (d. h. die Motive, Potenziale und tatsächlichen Kompetenzen anderer Menschen) überhaupt nicht, da das Rauschen seiner Antreiber alles übertönt: Jede Situation wird durch die Brille der Antreiber gescannt, und es wird nur das darinnen erkannt, was diese Antreiber wieder-erkennen.

---

[33] Das Konzept der „Antreiber" entstammt der Transaktionsanalyse, die damit tief verwurzelte und früh eingespurte Botschaften meint, wie „Sei perfekt!", „Sei stark!", „Streng dich an!", „Beeil dich!" usw., denen das Kind gelernt hat zu folgen: „Es steht unter Druck, weil es glaubt, so lange in Ordnung zu sein, wie es dem Antreiber gehorcht. [...] Wenn ich innerlich eine Antreiber-Botschaft wieder ablaufen lasse, dann zeige ich eine Reihe von Verhaltensweisen, die mit diesem Antreiber in der Regel einhergehen. Ein solches Antreiber-Verhalten stellt eine jeweils eigene, für den Betreffenden typische Prägung dar und wird konsequent beibehalten. Wenn wir das Antreiber-Verhalten eines Menschen untersuchen, können wir mit großer Sicherheit einige gewichtige Aspekte seines Skriptes vorhersagen" (Stewart/Joines 1990, S. 197), nach dem er unbewusst-getrieben sein Leben führt.

Diese „Blindheit" des Getriebenen prägt das sachbezogene Denken und Handeln bis hinein in die obersten Etagen der „Sachlichkeit", d. h. auch die wissenschaftlichen „Erklärungsspezialisten" vermögen (Arnold 2003) sich nicht losgelöst von ihren „inneren Notständen" (vgl. Jellouscheck 1996, S. 41 ff) ihren Gegenständen zu widmen:

> „Sie reagieren emotional nicht wirklich angemessen auf die jeweilige Situation und den jeweiligen Gegenstand, sondern ‚messen' ihr Verhalten letztlich auch an ihren eigenen ‚inneren Notwendigkeiten'. Damit ‚verkennen' sie sehr häufig die tatsächliche ‚Beschaffenheit' sowie die Ziele und Bedürfnisse des Gegenübers und missbrauchen dieses gewissermaßen als Projektionsfläche für sehr eigene – noch immer unerledigte – seelische Anliegen. Dieses ‚Verkennen' wir vielen dieser professionellen Erklärungsspezialisten nicht wirklich bewusst. Sie taumeln von Gegenstand zu Gegenstand, an denen sie sich ‚abarbeiten', von Arbeitsplatz zu Arbeitsplatz und finden sich bisweilen immer wieder in Situationen, in denen das Gegenüber sich ihnen entzieht oder – wie es bisweilen projektiv heißt – ihnen ‚nicht gerecht wird'. Allenfalls haben sie Bewunderer oder Untergebene um sich gescharrt und führen Fassadenbeziehungen; selten jedoch ist ihnen ein wirklich authentisches In-Beziehung-Treten zu einem anderen Menschen gelungen. Die anderen spüren nämlich die ‚emotionale Blindheit' (Miller) dieses angetriebenen Spezialistentums, sie spüren, dass diese letztlich etwas mit ihnen inszenieren, was ihnen gar nicht selbst gilt und ziehen sich zurück oder lassen allenfalls vordergründige, geschäftsmäßige Beziehungen zu, während den professionellen Betrachtern selbst das, worum es in der Entwicklung und im Lernen Erwachsener eigentlich geht, in der eigenen Lebenspraxis selbst mehr und mehr entgleitet" (Arnold 2003 c, S. 159).

Unter pädagogischem Blickwinkel ist diese Analyse der inneren Strukturen von Getriebenheit in zweifacher Weise relevant: Zum einen stellt sich – z. B. im Hinblick auf die Qualifizierung in Erwachsenenbildung und Weiterbildung – die Frage, wie aus den hier beschriebenen Mustern der Getriebenheit wirksam „ausgestiegen" werden kann, zum anderen ist zu untersuchen, wie weit der Modus des beschleunigten Lebens bereits Einzug in die Bildungseinrichtungen unserer Gesellschaft gehalten und dort den ursprünglichen Wortsinn von „Schule" (griech: Muße) grundlegend verfälscht hat. Und auch hierbei ist zu fragen, wie Schule sowie Erwachsenen- und Weiterbildung hier anders und neu gedacht werden muss, um die bereits angelegten Antreiberstrukturen nicht zu festigen, sondern im Interesse der Förderung eines „starken Selbst" (Feldenkrais 1992) zur Entfaltung bringen zu können. Erforderlich zu sein scheint eine „Öffnung der Schule" nach innen, welcher es gelingt, das Lernen im Sinne einer Befreiung des wahren Selbst aus den Ketten der inneren Antreiber zu befreien. Dabei geht es um eine Didaktik des Zur-Ruhe-Kommens, wie Jank und Meyer sie beschreiben:

„Die Didaktik hat sich von ihren Anfängen an, also seit dem Zeitalter des Barock (Radke, Comenius) als *Lernbeschleunigungs-Maschinerie* verstanden. Sie wollte die Lernbarrieren senken, sie wollte immer mehr SchülerInnen immer schneller immer weiter bringen. Der Frankfurter Erziehungswissenschaftler Horst Rumpf hat als einer der ersten diese unheilvolle Tradition analysiert. In Zukunft, so argumentiert er, wird es weniger darauf ankommen, immer mehr SchülerInnen immer schneller zum Schulabschluss zu bringen, sondern darauf, durch die Verlangsamung der Lernprozesse die aus vielerlei Gründen verloren gegangene Intensität des Lernens wiederherzustellen. [...] Es kommt in Zukunft immer mehr darauf an, eine Didaktik der Ruhe, der Konzentration und der Intensität zu entwickeln" (Jank / Meyer 1994, S. 345).

Die Frage, wie eine solche „Didaktik der Ruhe" sich entwickeln kann, verweist unmittelbar auf die persönlichen und sozialen Kompetenzen derer, die eine solche Didaktik zu gestalten hätten. Sind diese „Getriebene"? Kann wirklich erwartet werden, dass jemand, der im Modus des Getriebenseins und der äußeren sowie inneren Unruhe sozialisiert worden ist, plötzlich und zumeist „auf-sich-gestellt" eine „Didaktik der Ruhe" zum Leitmodell seines didaktischen Handelns zu machen vermag. In einem Forschungsprojekt an der Universität Kaiserslautern [34] bestätigte sich die Hypothese, dass Lehrerinnen und Lehrer unterrichtliche Situationen ganz vorwiegend vor dem Hintergrund ihrer subjektiven Konstrukte und Deutungsmuster inszenieren. Diese entspringen biographischen Erfahrungen und beeinflussen in starkem Maße die Art und Weise, wie Lehrerinnen und Lehrer die ihnen „begegnenden" Situationen beobachten und das Beobachtete bewerten. Diese subjektiven Konstrukte erfüllen somit für Lehrpersonen „[...] vergleichbar die Funktion, wie es wissenschaftliche Theorien für einen Wissenschaftler bzw. Forscher tun, sie dienen nämlich der Erklärung, der Prognose und Technologie" (Schlee / Wahl 1987, S. 5 f; zit. nach: Arnold / Milbach 2003, S. 41).

Nimmt man die beruflichen Sozialisationsprozesse in den Blick, so zeigt sich, dass damit Lehrende abhängig von ihrem eigenen Erleben – bzw. als selbstgesteuert Lernende – die Lernenden unterstützen und beispielsweise die Fähigkeiten haben oder nicht haben, die Selbstlernkompetenzen von Lernenden zu stärken, um so deren Kompetenzentwicklung nachhaltig anzuregen.

---

[34] In diesem Vorhaben wurden auf der Basis einer intensiven Sichtung der vorliegenden LehrerInnen-Forschungen sowie anhand von zehn qualitativen Fallstudien die grundlegenden Zusammenhänge zwischen Lehrerbiographie und Pädagogischer Professionalität ausgelotet. Zugrundegelegt war dabei ein Phasenmodell der berufstypischen Entwicklung, dessen typische Abschnitte durch phasentypische Aufgaben definiert worden sind. Der Forschungsbericht enthält eine ausführliche Beschreibung der methodologischen Grundlagen der Untersuchung sowie des Prozesses und der Ergebnisse der Studie (vgl. Arnold / Milbach 2003).

Wie verhält sich das Konzept einer „Didaktik der Ruhe" zu den bislang vorherrschenden didaktischen Diskursen, welche sich darum bemühen, die Didaktik als Vermittlungswissenschaft zu begründen. In einer lesenswerten Sammelbesprechung neuerer didaktischer Veröffentlichungen hat Hans-Joachim von Ohlberg die derzeit vorherrschenden „Konzeptvarianten" (von Ohlberg 2004, S. 119) kritisch unter die Lupe genommen, um herauszufinden, ob und inwieweit diese dem Anspruch an eine „pragmatische Theorie institutionalisierten Lehrens und Lernens" (ebd.) gerecht zu werden vermögen. Von Ohlberg beschäftigt sich dabei mit der Übersicht von Hilbert Meyer und Werner Jank sowie den „neueren" Entwürfen einer „Bildungsgangdidaktik" (Hericks u. a. 2001; Meyer/Reinartz 1998), einer konstruktivistischen Didaktik (Reich 2002a) und einer „Evolutionären Didaktik" (Scheunpflug 2001a;b) sowie der Neubegründung der Lehr-lerntheoretischen Didaktik (Straka/Macke 2002). Seiner Sichtung und Beurteilung legt von Olberg die Kriterien der „Historizität" („Wie werden die geschichtlichen Vorläufererkenntnisse des eigenen Metiers integriert?"), der „Internationalität" („Wie wird an internationale Didaktikdiskurse angeschlossen?") und der „Forschungsbasiertheit" („Sind die Ansätze durch empirische und interdisziplinäre Forschungen fundiert?") sowie eine ansatzweise – aber wesentliche systemtheoretische Aspekte ausblendende [35] – Differenzierung des „Vermittlungsbegriffes" zugrunde. Seine „Bilanz" ist kritisch: „Auf dem Weg zur Vermittlungswissenschaft sind die vorgestellten Didaktikansätze allerdings alle nicht" (ebd., S. 130) – so sein Fazit. Da er nicht wirklich problematisiert, ob und inwieweit der Vermittlungsanspruch selbst vielleicht immer noch Ausdruck einer lerntechnologischen Restillusion ist, kommen die konstruktivistischen Didaktikansätze bei ihm besonders schlecht weg. Den Boom entsprechender didaktischer Entwürfe nimmt er nicht wirklich substanziell – d. h. unter Prüfung der sachlich vorgetragenen Ergebnisse sowie der Argumentationen zu der Frage, was „strukturelle Koppelung" in der Selbststeuerung lernender Systeme wirklich bedeuten kann – wahr. Was bleibt, ist die Klage über ein „didaktisches Defizit an expliziter personaler, inhaltlicher und gesellschaftlicher Orientierung" (ebd., S. 130), so als sei es dies zwar leicht möglich, aber nur versäumt worden. Indem er das konstruktivistische Denken lediglich als – letztlich raffinierten – Ausdruck „ungestillter pädagogischer Orientierungsbedürfnisse" (ebd.) zu deuten vermag, entgeht ihm die eigentliche Frage, ob und inwieweit Didaktik als Vermittlungswissenschaft anders als im Kontext überlieferter, aber letztlich wenig belegter Wirkungsillusionen überhaupt denkbar ist. Und indem er so die didaktische Diskussion weiterhin auf die Vermittlungsperspektive verpflichtet, versäumt er, der Aneignungslogik des Subjektes einen wirklich substanziellen Platz zukommen zu lassen,

---

[35] Zwar rezipiert von Olberg die Festlegungen von Jochen Kade und Niklas Luhmann, welche in der Funktion des *Vermittelns* die spezifische gesellschaftliche Funktion des Bildungswesens erkennen zu können glauben, weshalb sie als dessen Code „vermittelbar/nicht vermittelbar" bestimmen (vgl. Kade 1997, S. 32), doch blendet er die Frage aus, ob Vermitteln überhaupt möglich ist bzw. allenfalls die Illusion der Vermittlung als der Stoff angesehen werden kann, aus dem das Erziehungssystem sich symbolisch legitimiert.

auf dessen Basis sich auch eine „Didaktik der Ruhe" überhaupt erst entwickeln ließe. Horst Siebert schreibt zu der Frage der Vermittlung („Ist Lehre möglich?"):

> „Aber Wissensvermittlung ist direkt kaum möglich. Autopoietische Systeme können von außen nicht ‚instruiert' werden. Das Wissen des Kursleiters ist ein Angebot, eine ‚Ressource' für den Wissenserwerb des Lernenden. Lehre steuert nicht Lernen, sondern Lehre ist eine mögliche Bedingung für Lernprozesse.[…] Dem Lehrenden bleiben die Köpfe der Lernenden letztlich verborgen, ihre Gedanken und Gefühle ‚sind frei' – glücklicherweise. So bleibt dem Lehrer keine andere Wahl als intelligente, anregende, relevante ‚Inputs' anzubieten, wohl wissend, dass die Verarbeitung dieses Materials eigensinnig und eigenwillig erfolgt. Der Lehrer muss ‚so tun als ob' seine Inputs einen erwünschten Output bewirken. Allerdings sollten Lehrende vermeiden, die Lernprozesse in einer Gruppe zu sehr zu vereinheitlichen, standardisieren und normieren zu wollen. Und: Alle Versuche, menschliche Gehirne direkt zu determinieren und deren Autopoiese einzuschränken, haben manipulativen Charakter" (Siebert 1999, S. 36 und 38).

Bildung, die der eigensinnigen und eigenwilligen Aneignung der Lernenden Rechnung zu tragen vermag, benötigt Zeit und eine *didaktische Sensibilität*. Dieser Begriff kennzeichnet einen Habitus der Lehrperson, der durch Unaufgeregtheit und konzentrierter Zugewandtheit in Lernbeziehungen gekennzeichnet ist. Für die Ausbildung eines solchen Habitus kann und muss etwas getan werden. Der wesentliche Schritt auf dem Weg zur didaktischen Sensibilität ist die kritische Distanz zu den vorherrschenden, das eigene Erleben prägenden lernkulturellen Erfahrungen. Lehrpersonen blicken auf eine eigene Lerngeschichte zurück, in der sie ganz überwiegend mit einem monologisch-linearen Konzept von Lehren und Lernen konfrontiert waren. Diese Erfahrungen prägen ihre Erwartungen, orientieren und restringieren aber auch gleichermaßen ihr eigenes Verhalten und Handeln in Lehr-/Lern-Prozessen. Da man nur zu sehen vermag, was man weiß, wie die Konstruktivisten meinen, erscheint einem auch nur das als Lernsituation, was einen an eigene – vergangene – Lernsituationen erinnert, auch dann, wenn man sich diesem in anderer Rollenzuständigkeit aussetzt. Der Weg zu unterrichtlichen Innovationen im Sinne einer Realisierung lebendiger Lernkulturen (vgl. Arnold/Schüßler 1998) setzt deshalb das Erleben bzw. die Anschauung einer anderen Interaktion von Lernenden und Lehrenden voraus. Dieses „Andere" präsentiert sich nicht nur im Modus einer größeren Selbststeuerung und Aktivität der Lernenden, welche – systematisch und absichtsvoll darauf vorbereitet – in die Lage versetzt werden (müssen), den Lernprozess als „ihren" Prozess wahrzunehmen und der Logik ihrer eigenen „Lernprojekte" (Holzkamp 1993) gemäß zu gestalten, *es geht vielmehr auch um einen andere raum-zeitlichen Modus des Lernprozesses,* der sich gleichermaßen verdichtet und entgrenzt präsentiert.

Gelungene Bildung ist Ausdruck von Verdichtungserleben. Damit ist gemeint, dass Bildung, die diesen Namen verdient, „in die Tiefe gehen" muss. Dies bedeutet, dass sie den Gebildeten zu einer anderen Stellungnahme gegenüber der Welt befähigen muss – einer Stellungnahme, die nicht kontrafaktisch in den vertrauten Mustern beharrt, sondern das Gespür und die Einsicht entwickelt, dass alles auch ganz anders sein könnte (vgl. Nowotny 1999). Eine solche Bildung geht mit transformierten Mustern einher und berührt von daher das, was Gregory Bateson mit dem Begriff des Deutero-Learnings beschreibt. Dieses nimmt die Rahmungen der Wahrnehmung und Erkenntnis sowie des Denkens selbst in den Blick, erkennt und transformiert Musterhaftigkeit. Grundlegend für ein solches Lernen ist die Einheitlichkeit des Wissens; es reflektiert deshalb wie Bateson in anderem Zusammenhang deutlich macht

„[…] nicht nur unser eigenes Wissen, sondern auch das *weitere Wissen [...]* das der Leim ist, der die Seesterne, Seeanemonen, Rotholz-Wälder und menschliche Kommissionen zusammenhält" (Bateson 1987, S. 11).

Versteht man unter Professionalität die Ausgeprägtheit der Kompetenzen, die für ein zielerreichendes Handeln in einem bestimmten Bereich unverzichtbar sind, so gilt es, die Strukturen und Funktionslogiken dieses Bereiches genauer zu bestimmen. Dies ist in den vorstehenden Kapiteln mit verschiedenen Annäherungen an die Wandlungstendenzen im Bereich des pädagogischen Handelns versucht worden. Dabei ist u. a. deutlich geworden, dass dieses Handeln ein in mehrfacher Hinsicht ungesichertes Handeln ist. Mit einem Wortspiel kann man nochmals feststellen, dass das einzige Sichere die Ungesichertheit des pädagogischen Erfolges ist. Diese Ungesichertheit findet u. a. in den unvermeidbaren systemischen Nebenwirkungen ihren Ausdruck: Wer pädagogisch professionell handelt, muss sich deshalb von technologischen Vorstellungen der Machbarkeit und Beherrschbarkeit vom Bildung und Kompetenzentwicklung lösen und nach den Eigenlogiken, die sich in solchen Prozessen Ausdruck verschaffenden subjektiven Potenziale fragen. Hierzu haben die neueren systemischen Theorien, aber auch die neurobiologischen Einsichten über die Wirkungsweisen unserer kognitiven und emotionalen Verarbeitungsweisen und Handlungsbegründungen grundlegende Präzisierungen geschaffen und die Einsicht gestärkt, dass pädagogische Professionalität eine Fähigkeit umschreibt, mit prinzipiell unbeherrschbaren und vielleicht gar unsteuerbaren Systemiken in einer Weise umzugehen, dass diese in der Lage sind, sich produktiv weiter zu entwickeln.

Für diese Fähigkeiten sind die das Lernen bestimmenden Systemiken im Innen und Außen zu verstehen. Das Außen steht dabei für anderes und mehr als eine bloß materiale Inhaltlichkeit, in welcher die gesellschaftlichen Anforderungen und Überlieferungen in einer mehr oder weniger zeitgemäßen Form ihren Niederschlag finden.

Literaturverzeichnis

Abele, A.: Motivationale Mediatoren von Emotionseinflüssen auf die Leistung. Ein vernachlässigtes Forschungsgebiet. In: Jerusalem, M. / Pekrun, R. (Hrsg.): Emotion, Motivation und Leistung. Göttingen 1999, S. 31 – 50.

Abosch, H.: Das Ende der großen Visionen. Plädoyer für eine skeptische Kultur. Hamburg 2000.

Adorno, T.W.: Stichworte. Kritische Modelle 2. Frankfurt 1980.

Aebli, H.: Denken: Das Ordnen des Tuns. Band I: Kognitive Aspekte der Handlungstheorie. Stuttgart 1980.

Agyris, C.: Wissen in Aktion. Eine Fallstudie zur lernenden Organisation. Stuttgart 1997.

Albom, M.: Dienstags bei Morrie. Die Lehre eines Lebens. München 1998.

Alfermann, D.: Geschlechterrollen und geschlechtstypisches Verhalten. Stuttgart 1996.

Arnold, R.: Autonomie und Erwachsenenbildung. In: Hessische Blätter für Volksbildung 55, 2005, H. 1, S. 37 – 46.

Arnold, R.: Die emotionale Konstruktion der Wirklichkeit. Beiträge zu einer emotionspädagogischen Erwachsenenbildung. Baltmannsweiler 2005.

Arnold, R.: Vom expansiven zum transformativen Erwachsenenlernen – Anmerkungen zur Undenkbarkeit und den Paradoxien eines erwachsenenpädagogischen Interventionismus. In: Faulstich, P. / Ludwig, J. (Hrsg.): Expansives Lernen. Baltmannsweiler 2004a, S. 232 – 245.

Arnold, R.: Führen und Geführtwerden im Schulalltag – emotionstheoretische Betrachtungen. In: Arnold / Griese, C. (Hrsg.): Schulleitung und Schulentwicklung. Baltmannsweiler 2004b, S. 5 – 12.

Arnold, R.: Erwachsenenlernen im Modus des Fühlens – oder: Die Emotionslosigkeit der Erwachsenenpädagogik und ihrer Praxis. In: Höffer-Mehlmer, M. (Hrsg.): Bildung: Wege zum Subjekt. Baltmannsweiler 2003, S. 155 – 166.

Arnold, R.: Konstruktivismus und Erwachsenenbildung. In: Report. Literatur- und Forschungsreport Weiterbildung 26, 2003a, S. 51 – 61.

Arnold, R.: Systemtheoretische Grundlagen einer Ermöglichungsdidaktik. In: Arnold, R. / Schüßler, I. (Hrsg.): Ermöglichungsdidaktik. Erwachsenenpädagogische Grundlagen und Erfahrungen. Baltmannsweiler 2003b, S. 14 – 36

Arnold, R.: Emotionale Kompetenz und emotionales Lernen in der Erwachsenenbildung. Kaiserslautern 2003c.

Arnold, R.: Weiterbildungsmanagement und Hochschulentwicklung: Wohin steuern die deutschen Hochschulen? In: Lehmann, B. / Vogt, H. (Hrsg.): Weiterbildungsmanagement und Hochschulentwicklung – Die Zukunft gestalten! Dokumentation der 31. Jahrestagung des Arbeitskreises Universitäre Erwachsenenbildung (AUE – Hochschule Weiterbildung) an der Universität Kaiserslautern. 19. / 20. September 2002. Beiträge des AUE Nr. 40. Hamburg 2003d, S. 7 – 15.

Arnold, R.: Humanistische Pädagogik. Emotionale Bildung nach Erich Fromm. Frankfurt 2002.

Arnold, R.: Ermöglichungsdidaktik. In: Arnold, R. u. a. (Hrsg.): Wörterbuch Erwachsenenbildung. Bad Heilbrunn / Obb. 2001, S. 84 – 85.

Arnold, R.: Das Santiago-Prinzip. Führung und Personalentwicklung im lernenden Unternehmen. Köln 2000.

Arnold, R.: Will Distance Disappear in Distance Studies? Preliminary Considerations on the Didactic Relevance of Proximity and Distance. In: Journal of Distance Education 14, 2000, 2, S. 1-9.

Arnold, R.: Deutungslernen in der Erwachsenenbildung. Grundlinien und Illustrationen zu einem konstruktivistischen Lernbegriff. In: Zeitschrift für Pädagogik 42, 1996, S.719 – 730.

Arnold, R.: Luhmann und die Folgen. Vom Nutzen der systemischen Theorie für die Erwachsenenpädagogik. In: Zeitschrift für Pädagogik 41, 1995, S. 599 – 614.

Arnold, R.: Interkulturelle Berufspädagogik. Oldenburg 1991.

Arnold, R.: Deutungsmuster und pädagogisches Handeln in der Erwachsenenbildung. Aspekte einer Sozialpsychologie der Erwachsenenbildung und einer erwachsenen-pädagogischen Handlungstheorie. Reihe „Theorie und Praxis der Erwachsenenbildung", hrsg. von der Pädagogischen Arbeitsstelle des Deutschen Volkshochschulverbandes. Bad Heilbrunn 1985.

Arnold, R. (Hrsg.): Lebendiges Lernen. Baltmannsweiler 1996.

Arnold, R. / Lehmann, B.: Selbstgesteuertes Lernen im Fernstudium. Vortrag, gehalten im Rahmen der Sitzung der Kommission Erwachsenenbildung der Deutschen Gesellschaft für Erziehungswissenschaft am 3.10.1997 in Frankfurt. Frankfurt 1997.

Arnold, R. / Lermen, M.: Bildung und Kompetenzentwicklung – neuere Entwicklungen in Erwachsenenbildung und Weiterbildung. In: Wiesner, G. / Wolter, A. (Hrsg.): Die lernende Gesellschaft. Lernkulturen und Kompetenzentwicklung in der Wissensgesellschaft. Weinheim 2004, S. 45 – 59.

Arnold, R. / Lermen, M.: Lernkulturwandel und Ermöglichungsdidaktik – Wandlungstendenzen in der Weiterbildung. In: QUEM-report „Weiterlernen – neu gedacht" (Nr. 78). Berlin 2003, S. 23 – 33.

Arnold, R. / Lermen, M.: Multimediales Lernen in der Erwachsenenbildung. In: PÄDForum 4 / 2002, S. 456 – 460.

Arnold, R. / Milbach, B.: Biographische Erfahrungen und ihr Einfluss auf die professionelle Handlungskompetenz von LehrerInnen. (Pädagogische Materialien der Universität Kaiserslautern). Heft 13. Kaiserslautern 2003.

Arnold, R. / Müller, H.-J. (Hrsg.): Kompetenzentwicklung durch Schlüsselqualifizierung. 2. Auflage. Baltmannsweiler 2006.

Arnold, R. / Schüßler, I. (Hrsg.): Ermöglichungsdidaktik. Erwachsenenpädagogische Grundlagen und Erfahrungen. Baltmannsweiler 2003.

Arnold, R. / Schüßler, I.: Wandel der Lernkulturen. Ideen und Bausteine für ein lebendiges Lernen. Darmstadt 1998.

Arnold, R. / Siebert, H.: Die Verschränkung der Blicke. Konstruktivistische Erwachsenenbildung im Dialog. Baltmannsweiler 2006.

Arnold, R. / Siebert, H.: Konstruktivistische Erwachsenenbildung: Eklektizismus, Realitätsverleugnung und Beliebigkeit? In: Baldauf-Bergmann, K. u. a. (Hrsg): Erwachsenenbildung im Wandel. Ansätze einer reflexiven Weiterbildungspraxis. Baltmannsweiler 2003.

Arnold, R. / Siebert, H.: Konstruktivistische Erwachsenenbildung. Von der Deutung zur Konstruktion von Wirklichkeit. Bd. 4 der Schriftenreihe „Grundlagen der Berufs- und Erwachsenenbildung". Baltmannsweiler 1995.

Arnold, R. / Gómez Tutor, C. / Kammerer, J.: Entwicklung von Selbstlernkompetenzen – Voraussetzungen für die Lehre. In: Klein, R. / Reutter, G. (Hrsg.): Lernberatungskonzeption. Grundlagen und Praxis. Baltmannsweiler 2005, S. 190 – 204.

Arnold, R. / Gómez Tutor, C. / Kammerer, J.: Die Entwicklung von Selbstlernkompetenz als didaktische Herausforderung. In: Witthaus, U. / Wittwer, W. / Espe, C. (Hrsg.): Selbst gesteuertes Lernen. Theoretische und praktische Zugänge. Bielefeld 2003, S. 129 – 144.

Arnold, R. / Gómez Tutor, C. / Kammerer, J.: Selbstlernkompetenzen auf dem Prüfstand – eine empirische Untersuchung zur Bedeutung unterschiedlicher Kompetenzen für das selbstgesteuerte Lernen. (Pädagogische Materialien der Universität Kaiserslautern). Kaiserslautern 2002.

Arnold, R. / Gómez Tutor, C. / Kammerer, J.: Selbstlernkompetenzen. (Pädagogische Materialien der Universität Kaiserslautern). Kaiserslautern 2001.

Arnold, R. / Nuissl, E. / Nolda, S. (Hrsg.): Wörterbuch Erwachsenenpädagogik. Bad Heilbrunn / OBB 2001.

Ausubel, David P.: Psychologie des Unterrichts. Weinheim, Basel 1974.

Baacke, D.: „Medienkompetenz": theoretisch erschließend und praktisch folgenreich. In: medien + erziehung 43, 1999, H. 1, S. 7 – 12.

Bacon, F.: Essays moral, economical and political, 1597.

Baethge, M. u. a.: Konzeptionelle Grundlagen für einen Nationalen Bildungsbericht. Berlin 2004.

Balgo, Rolf: Wie konstruiere ich mir eine Lernbehinderung? Eine provokative Anleitung. In: Voß, Reinhard (Hrsg.): Lernlust und Eigensinn. Systemisch-konstruktivistische Lernwelten. Heidelberg: Auer 2005, S. 65 – 76.

Balgo, R. / Lindemann, H. (Hrsg.): Theorie und Praxis systemischer Pädagogik. Heidelberg 2006.

Balgo, R. / Voß, R.: Wenn das Lernen der Kinder zum Problem gemacht wird. Einladung zu einem systemisch-konstruktivistischen Sichtwechsel. In: Voß, R. (Hrsg.): Die Schule neu erfinden: Systemisch-konstruktivistische Annäherungen an Schule und Pädagogik. 4. Aufl.. Neuwied 2002, S. 56 – 69.

Baltes, Paul B.: Das Zeitalter des permanent unfertigen Menschen: Lebenslanges Lernen nonstop? In: Aus Politik und Zeitgeschichte. B36. 2001, S. 24 – 32.

Bandura, Albert (Hrsg.): Lernen am Modell, Stuttgart 1976.

Bastian, J. / Helsper, W. / Reh, S. / Schelle C. (Hrsg.): Professionalisierung im Lehrerberuf. Von der Kritik der Lehrerrolle zur pädagogischen Professionalität, Opladen 2000.

Bates, T.: Technology, open learning and distance education. New York 1995.

Bateson, G.: Geist und Natur. Eine notwendige Einheit. Frankfurt 1987.

Bauer, J.: Stress und Burnout: Seelische Gesundheit im Beruf. 2004. URL: http://www.psychotherapie-prof-bauer.de/burnout.htm. (Letzter Zugriff: 22.08.2004).

Bauer, K.-O.: Kompetenzprofil: LehrerIn. In: Otto, H.-U. / Rauschenbach, Th. / Vogel, P. (Hrsg.): Erziehungswissenschaft: Professionalität und Kompetenz. Opladen 2002, S. 49 – 64.

Bauer, K.-O.: Pädagogisches Handlungsrepertoire und professionelles Selbst von Lehrerinnen und Lehrern. In: Zeitschrift für Pädagogik 44, 1998, S. 343 – 359.

Baumert, J. / Bos, W. / Watermann, R.: Mathematische und naturwissenschaftliche Grundbildung im internationalen Vergleich. In: Baumert, J. / Bos, W. / Lehmann, R. (Hrsg.), TIMSS / III, 1, (S. 135 – 197). Opladen 2000.

Baumert, J. / Bos, W. / Watermann, R.: TIMSS / III Schülerleistungen in Mathematik und den Naturwissenschaften am Ende der Sekundarstufe II im internationalen Vergleich, 2. Aufl.. Berlin 2000.

Baumgartel, F.: Richtungen der Psychologie. In: Sarges, W. / Fricke, R. (Hrsg.): Psychologie für die Erwachsenenbildung, Weiterbildung: ein Handbuch in Grundbegriffen. Göttingen, Zürich 1986, S. 464 – 477.

Becker, E.: Bildung in der Wissensgesellschaft. Kurzvortrag beim Forum „Bildung im Zeitalter elektronischer Netzwerke" der Veranstaltungsreihe „Die Frage nach der Frage" der Wissensstadt. Frankfurt am 1. März 2001 in der Deutschen Bibliothek 2001. URL: http://www.isoe.de/ftp/ebwiss.pdf (Letzter Zugriff: 12.12.2005).

Bell, D.: Die nachindustrielle Gesellschaft (amerikanische Erstausgabe 1973). Frankfurt a.M. 1985.

Bensel, N.: Arbeitszeit, Weiterbildung, Lebenszeit – neue Konzepte. Beitrag zum Kongress „Gut zu Wissen", Heinrich-Böll-Stiftung, 5/2001. URL: http://www.wissensgesellschaft.org/themen/wissensoekonomie/arbeitszeit.pdf. (Letzter Zugriff: 12.07.2005).

Berger, P./Luckmann, Th.: Die gesellschaftliche Konstruktion der Wirklichkeit. Frankfurt 1980.

BLK: Perspektiven für das Studieren in der Informationsgesellschaft durch Weiterentwicklung des Fernstudiums. Heft 54 der BLK. Bonn 1997.

Bloch, E.: Subjekt – Objekt. Erläuterungen zu Hegel. Frankfurt 1962.

Bloh, E./Lehmann, B.: Hochschulentwicklung durch Fakultätsentwicklung für den Einsatz neuer Bildungsmedien. In: Lehmann, B./Vogt, H. (Hrsg.): Weiterbildungsmanagement und Hochschulentwicklung – Die Zukunft gestalten! Dokumentation der 31. Jahrestagung des Arbeitskreises Universitäre Erwachsenenbildung (AUE – Hochschule Weiterbildung) an der Universität Kaiserslautern. 19./20. September 2002. Beiträge des AUE Nr. 40. Hamburg 2003, S. 100–131.

Bloh, E./Lehmann, B.: Online-Pädagogik – der dritte Weg? Präliminarien zur neuen Domäne der Online-(Lehr-)Lernnetzwerke (OLN). In. Lehmann, B./Bloh, E. (Hrsg.): Online-Pädagogik. Baltmannsweiler 2002, S. 11–128.

BMB+F 1998: Delphi-Befragung 1996/1998. Potenziale und Dimensionen der Wissensgesellschaft – Auswirkungen auf Bildungsprozesse und Bildungsstrukturen. (Abschlussbericht zum „Bildungsdelphi"). URL: http://www.bmbf.de/pub/delphi-befragung_1996_1998.pdf (Letzter Zugriff: 22.12.2005).

BMBF: Weiterbildungspass mit Zertifizierung informellen Lernens. Machbarkeitsstudie im Rahmen des BLK-Verbundprojekts. 2004. URL: http://www.bmbf.de/pub/weiterbildungspass_mit_zertifizierung_informellen_lernens.pdf,. (Letzter Zugriff: 23.10.2005).

Bökmann, M.B.F.: Systemtheoretische Grundlagen der Psychosomatik und Psychotherapie. Heidelberg 2000.

Bonß, W.: Riskantes Wissen? Zur Rolle der Wissenschaft in der Risikogesellschaft. Heinrich-Böll-Stiftung. URL: http://www.wissensgesellschaft.org/themen/risiko/riskanteswissen.html.. o.J. (Letzter Zugriff: 23.08.2005).

Bourdieu, P.: Zur Soziologie der symbolischen Formen, Frankfurt 1974.

Bremer, C.: Qualifizierung zum eProf? Medienkompetenz und Qualifizierungsstrategien für Hochschullehrende. In: Bachmann, G./Haefeli, O./Kindt, M. (Hrsg.): Campus 2002 – Die Virtuelle Hochschule in der Konsolidierungsphase. Münster [u. a.] 2002, S. 123–136.

Brezinka, W.: Von der Pädagogik zur Erziehungswissenschaft. Eine Einführung in die Metatheorie der Erziehung. Weinheim 1971.

Brocher, T.: Gruppendynamik und Erwachsenenbildung. Braunschweig 1967.

Brockmeyer, R.: Qualitätsverbesserung in Schulen und Schulsystemen. Materialien zur Bildungsplanung und Forschung, Heft. 71, Bund-Länder-Kommission für Bildungsplanung und Forschungsförderung, Bonn 1999. URL: http://www.blk-bonn.de/papers/heft71.pdf. (Letzter Zugriff 11.11.03).

Bruner, J.: Die Sprache der Erziehung. (Original 1982). In: Zeitschrift für Pädagogik 49, 2003, S. 485–498.

Buhren, C. G./Rolff, H.-G.: Personalentwicklung. Konzepte, Praxisbausteine, Methoden, Weinheim und Basel 2002.

Ciompi, L.: Die emotionalen Grundlagen des Denkens. Entwurf einer fraktalen Affektlogik. Göttingen 1997.

Damasio, A. R.: Der Spinoza-Effekt. Wie Gefühle unser Leben bestimmen. Berlin 2005.

Damasio, A. R.: Descartes' Irrtum. Fühlen, Denken und das menschliche Gehirn. 3. Aufl. München 1997.

Damasio, A. R.: Ich fühle, also bin ich. Die Entschlüsselung des Bewusstseins. München 2002.

Davis, J.: Implementing Blended-Learning. Forum Knowledge. Financial Times. November 2001.

De Haan, G./Poltermann, A.: Funktion und Aufgaben von Bildung und Erziehung in der Wissensgesellschaft. Beitrag zum Kongress „Gut zu Wissen". In: Heinrich-Böll-Stiftung (Hg.): Gut zu Wissen, Westfälisches Dampfboot 2002, bzw. Forschungsgruppe Umweltbildung/Working Group Environmental Education Papers 02–167. Berlin, April 2002. URL: http://www.wissensgesellschaft.org/themen/bildung/bildungwissen.pdf, (Letzer Zugriff: 12.01.2006).

Deci, Edward. L./Ryan, Richard M.: Die Selbstbestimmungstheorie der Motivation und ihre Bedeutung für die Pädagogik. In: Zeitschrift für Pädagogik 39, 1993, S. 223–238.

Dehnbostel, P.: Erfahrungslernen im Kontext beruflich-betrieblicher Kompetenzentwicklung und lebensbegleitenden Lernens. In: Lebenslanges Lernen. Schriftenreihe der Senatsverwaltung für Arbeit, Soziales und Frauen. Bd.44. Berlin 2001a, S.251–267.

Dehnbostel, P. u. a.: Mitten im Arbeitsprozess: Lerninseln. Hintergründe – Konzeption – Handlungsanleitung. Bielefeld 2001b.

Dehnbostel, P. u. a. (Hrsg.): Neue Lernorte und Lernortkombinationen – Erfahrungen und Erkenntnisse aus dezentralen Berufsbildungskonzepten. Bielefeld 1996.

Deutsche UNESCO-Kommission (Hrsg.): Lernfähigkeit: Unser verborgener Reichtum. UNESCO-Bericht zur Bildung für das 21. Jahrhundert. Neuwied 1997.

Deutsches PISA-Konsortium (Hrsg.): PISA 2000. Basiskompetenzen von Schülerinnen und Schülern im internationalen Vergleich. Opladen 2001.

Deutsches PISA-Konsortium (Hrsg.): PISA 2003. Der zweite Vergleich der Länder in Deutschland – Was wissen und können Jugendliche?. Münster 2005.

Dohmen, G.: Bildung und Schule. Bd. 1. Weinheim 1964.

Dohmen, G.: Das informelle Lernen. Die internationale Erschließung einer bisher vernachlässigten Grundform menschlichen Lernens für das lebenslange Lernen aller. Bonn 2001.

Döring, N.: Sozialpsychologie des Internets (Internet und Psychologie, Bd. 2). Göttingen [u. a.]: Hogrefe 1999.

Dörpinghaus, A.: Bildung als Verzögerung. Über Zeitstrukturen von Bildungs- und Professionalisierungsprozessen. In: Pädagogische Rundschau 59, 2005, S. 563–574.

Drewek, P. / Harney, K.: Beteiligung und Ausschluß. In: Tenorth, H.-E. (Hrsg.): Allgemeine Bildung. Analysen zu ihrer Wirklichkeit, Versuche über ihre Zukunft. München 1986, S. 138–153.

Drucker, P. F.: Das Fundament für morgen. Die neuen Wirklichkeiten in Wirtschaft, Wissenschaft und Politik. Düsseldorf 1958.

Dubs, R.: Instruktive oder konstruktive Unterrichtsansätze in der ökonomischen Bildung? In: sowi-onlinejournal 2004–2, URL: http://www.sowi-onlinejournal.de/2004–2/unterrichtsansäetze_dubs.htm. (Letzter Zugriff: 24.08.2005).

Ebmeier, J.: Der wahre Schein. Wie das Wissen über seinen Schatten springt. In: PädForum, 31/22, 2003, 6, S. 364–367.

Eckert, S.: Fernunterricht – Lernen zwischen Selbststeuerung und Anleitung. In: Hessische Blätter für Volksbildung 44, 1994, 1, S. 32–43.

EU-Gipfel 2000: Presidency Conclusions. Lisabon European Council 23 and 24 march 2000. URL: http://ue.eu.int/ueDocs/cms_Data/docs/pressData/en/ec/00100-rl.en0.htm, 2000 (Letzter Zugriff: 23.11.2005).

Faulstich, P.: „Selbstbestimmtes Lernen" – vermittelt durch Professionalität der Lehrenden. In: Witthaus, U./Wittwer, W./Espe, C. (Hrsg.). Selbst gesteuertes Lernen. Theoretische und praktische Zugänge. Bielefeld 2003.

Faulstich, P.: Weiterbildung. München 2003.

Faulstich, P./Forneck, H.-J./Grell, P./Häßner, K./Knoll, J./Springer, A.: Lernwiderstand – Lernumgebung – Lernberatung. Bielefeld 2005.

Feldenkrais, M.: Das starke Selbst. Anleitung zur Spontaneität. Frankfurt 1992.

Fenwick, P.: Gehirn, Geist und was darüber hinausgeht. In: Grof, S.: Wir wissen mehr als unser Gehirn. Die Grenzen des Bewusstseins überschreiten. Freiburg 2003, S. 37–56.

Fischer, P.: Der Sinn der Beobachtung. Begriffliche Untersuchungen. Weilerstwist 2004.

Foerster, H. v.: Entdecken oder Erfinden – Wie lässt sich Verstehen verstehen? In: Rotthaus, W. (Hrsg.): Erziehung und Therapie in systemischer Sicht. Dortmund 1987, S. 22–58.

Forsa: Meinungen zu Familie und Beruf. Hrsg. von der Gesellschaft für Sozialforschung und statistische Analyse mbH. URL: http://www.g-i-s-a.de, 2006. Letzter Zugriff: 03.02.06.

Friedrich, H. F./Mandel, H.: Psychologische Aspekte autodidaktischen Lernens. In: Unterrichtswissenschaft. Zeitschrift für Lernforschung 18, 1990, S. 197–218.

Fuchs, P.: Der Sinn der Beobachtung. Begriffliche Untersuchungen. Weilerwist 2004.

Fuchs, P.: Intervention und Erfahrung. Frankfurt 1999.

Gagné, R.M.: The conditions of learning. New York: Holt, Rinehart u. Winston 1985.

Gagné, R.M.: Die Bedingungen menschlichen Lernens. 3. Aufl.. Hanover 1973.

Gasser, Peter: Was lehrt uns die Neuropsychologie? Bern 2002.

Geißler, Karlheinz A.: Lernen, lernen, lernen. Über die Zukunft der Bildung. In: Erwachsenenbildung 46, 2000. S. 52–56.

Gerstenmeier, J./Mandl, H.: Wissenserwerb unter konstruktivistischer Perspektive. In: Zeitschrift für Pädagogik 41, 1995, S. 867–888.

Gibson, M.: Traumgrenzen. München 1997.

Giddens, A.: Entfesselte Welt. Wie die Globalisierung unser Leben verändert. Frankfurt 1999.

Giesecke, M.: Der Buchdruck in der frühen Neuzeit. Frankfurt 1998.

Gieseke, W./Reich, K.: „Weiterbildungsinteressen von Weiterbildner/innen. Ergebnisse einer geäußerten Nachfrage" (unveröffentlichtes Manuskript; über die Autor/innen und das DIE erhältlich) 2004.

Glasersfeld, E. von: Glasersfelds answers (http://www.oikos.org/vonansjuly00. htm).

Glasersfeld, E. von: Was heißt „Lernen" aus konstruktivistischer Sicht? In: Voß, R. (Hrsg.): Unterricht aus konstruktivistischer Sicht. Die Welten in den Köpfen der Kinder. Neuwied 2002, S. 213–222.

Glasersfeld, E. von: Konstruktivismus und Unterricht. In: Zeitschrift für Erziehungswissenschaft 2, 1999, S. 502–504.

Glasersfeld, E. von: Konstruktion der Wirklichkeit und des Begriffs der Objektivität. In: Gumin, H./Meier, H. (Hrsg.): Einführung in den Konstruktivismus. München 1992, S. 9–39.

Goleman, D. u. a.: Emotionale Führung München 2002.

Gracian, B.: Handorakel. Die Kunst der Weltklugheit. Deutsch von A. Schopenhauer. Wien o.J. (1832).

Grof, S.: Außergewöhnliche Bewußtseinszustände. In: Grof u. a.: Wir wissen mehr als unser Gehirn. Die Grenzen des Bewusstseins überschreiten. Freiburg 2003, S. 7–36.

Grof, S.: Das Abenteuer der Selbstentdeckung. Heilung durch veränderte Bewusstseinszustände. Ein Leitfaden. 4. Auflage. Reinbeck bei Hamburg 2001.

Gruber, H./Harteis, C./Kraft, S.: Aufgaben und Tätigkeitsfelder von Weiterbildner/innen 2005, URL: http://www.die-bonn.de/esprid/dokumente/doc–2005/gruber05_01.pdf. (Letzter Zugriff: 22.12.2005).

Gruber, H./Mandl, H./Renkl, A.: Was lernen wir in Schule und Hochschule: Träges Wissen? In: Mandl, H./Gerstenmaier, J. (Hrsg.): Die Kluft zwischen Wissen und Handeln: Empirische und theoretische Lösungsansätze. Göttingen 2000, S. 139–156.

Hanft, A.: Lernen in Netzwerkstrukturen. Tendenzen einer Neupositionierung der betrieblichen und beruflichen Bildung. In: Arbeit 3, 1997, H. 6, S. 282–303.

Hansmann, W.: Professionalisierung und reflexive Lehrerbildung: Wie werden Lehrerinnen und Lehrer professionell? In: L-news – die Zeitung für Lehramtsstudierende der Johann Wolfgang Goethe-Universität, Frankfurt 2000.

Harasim, L.: On-line Education: A new Domain. In: Jank, W./Meyer, H.: Didaktische Modelle. Frankfurt 1994.

Hasselhorn, M. (Ed.). Wirkungsvoller lernen und arbeiten. (Pädagogischer Arbeitskreis für Erwachsenenbildung im Verb. Ländl. Heimvolkshochsch. Deutschlands. 6. Aufl.. Heidelberg 1988.

Hasselhorn, M./Mähler, C.: Transfer: Theorien, Technologien und empirische Erfassung. In: Hager, W./Patry, J.L./Brezing, H. (Hrsg.): Evaluation psychologischer Interventionsmaßnahmen. Standards und Kriterien. Ein Handbuch. Bern 2000, S. 86–101.

Hayward, J.: Die Erforschung der Innenwelt. Neue Wege zum wissenschaftlichen Verständnis von Wahrnehmung, Erkennen und Bewusstsein. Frankfurt 1996.

Heidenreich, M.: Die Debatte um die Wissensgesellschaft. In: Böschen, S./Schulz-Schaeffer, I. (Hg.). Die Wissenschaft in der Wissensgesellschaft. Opladen 2003, S. 25–51.

Heil, R.: Systemische Pädagogik im Lichte ihrer Ideengeschichte. Eine kritische Auseinandersetzung mit einer neuen Richtung. Marburg 1999.

Hentig, H. von: Die Schule neu denken. Eine Übung in pädagogischer Vernunft. Erw. Neuausgabe. Weinheim 2003.

Hericks,U./Keuffer, J./Kräft, H.-C./Kunze, I: Bildungsgangdidaktik. Perspektiven für Fachunterricht und Lehrerbildung. Opladen 2001.

Herzog, W.: Von der Persönlichkeit zum Selbst. Das Bild des Lehrers im Wandel der pädagogischen Semantik. In: Die Deutsche Schule 93, 2001, S. 317–330.

Holmberg, B.: Status and Trends of Distance Education. Lund 1989.

Holmberg, B.: Theory and Practice of Distance Education. London 1985.

Holzapfel, G.: Mehr Selbstbewusstsein für Pädagogik! Eine Replik zum Schwerpunkt „Gehirn und Lernen" des Literatur und Forschungsreport 3/2003. In: Report 27, 2004, S. 87-98.

Holzkamp, K.: Wider den Lehr-Lern-Kurzschluß: Interview zum Thema Lernen. In: Arnold, R. (Hrsg.): Lebendiges Lernen. Baltmannsweiler 1996, S. 21–30.

Holzkamp, K.: Lernen. Eine subjektwissenschaftliche Grundlegung. Stuttgart 1993.

Hönigsberger, Herbert: Leitbild Wissensgesellschaft. Überlegungen zu einem Kongreß. In: Portal für Bildungspolitik. URL: http://www.bildung2010.de/literatur/hoenigs.pdf, o.J. (Letzter Zugriff: 14.02.2006).

Horster, D.: Das Sokratische Gespräch als Möglichkeit, die innere Struktur von Wissenschaftsprozessen zu erfahren. In: Brödel, R./Griese, H. (Hg.): Hochschuldidaktische Perspektiven. Hannover, 1992, S. 115–130.

Horster, L./Rolff, H.-G.: Unterrichtsentwicklung. Grundlagen, Praxis, Steuerungsprozesse, Weinheim und Basel 2001.

Hubig, C.: Welche Bildung macht uns kompetent? Zur Aktualität des humanistischen Bildungskonzeptes. Ungekürztes Manuskript der Sendung des Südwestrundfunks (SWR2) vom 22.11.2003 (Archivnummer: 018-9439). o.O. 2003.

Hufer, K.P.: Zur Bedeutung der politischen Bildung. In: Landesverband der Volkshochschulen Nordrhein-Westfalen (Hrsg.): Handbuch Weiterbildung. Dortmund 1994.

Humboldt, W.v.: Königsberger Schulplan und Litauischer Schulplan (1809). In: Wilhelm von Humboldt: Werke. Bd. IV. Darmstadt 1982.

Hurrelmann, K.: „Wir brauchen dringend eine Männerquote" In: taz NRW Nr. 7850 vom 20.12.2005, S. 2.

Hurrelmann, K.: Einführung in die Sozialisationstheorie: über den Zusammenhang von Sozialstruktur und Persönlichkeit. 4. Aufl. Weinheim 1993.

In.puncto: Die richtige Mischung macht's: Blended Learning. In: in.puncto 2/2003, S. 1

Jank, W./Meyer, H.: Didaktische Modelle. Frankfurt a.M. 1994.

Jarvis, P.: Adult and Continuing Education. Theory and Practice. 2nd. Ed. London/New York 1995.

Jellouscheck, H.: Mit dem Beruf verheiratet. Von der Kunst, ein erfolgreicher Mann, Familienvater und Liebhaber zu sein. Zürich 1996.

Jerusalem, M./Pekrun, R. (Hrsg.): Emotion, Motivation und Leistung. Göttingen 1999.

Kade, J.: Autonomie und System. Zum Wandel der gesellschaftlichen Form des Lernens Erwachsener. In: Hessische Blätter für Volksbildung 55, 2005, S. 16–25.

Kade, J.: Vermittelbar/nicht-vermittelbar: Vermitteln: Aneignen. Im Prozess der Systembildung des Pädagogischen. In: Lenzen, D./Luhmann, N. (Hrsg.): Bildung und Weiterbildung im Erziehungssystem. Lebenslauf und Humanontogenese als Form und Medium. Frankfurt a.M. 1997, S. 30–70.

Kade, J.: Was ist aus der Theorie emanzipatorischer Erwachsenenbildung geworden? In: Grundlagen der Weiterbildung, 4, 1993a, S. 233–235.

Kade, J.: Emanzipatorische Erwachsenenbildung – aber aus welcher Sicht. In: Grundlagen der Weiterbildung 4, 1993b, 6, S. 315–316.

Kade, J./Seitter, W.: Bildung – Risiko – Genuß. Dimensionen und Ambivalenzen lebenslangen Lernens in der Moderne. In: Lernen und Bildung in der Wissensgesellschaft. Virtuelle Konferenz vom 2.–13. November 1998. Beitrag in Forum 2: Lebenslanges Lernen: Neue Herausforderungen für die Weiterbildung? 1998. URL: http://www.wissensgesellschaft.org/themen/bildung/bildungrisiko.html (Letzter Zugriff: 23.11.2005).

Kade, J./Seitter, W.: Lebenslanges Lernen. Mögliche Bildungswelten. Opladen 1996.

Kahl, R. Triff eine Unterscheidung. Begegnungen mit Heinz von Foerster, in: Pädagogik 50, 1998, S. 64–68.

Kandel, Eric R./Schwartz, James H./Jessell, Thomas M. (Hrsg.): Neurowissenschaften. Eine Einführung. Heidelberg 1996.

Kanfer, F,: Selbstregulation und Verhalten. In: Heckhausen, H./Gollwitzer, P./Weinert, F. (Hrsg.): Jenseits des Rubikon. Der Wille in den Humanwissenschaften, Berlin 1987.

Kerres, M./Petschenka, A.: Didaktische Konzeption des Online-Lernens für die Weiterbildung. In: Lehmann, B./Bloh, E. (Hrsg.): Online Pädagogik. Baltmannsweiler 2002, S. 240–256.

Kerres, M.: Multimediale und telemediale Lernumgebungen – Konzeption und Entwicklung. 2., vollständig überarbeitete Auflage. München, Wien 2001.

Kiper, H.: Einführung in die Schulpädagogik, Weinheim und Basel 2001.

Klafki, W.: Neue Studien zur Bildungstheorie und Didaktik. Beiträge zur kritisch-konstruktiven Didaktik. Weinheim 1985.

Klafki, W.: Die bildungstheoretische Didaktik. In: Westermanns Pädagogische Beiträge 32, 1980, H.1, S. 32–37.

Klein, R.: Selbstgesteuertes Lernen ist kein Allheilmittel. In: Wirtschaft & Weiterbildung 12, 2000, 5, S. 56–59.

Klein, K./Oettinger, U.: Konstruktivismus. Die neue Perspektive im (Sach-)Unterricht. Baltmannsweiler 2000.

Klieme, E./Neubrand, M./Lüdtke, O.: Mathematische Grundbildung: Testkonzeption und Ergebnisse. In: Deutsches PISA-Konsortium (Hrsg.): PISA 2000. Basiskompetenzen von Schülerinnen und Schülern im internationalen Vergleich. Opladen 2001. S. 139–190.

Klimsa, P.: Neue Medien und Weiterbildung. Anwendung und Nutzung in Lernprozessen in der Weiterbildung. Weinheim 1993.

Klippert, H.: Methoden-Training. Übungsbausteine für den Unterricht. Weinheim 1994.

Kluge, J.: Wer lernt gewinnt. 1. Teil. In: Universitas 683, 2003. S. 444–452.

Konrad, K.: Wege zum selbstgesteuerten Lernen. Vom Konzept zur Umsetzung. In: Pädagogik 55, 2003, 5, S. 14–17.

Korczak, D.: Warum die Hirnforschung uns alle angeht. In: Korczak, D./Hecker, J. (Hrsg.): Gehirn – Geist – Gefühl. Hagen 2000, S. 18–35.

Kraft, S.: Blended Learning – ein Weg zur Integration von E-Learning und Präsenzlernen. In: Schiersmann, C. (Hrsg.): Erfahrungen mit neuen Medien. Report. 2/2003. Literatur- und Forschungsreport Weiterbildung. Bielefeld 2003, S. 43–52.

Kraft, U.: Schöne neue Neuro-Welt, in: Gehirn & Geist 2004, H. 6, S. 20–29.

Krais, B./Gebauer, G.: Habitus. Bielefeld 2002.

Krapf, B.: Aufbruch zu einer neuen Lernkultur. Erhebungen, Experimente, Analysen und Berichte zu pädagogischen Denkfiguren, 4. Aufl., Bern, Stuttgart, Wien 1995.

Labour, M. / Juwah, C. / White, N. / Tolley, S.: Culture and Ethics. In: Higgison, C. (Hrsg.): Ondine Tutoring e-Book. Edingutgh 2000, Kap.6.

Landau, E.: Mut zur Begabung. 2. Auflage. München, Basel 1999.

Lane, R. E.: The decline of politics and ideology in a knowledgeable society. In: American sociological review 31, 1966. S. 649–662.

Lange, K.: Wie du denkst, so lebst du. Konflikte lösen durch innere Erfahrungen. Stuttgart 2000.

Laur-Ernst, U.: Das Berufskonzept – zukunftsfähig auch für Jugendliche mit schlechten Startchancen. 1988. URL: http://www.bibb.de/dokumente/pdf/pr_ pr-material_2002_benachteiligte_laurernst_badboll.pdf. (Letzter Zugriff: 21.12.2005).

Lazlo, E. u. a.: Evolutionäres Management. Globale Handlungskontexte. Fulda 1992.

Le Doux, J. E.: Das Netz der Gefühle. München 1998.

Lehmann, B.: Vom E-Mail zum Online-Kurs: Vorüberlegungen zur strategischen Planung des Einsatzes „neuer Bildungsmedien". In: Lehmann, B. / Bloh, E. (Hrsg.): Online Pädagogik. Baltmannsweiler 2002, S. 221–239.

Lenzen, D.: Lösen die Begriffe Selbstorganisation, Autopoiesis und Emergenz den Bildungsbegriff ab? In: Zeitschrift für Pädagogik 43, 1997, S. 949-967.

Lenzen, D.: Handlung und Reflexion. Vom pädagogischen Theoriedefizit zur Reflexiven Erziehungswissenschaft. Weinheim und Basel 1996.

Lewalter, D. / Krapp, A. / Wild, K.-P.: Motivationsförderung in Lehr-Lern-Arrangements – eine interessentheoretische Perspektive. In: Harteis, Ch. / Kraft, S. (Hrsg.): Kompendium Weiterbildung – Aspekte und Perspektiven betrieblicher Personal- und Organisationsentwicklung. Leverkusen, 2000, S. 149–156.

Liebau, E.: Bildungswissenschaft. Zur Weiterentwicklung der Disziplin. In: Vierteljahresschrift für wissenschaftliche Pädagogik 78, 2002, S. 293–299.

Lindemann, H. / Vossler, N.: Die Behinderung liegt im Auge des Betrachters: Konstruktivistisches Denken für die pädagogische Praxis. Neuwied 1999.

Linke, D.: Einsteins Doppelgänger: Das Gehirn und sein Ich, München 2000.

Ludwig, J.: Bildung und expansives Lernen. In: Faulstich, P. / Ludwig, J. (Hrsg.): Expansives Lernen. Baltmannsweiler 2004, S. 40–53.

Luhmann, N.: Die Wissenschaft der Gesellschaft. Frankfurt 1990.

Luhmann, N.: Strukturelle Defizite. Bemerkungen zur systemtheoretischen Analyse des Erziehungswesens. In: Oelkers, J. / Tenorth, H.-E. (Hrsg.): Pädagogik, Erziehungswissenschaft und Systemtheorie. Weinheim, Basel 1987, S. 57–75.

Luhmann, N.: Die Autopoiesis des Bewusstseins. In: Soziale Welt 36, 1985, S. 402–446.

Mandl, H./Krause, U-M.: Lernkompetenz für die Wissensgesellschaft. (Forschungsbericht Nr. 145). München: Ludwig-Maximilians-Universität, Lehrstuhl für Empirische Pädagogik und Pädagogische Psychologie. 2001. URL: http://www.scholar.google.com/. (Letzter Zugriff: 21.09.2005).

Marotzki, W./Meister, D.M./Sander, U. (Hrsg.): Zum Bildungswert des Internet. Opladen 2000.

Mason, R./Kaye, A. (Ed.): Mindweave. Communication, Computers and Distance Education. Oxford et.al.1990, S. 50–62.

Maturana, H. R.: Reflexionen: Lernen oder ontogenetische Drift. In: DELFIN II, 1, 1983, H. 2, S. 60–71.

Maturana, H. R./Pörsken, B.: Vom Sein zum Tun. Die Ursprünge der Biologie des Erkennens. Augsburg 2002.

Maturana, H.R./Varala, F. Der Baum der Erkenntnis. Bern 1987.

Menze, C.: Bildung. In: Lenzen, D./Mollenhauer, K. (Hrsg.): Theorien und Grundbegriffe der Erziehung und Bildung. Enzyklopädie Erziehungswissenschaften. Bd. 1. Stuttgart 1983, S. 350–356.

Meueler, E.: Lob des Scheiterns. Methoden- und Geschichtenbuch zur Erwachsenenbildung an der Universität. Baltmannsweiler 2001.

Meueler, E.: Die Türen des Käfigs. Wege zum Subjekt in der Erwachsenenbildung. Stuttgart 1993.

Meyer, H./Jank, W.: Didaktische Modelle. 5. Auflage. Berlin 2002.

Meyer, M./Reinartz, A. (Hrsg.): Bildungsgangdidaktik. Denkanstöße für pädagogische Forschung und schulische Praxis. Opladen 1998.

Mezirow, J.: Transformative Erwachsenenbildung. Baltmannsweiler 1997.

Montessori, M.: 10 Grundsätze des Erziehens. (Hrsg. von I. Becker-Textor). Freiburg 2002.

Müller, H.-J.: Erschließen durch Versprachlichen. Zur Didaktik von Schlüsselqualifikationen im Kontext handlungs- und erfahrungsorientierten Lernens: In: Arnold, R./Müller, H.-J. (Hrsg.): Kompetenzentwicklung durch Schlüsselqualifizierung. Baltmannsweiler 1999, S. 87–135.

Müller, K.: Autonomie und Fremdbestimmung als Referenzpunkte didaktischen Denkens – Das Bildungskonzept „Fallarbeit" im ermöglichungsdidaktischen Diskurs. In: Arnold, R./Schüßler, I. (Hrsg.): Ermöglichungsdidaktik. Erwachsenenpädagogische Grundlagen und Erfahrungen. Baltmannsweiler 2003, S. 120–141.

Müller, K.R.: Erwachsenenpädagogische Reflexionen auf die Lernformierung des Partizipativen Lernens. In: Faulstich, P./Ludwig, J. (Hrsg.): Expansives Lernen. Baltmannsweiler 2004, S. 127–147.

Naumann, M.: Bildung – eine deutsche Utopie. In: DIE ZEIT, Nr. 50 vom 4. Dezember 2003, S. 45.

Nestvogel, R.: Traditionelle Erziehung. Einheimische Lernformen in Afrika. In: Gerwin, J./Mergner, G. (Hrsg.): Innere und äußere Kolonisation. Oldenburg 1982, S. 70–84.

Nittel, D./Seitter, W.: Einleitung. In: Nittel, D./Seitter, W. (Hrsg.): Die Bildung Erwachsener. Erziehungs- und sozialwissenschaftliche Zugänge. Neuwied 2003, S. 7–9.

Nittel, D./Seitter, W. (Hrsg.): Die Bildung des Erwachsenen. Erziehungs- und sozialwissenschaftliche Zugänge. Bielefeld 2003, S. 13–24.

Nolda, S.: In: Arnold, R./Nolda, S./Nuissl, E. (Hrsg.): Wörterbuch Erwachsenenpädagogik. Bad Heilbrunn 2001.

Northcott, P.: The tyranny of Distance and Proximity. In: Smith, K. (Ed.): Diversità down under in distance education. Toowoomba 1984.

Nowotny, H.: Es ist so. Es könnte auch ganz anders sein. Frankfurt a.M.1999.

Nuissl, E./Schiersmann, C./Siebert, H.: Editorial. In: Schiersmann, C. (Hrsg.): Erfahrungen mit neuen Medien. Report. 2/2003. Literatur- und Forschungsreport Weiterbildung. Bielefeld 2003, S. 5–6.

OECD 2004: OECD-Veröffentlichung „Bildung auf einen Blick". Wesentliche Aussagen der Ausgabe 2004. URL: .http://www.bmbf.de/pub/bildung_auf_einen_blick_wesentliche_aussagen.pdf (Letzter Zugriff: 21.01.2006).

OECD 2005: OECD-Veröffentlichung „Bildung auf einen Blick". Wesentliche Aussagen der Ausgabe 2005. URL: http://www.bmbf.de/pub/bildung_auf_einen_blick_wesentliche_aussagen_2005.pdf (Letzter Zugriff: 21.11.05).

OECD: Learning opportunities for adults. Paris 1977.

Oelkers, J.: System, Subjekt und Erziehung. In: Oelkers, J./Tenorth, H.-E.: Pädagogik, Erziehungswissenschaft und Systemtheorie. Weinheim 1987, S. 175–201.

Ohlberg, H.-J. von: Didaktik auf dem Wege zur Vermittlungswissenschaft. Eine Sammelbesprechung neuerer Veröffentlichungen. In: Zeitschrift für Pädagogik 50, 2004, H. 1, S. 119–130.

Olbricht, J.: Aspekte einer funktional-strukturellen Theorie der Erwachsenenbildung. In: Pöggeler, F./Wolterhoff, B.: (Hrsg.): Neue Theorien der Erwachsenenbildung. Bd. 8 des „Handbuch der Erwachsenenbildung". Stuttgart 1981, S. 65–75.

Overmann, M.: Emotionales Lernen: Sentio, ergo cognoso, 2004. URL: http://www.ph-ludwigsburg.de/franzoesisch/overmann/baf5/5m.htm (Letzter Zugriff: 25.02.04).

Pätzold, H.: Lernberatung und Erwachsenenbildung. Baltmannsweiler 2004.

Peters, O.: Didaktik des Fernstudiums. Erfahrungen und Diskussionsstand in nationaler und internationaler Sicht. Neuwied 1997.

Peters, O.: Didaktik des Fernstudiums. Erfahrungen und Diskussionsstand in nationaler und internationaler Perspektive. In: Bergler, M. (Hrsg.): Didaktik des Fernstudiums aus erwachsenenpädagogischer Sicht. Dokumentation zum gemeinsamen Symposium des Zentrums für Fernstudien und Universitäre Weiterbildung der Universität Kaiserslautern (ZFUW) und des Deutschen Instituts für Fernstudienforschung an der Universität Tübingen (DIFF) am 6. und 7.11.1995. Tübingen 1996, S. 7–29.

Peters, R.: Erwachsenenbildungs-Professionalität. Ansprüche und Realitäten. Bielefeld: Bertelsmann 2004.

Pöggeler, F.: Einleitung. In: Pöggeler, F. (Hrsg.): Geschichte der Erwachsenenbildung. Bd.4 des „Handbuch der Erwachsenenbildung". Stuttgart 1975, S. 7–11.

Pongratz, L.: Zeitgeistsurfer. Beiträge zur Kritik der Erwachsenenbildung. Weinheim u. a. 2004.

Pongratz, L.: Zeitgeistsurfer. Oder: Die Legende vom Ende emanzipatorischer Erwachsenenbildung. In: Grundlagen der Weiterbildung 5, 1994, S. 122–123.

Pozo, J. I.: La crisis de la educación scientícica, in: Barberá, Elena u. a. (Hrsg.): El constructivismo en la práctica. Barcelona 2000, S. 33–46.

Prenzel, M./Baumert, J./Blum, W./Lehmann, R./Leutner, D./Neubrand, M./Pekrun, R./Rolff, H.-G./Rost, J./Schiefele, U. (Hrsg.): PISA 2003. Der Bildungsstand der Jugendlichen in Deutschland – Ergebnisse des zweiten internationalen Vergleichs. Münster 2004.

Rauner, F./Bremer, R.: Bildung im Medium beruflicher Arbeitsprozesse. Die berufspädagogische Entschlüsselung beruflicher Kompetenzen im Konflikt zwischen bildungstheoretischer Normierung und Praxisaffirmation. In: Zeitschrift für Pädagogik 50, 2004, S. 149–161.

Reh, Sabine: Abschied von der Profession, von Professionalität oder vom Professionellen? Theorien und Forschungen zur Lehrerprofessionalität. In: Zeitschrift für Pädagogik 50, 2004, Heft 3, S. 358–372.

Reich, K.: Konstruktivistische Didaktik. Lehren und Lernen aus interaktionistischer Sicht. 3. Aufl.. Neuwied/Kriftel 2006.

Reich, K.: Systemisch-konstruktivistische Didaktik. Eine allgemeine Zielbestimmung. In: Voß, R. (Hrsg.): Die Schule neu erfinden: Systemisch-konstruktivistische Annäherungen an Schule und Pädagogik. 4. Aufl., Neuwied 2002, S. 70–91.

Reich, K.: Konstruktivistische Didaktik. Lehren und Lernen aus interaktionistischer Sicht. Neuwied/Kriftel 2002 a.

Reich, K.: Systemisch-konstruktivistische Pädagogik. Einführung in die Grundlagen einer interaktionistisch-konstruktivistischen Pädagogik. 2. Auflage. Neuwied 1998.

Reinmann-Rothmeier, G./Mandl, H.: Lernen in Unternehmen: Von einer gemeinsamen Vision zu einer effektiven Förderung des Lernens. In: Dehnbostel, P. u. a. (Hrsg.): Berufliche Bildung im lernenden Unternehmen. Zum Zusammenhang von betrieblicher Reorganisation, neuen Lernkonzepten und Persönlichkeitsentwicklung. 2. durchgesehene Auflage. Berlin 2001a, S. 195–216.

Reinmann-Rothmeier, G./Mandl, H.: Unterrichten und Lernumgebungen gestalten. In: A. Krapp/B. Weidenmann (Hrsg.): Pädagogische Psychologie. Weinheim 2001b, S. 603–648.

Reinmann-Rothmeier, G./Mandl, H.: Lehren im Erwachsenenalter. In: Weinert, F./Mandl, H. (Hrsg.): Psychologie der Erwachsenenbildung. Göttingen 1997, S. 355–403.

Renkl, A.: Träges Wissen: Wenn Erlerntes nicht genutzt wird. In: Psychologische Rundschau 47, 1996, S. 78-92.

Rheinberg, F.: Motivationsförderung im Unterrichtsalltag. Probleme, Untersuchungen, Ergebnisse. In: Pädagogik 54, 2002. S. 8–13.

Rheinberg, F./Bromme, R./Minsel, B./Winteler, A./Weidenmann, B.: Die Erziehenden und Lehrenden. In: Krapp, A./Weidenmann, B. (Hrsg.): Pädagogische Psychologie. Ein Lehrbuch. 4. Aufl., Weinheim 2001, S. 271–356.

Richter, S.: Unterschiede in den Schulleistungen von Mädchen und Jungen. Geschlechtsspezifische Aspekte des Schriftsprachenerwerbs und ihre Berücksichtigung im Unterricht. Regensburg 1996.

Rogers, C.R.: Lernen in Freiheit. Zur Bildungsreform in Schule und Universität. München 1984.

Rogers, C.R.: Die nicht-direktive Beratung. 2. Auflage. München (1942) 1976.

Rolff, H.-G. u. a.: Manual Schulentwicklung. Handlungskonzept zur pädagogischen Schulentwicklungsberatung. 3. Auflage. Weinheim, Basel 2000.

Rosenbusch, H. S.: Nonverbale Kommunikation im Unterricht – Die stille Sprache im Klassenzimmer. In: Rosenbusch, H. S./Schober, O. (Hrsg.). Körpersprache in der schulischen Erziehung, Baltmannsweiler 1995.

Roth, G.: Warum sind Lehren und Lernen so schwierig? In: Report. Literatur- und Forschungsreport Weiterbildung 26, 2003, S. 20–28.

Roth, G.: Aus Sicht des Gehirns. Frankfurt 2003a.

Roth, G.: Denken, Fühlen, Handeln. Die neurobiologischen Grundlagen des menschlichen Handelns. Frankfurt 2001.

Rowntree, D.: Teaching through Self-Instruction. How to develop Open Learning Materials. London 1992.

Rustemeyer, R.: Geschlechtstypische Erwartungen zukünftiger Lehrkräfte bezüglich des Unterrichtsfaches Mathematik und korrespondierende (Selbst-) Einschätzungen von Schülerinnen und Schülern. In: Psychologie in Erziehung und Unterricht 46, 1999, S. 187–200.

Saba, F.: Research in Distance Education: A Status Report. In: International Review of Research in Open and Distance Learning 1, 2000, H. 1. URL: http://www.irrodl.org/.

Schäfer, K.-H./Schaller, K.: Kritische Erziehungswissenschaft und kommunikative Didaktik. Heidelberg 1973.

Schäffter, O.: Pädagogisch begleitete Organisationsentwicklung in der Erwachsenenbildung. Perspektiven einer selbstreflexiven Fortbildungsdidaktik. In: Küchler, F. von (Hrsg.): Umbruch und Aufbruch. Pädagogische Arbeitsstelle des Deutschen Volkshochschul-Verbandes, Reihe: Berichte, Materialien, Arbeitshilfen. Frankfurt/M. 1995, S. 160–187.

Scheunpflug, A.: Evolutionäre Didaktik. Unterricht aus system- und evolutionstheoretischer Sicht. Weinheim 2001a.

Scheunpflug, A.: Biologische Grundlagen des Lernens. Berlin 2001b.

Scheunpflug, A.: Lernen. Was passiert in den Gehirnen von Schülerinnen und Schülern? In: Pädagogik 52, 2000, S. 46–51.

Schlippe, A.v./Schweitzer, J.: Lehrbuch der systemischen Therapie und Beratung. Göttingen 2002.

Schmid, W.: Mit sich selbst befreundet sein. Von der Lebenskunst im Umgang mit sich selbst. Frankfurt/M. 2004.

Schmid, W.: Schönes Leben? Einführung in die Lebenskunst. Frankfurt/M. 2000.

Schmidt, S. J.: Die Zähmung des Blicks. Frankfurt am Main: 1998.

Schmidt, S. J.: Selbstorganisation und Lernkultur. In: Voß, R. (Hrsg.): LernLust und EigenSinn. Systemisch-konstruktivistische Lernwelten. Heidelberg 2005, S. 99–108.

Schräder-Naef, R.: Lerntraining für Erwachsene. Weinheim 1991.

Schründer, A.: Bewusstsein. In: Lenzen, D./Mollenhauer, K. (Hrsg.): Theorien und Grundbegriffe der Erziehung und Bildung. Bd. 1 der Enzyklopädie Erziehungswissenschaft. Stuttgart 1983, S. 341–347.

Schulenberg, W.: Erwachsenenbildung als Institution. Zwischen Marktprinzip und öffentlicher Verantwortung. In: Pöggeler, F./Wolterhoff, B.: (Hrsg.): Neue Theorien der Erwachsenenbildung. Bd. 8 des „Handbuch der Erwachsenenbildung". Stuttgart 1981, S. 129–141.

Schulmeister, R.: Virtuelles Lehren und Lernen: Didaktische Szenarien und virtuelle Seminare. In: Lehmann, B. / Bloh, E. (Hrsg.): Online-Pädagogik. Baltmannsweiler 2002, S. 129 – 145.

Schulz, W.: Die lehrtheoretische Didaktik. In: Westermanns Pädagogische Beiträge 32, 1980, H.2, S. 80 – 85.

Schüßler, I.: Nachhaltigkeit in der Weiterbildung. Eine explorative Studie zum nachhaltigen Lernen von Erwachsenen. Habilitationsschrift. TU Kaiserslautern 2006.

Schüßler, I.: Deutungslernen. Erwachsenenbildung im Modus der Deutung. Eine explorative Studie zum Deutungslernen in der Erwachsenenbildung. Baltmannsweiler 2000.

Schüßler, I.: Nachhaltiges Lernen. In: Grundlagen der Weiterbildung. Praxishilfen. Loseblattsammlung. Neuwied 2001.

Schüßler, I. / Arnold, R.: Erwachsenendidaktik – theoretische Zugänge, Handlungsstrategien und neuere Entwicklungen. In: Grundlagen der Weiterbildung, Praxishilfen. Loseblattsammlung. Neuwied 2001.

Seel, N. M.: Psychologie des Lernens. Lehrbuch für Pädagogen und Psychologen. München 2000.

Senge, P.: Die fünfte Disziplin. 3. Aufl. Stuttgart 1996.

Severin, E. / Fietz, G.: „Weiterbildung worldwide" – deutsche Weiterbildungsanbieter auf internationalen Märkten. In: BWP, 2002, H. 6, S. 19 – 23.

Siebert, H.: Konstruktivismus – eine Wende der Wahrnehmung. In: sowi-onlinejournal 2004 – 2, URL: http: // www.sowi-onlinejournal.de / 2004 – 2 / sozialkonstruktivismus_siebert.htm. (Letzter Zugriff: 24.08.2005).

Siebert, H.: Lernen ist immer selbstgesteuert – eine konstruktivistische Grundlegung. In: Witthaus, U. / Wittwer, W. / Espe, C. (Hrsg.): Selbst gesteuertes Lernen. Theoretische und praktische Zugänge. Bielefeld 2003, S. 13 – 26.

Siebert, H.: Lehren als Lernbegleitung. In: Voß, R. (Hrsg.): Unterricht aus konstruktivistischer Sicht. Die Welten in den Köpfen der Kinder. Neuwied 2002, S. 223 – 232.

Siebert, H.: Lernen als Konstruktion von Wirklichkeit. In: Kursiv – Journal für Politische Bildung 2000. H. 2, S. 12 – 15.

Siebert, H.: Lernen. In: Arnold, R. u. a. (Hrsg.): Wörterbuch der Erwachsenenpädagogik. Bad Heilbrunn / Obb. 2001.

Siebert, H.: Pädagogischer Konstruktivismus. Eine Bilanz der Konstruktivismusdiskussion für die Bildungspraxis. Neuwied 1999.

Siebert, H.: Didaktisches Handeln in der Erwachsenenbildung. Didaktik aus konstruktivistischer Sicht. Neuwied 1996.

Simon, F.B.: Meine Psychose, mein Fahrrad und ich. Zur Selbstorganisation der Verrücktheit. Heidelberg 2002.

Simon, F.B.: Die Kunst, nicht zu lernen und andere Paradoxien in Psychotherapie, Management, Politik. 2. Auflage. Heidelberg 1999.

Singer, W.: Der Beobachter im Gehirn. Essays zur Hirnforschung. Frankfurt 2002.

Skinner, B.F.: Was ist Behaviorsimus? Reinbek 1978.

Spitzer, M.: Lernen. Gehirnforschung und die Schule des Lebens. Heidelberg 2002.

Stehr, N.: Die Zerbrechlichkeit moderner Gesellschaften. Weilerswist 2000.

Stehr, N.: Arbeit, Eigentum und Wissen. Zur Theorie von Wissensgesellschaften. Frankfurt a.M. 1994.

Stewart, I./Joines, V.: Die Transaktionsanalyse. Eine Einführung. Freiburg 1990.

Straka, G.A./Macke, G.: Lern-lehrtheoretische Didaktik. Münster 2002.

Tausch, R./Tausch, A.-M.: Erziehungspsychologie. 10. Aufl. Göttingen 1991.

Tenorth, H.-E.: „Alle alles zu lehren". Möglichkeiten und Perspektiven allgemeiner Bildung. Darmstadt 1994.

Terhart, E.: Unterricht. In: Lenzen, D. (Hrsg.). Erziehungswissenschaft. Ein Grundkurs, Reinbeck bei Hamburg 1997, S. 133–158.

Thimm, K.: Angeknackste Helden. In: Spiegel Special 2004, H. 3, S. 96–104.

Tietgens, H.: Teilnehmerorientierung. In: Arnold, R. u.a. (Hrsg.): Wörterbuch Erwachsenenbildung. Bad Heilbrunn/OBB 2001, S. 304–305.

Tietgens, H.: Erwachsenenbildung als Suchbewegung. Annäherung an eine Wissenschaft von der Erwachsenenbildung. Bad Heilbrunn/Obb. 1986.

Tippelt, R. (Hrsg.): Handbuch der Erwachsenenbildung/Weiterbildung. 2. Aufl. Opladen: 1999.

Tresselt, P.: Mobbing, 2004. URL: http://www.tresselt.de/mobbing.htm. (Letzter Zugriff: 16.08.2004).

Ulich, D./Mayring, P.: Psychologie der Emotionen. 2. Aufl.. Stuttgart 2003.

Vester, F.: Denken, Lernen, Vergessen: was geht in unserem Kopf vor, wie lernt das Gehirn und wann lässt es uns im Stich? Überarb., erw. Ausgabe, München 2001.

Vester, F.: Die Kunst vernetzt zu denken. Ideen und Werkzeuge für einen neuen Umgang mit Komplexität. Der neue Bericht an den Club of Rome. 2. Aufl. München 2002.

Voß, R. (Hrsg.): Lernlust und Eigensinn. Systemisch-konstruktivistische Lernwelten. Heidelberg 2005.

Voß, R. (Hrsg.): Die Schule neu erfinden: Systemisch-konstruktivistische Annäherungen an Schule und Pädagogik. 4. Aufl.. Neuwied: Luchterhand 2002.

Watson, J. B.: Behaviorism, New York 1925.

Watzlawick, P. (Hrsg.): Die erfundene Wirklichkeit. Wie wissen wir, was wir zu wissen glauben? Beiträge zum Konstruktivismus. 6. Auflage. München 1990.

Watzlawick, P.: Münchhausens Zopf oder: Psychotherapie und Wirklichkeit. Aufsätze und Vorträge über menschliche Probleme in systemisch-konstruktivistischer Sicht. Bern u. a. 1988.

Weidenmann, B.: Erfolgreiche Kurse und Seminare. Professionelles Lernen mit Erwachsenen. Weinheim und Basel 1995.

Weiner, B.: Motivationspsychologie, Weinheim 1994.

Weinert, F.E.: Lerntheorien und Instruktionsmodelle. In: Weinert, F.E. (Hrsg.): Psychologie des Lernens und der Instruktion. Enzyklopädie der Psychologie. Band 2. Göttingen 1996, S. 1–48.

Weinert, F. E.: Lernen lernen und das eigene Lernen verstehen. In: Reusser, K. / Reusser-Weyeneth, M. (Hrsg.): Verstehen – Psychologischer Prozess und didaktische Aufgabe. Bern 1994, S. 183–205.

Weinert, F. E.: Selbstgesteuertes Lernen als Voraussetzung, Methode und Ziel des Unterrichts. In: Unterrichtswissenschaft 10, 1982, S. 99–110.

Weinert, F.E. / Mandl, H. (Hg): Psychologie der Erwachsenenbildung. Göttingen 1997.

Weniger, E., Die Theorie der Bildungsinhalte und des Lehrplans, Weinheim o. J.

Wild, E. / Hofer, M. / Pekrun, R.: Psychologie des Lernens. In: Krapp, A. / Weidenmann, B. (Hrsg.): Pädagogische Psychologie. Ein Lehrbuch, Weinheim 2001, S. 207–270.

Willke, G.: Die Zukunft unserer Arbeit. Hannover 1998.

Willke, H.: Systemtheorie. 4. Aufl. Stuttgart 1993.

Wimmer, R.: Organisation und Beratung. Systemtheoretische Perspektiven für die Praxis. Heidelberg 2004.

Witthaus, U. / Wittwer, W. / Espe, C. (Hrsg.): Selbstgesteuertes Lernen. Theoretische und praktische Zugänge. Bielefeld 2003.

Wittwer, W.: Entwicklung von Kern- und Veränderungskompetenzen als Leitidee beruflicher Bildung. In: QUEM-Bulletin 3, 1999, S. 12–13.

Witzenbacher, K.: Handlungsorientiertes Lernen in der Hauptschule. München 1985.

Zimbardo, P.G. / Gerring, R.J.: Psychologie. 7. Auflage. Berlin u. a. 1996.

Prof. Dr. Rolf Arnold

ist Hochschullehrer für Berufs- und Erwachsenenpädagogik an der TU Kaiserslautern, Leiter des Zentrums für Fernstudien und Universitäre Weiterbildung (ZFUW) sowie Sprecher des Virtuellen Campus Rheinland-Pfalz (VCRP).

Dr. Claudia Gómez Tutor

ist Geschäftsführerin des Zentrums für Lehrerbildung an der TU Kaiserslautern und langjährige Wissenschaftliche Mitarbeiterin am Lehrstuhl für Berufs- und Erwachsenenpädagogik.

Ulrich Dauscher

Moderationsmethode und Zukunftswerkstatt

3. überarbeitete, erweiterte Auflage
254 Seiten, Format 14 x 21 cm
81 Abb. / Graf. / Tab.
24,90 € / 44,– sFr (Softcover)
ISBN-10: 3-937 210-52-0
ISBN-13: 978-3-937 210-52-0

Probleme lösen, Zukunftsvorstellungen entwickeln, Entscheidungen treffen, miteinander lernen – Moderation ist gefragt, wenn Gruppen ein gemeinsames Ergebnis erarbeiten wollen. Die beiden klassischen, weit verbreiteten Ansätze der Moderationsmethode und der Zukunftswerkstatt stellt Ulrich Dauscher übersichtlich und detailliert zugleich dar, so dass das Buch ebenso für den Einstieg, wie fürs Nachschlagen geeignet ist. Die Neuauflage wurde überarbeitet und durch einen Beitrag von Carole Maleh ergänzt, in dem sie einen umfassenden Überblick zu Ansätzen der Großgruppenmoderation bietet.

Aus dem Inhalt:

Entwicklung von Moderationsmethode und Zukunftswerkstatt – Visualisierung – Moderator – Frage- und Antworttechniken – Phasen der Moderation – Gemeinsamkeiten und Unterschiede der Methoden – Übersicht neuer Großgruppenverfahren

Horst Siebert

Selbstgesteuertes Lernen und Lernberatung

Konstruktivistische Perspektiven
2. überarbeitete Auflage
181 Seiten, Format 14 x 21 cm
49 Abbildungen und Grafiken
16,90 € / 30,90 sFr (Softcover)
ISBN-10: 3-937 210-55-5
ISBN-13: 978-3-937 210-55-1

„Selbstgesteuertes Lernen" ist ein Konzept, das derzeit in Bildungspolitik, Bildungswissenschaft und Bildungspraxis diskutiert wird. Grundlegend ist die konstruktivistische Annahme, dass Lernende ihre Lernprozesse aktiv gestalten und dass die Lernberatung an Bedeutung gewinnt. Hintergrund für diese neuen Sichtweisen des Lehrens und Lernens sind soziokulturelle Veränderungen der Lern- und Wissenskulturen sowie der Lernmentalitäten, in einer Zeit, die als postmodern interpretiert werden kann. Das Buch wendet sich an Studierende und Praktiker der beruflichen und allgemeinen Weiterbildung. Es enthält didaktisch-methodische Impulse und Anstöße zur Reflexion der Bildungsarbeit. Neu sind in dieser 2. Auflage u. a. die Kapitel über subjektive Lerntheorien, konstruktivistische Grundlagen der Lernberatung, milieuspezifische Lerneinstellungen.

Aus dem Inhalt:

Selbstgesteuertes Lernen: zur Geschichte einer reformpädagogischen Idee – Theoretische Aspekte – Empirische Befunde zum selbstgesteuerten Lernen – Lernberatung – Lernkulturen

Dieter Nittel, Reinhard Völzke (Hrsg.)

Jongleure der Wissensgesellschaft

Das Berufsfeld der Erwachsenenbildung
280 Seiten, Format 14 x 21 cm
58 Abb. / Graf. / Tab.
20,– € / 40,– sFr (Softcover)
ISBN-10: 3-937 210-32-6
ISBN-13: 978-3-937 210-32-2
(Alte ISBN: 3-472 044-52-7)

Im Berufsfeld der Erwachsenenbildung arbeiten rund 500.000 Personen. Die meisten von Ihnen sind nebenberuflich oder freiberuflich tätig. Doch wie sieht dieses recht heterogene Berufsfeld aus? Das Buch dokumentiert anhand von 18 persönlichen Portraits die Breite des Berufsfeldes, beschreibt die Vielfalt der Einsatzmöglichkeiten und gibt konkrete Einblicke in die beruflichen Leistungen der Weiterbildungsprofis. Die biografische Darstellungsweise garantiert eine höchst spannende Auseinandersetzung mit der Gegenwart und Zukunft der Weiterbildung in Deutschland. Zusammen mit den dargestellten Fakten im Einführungs- und Serviceteil stellt das Buch außerdem einen idealen Leitfaden für die Berufsorientierung von Erwachsenenpädagogen dar.

Aus dem Inhalt:

Einführung: Wissensgesellschaft und Erwachsenenbildung – Erwachsenenbildner im Angestelltenverhältnis – freiberufliche Erwachsenenbildner – ehrenamtlich / nebenberuflich tätige Erwachsenenbildner – Service: Einrichtungen, Internet-Adressen, Literatur

Richard Merk

Weiterbildungs-Management

Bildung erfolgreich und innovativmanagen
3. Auflage
488 Seiten, Format 14 x 21 cm
229 Abb. / Graf. / Tab.
42,– € / 72,– sFr (Softcover)
ISBN-10: 3-937 210-58-X
ISBN-13: 978-3-937 210-58-2

Das Weiterbildungsmanagement beschreibt den Prozess, wie Weiterbildung erfolgreich sein und gemanagt werden kann. Es versteht sich als wissenschaftlich-praktisches Fundament für die systematische Planung und Umsetzung von Bildungsangeboten und Weiterbildungsberatung. Es stellt das strategische Denken und operative Handeln der Fach- und Führungskräfte in den Mittelpunkt. Indem der Prozess der konzeptionellen Entwicklung und effizienten Realisierung von Bildungsdienstleistungen in seine Elemente zerlegt wird, wird erkennbar, wie Weiterbildung erfolgreich werden kann. Der pädagogische Prozess des Lehrens und Lernens mit Erwachsenen muss in der Wettbewerbswirtschaft in einen unternehmerischen Zusammenhang gestellt werden. Die Anwendung des integrierten Managementkonzepts hat zu einer kontroversen Diskussion in der Weiterbildung geführt und den Professionalisierungsprozess beschleunigt.

Aus dem Inhalt:

Professionalität in der Weiterbildung – zum Selbstverständnis des Weiterbildungsmanagements – strategisches Management – operatives Management – funktionales Managementhandeln – Wirtschaftsbranche Weiterbildung

Herausgeber:
RA Jörg E. Feuchthofen
Prof. Dr. Michael Jagenlauf MA
Prof. Dr. Arnim Kaiser

Die Bücher der Reihe „Grundlagen der Weiterbildung" geben Raum für Theorien, die das berufliche Handeln anregen und vertiefen und bieten praktische Grundlagen und Tools. Konkurrierende Theorien, Praxen, Modelle und Ansätze werden gedanklich und empirisch weitergeführt.

Grundlagen der Weiterbildung

Manuel Schulz u.a.

Kommunikation aktiv

Basiswissen, Beispiele und Übungen für das selbstorganisierte Training
3. Auflage, 410 Seiten, Format A4
166 Abb. / Graf. / Tab.
60,– € / 101,– sFr (Ringbuchordner)
ISBN-10: 3-937 210-53-9
ISBN-13: 978-3-937 210-53-7

Horst Siebert

Didakt. Handeln in der Erwachsenenbildung

Didaktik aus konstruktivistischer Sicht
5. überarbeitete Auflage
336 Seiten, Format 14 x 21 cm
99 Abb. / Graf. / Tab.
19,90 € / 39,80 sFr (Softcover)
ISBN-10: 3-937 210-76-8
ISBN-13: 978-3-937 210-76-6

Der praxisorientierte Ringbuchordner enthält Materialien zum Kommunikationstraining, die sowohl im Selbststudium als auch im Rahmen von Führungskräftetrainings verwendet werden können. Lernmodule sind hier Basiswissen, anwendungsorientiertes Know-how, Übungen und ein Glossar mit zentralen Begriffen für einen schnellen Themenzugang. Der zusätzlich bestellbare Dozentenleitfaden enthält auf 68 Seiten didaktische Hinweise und Vorschläge zur Gestaltung von Seminaren. Zahlreiche Abbildungen und Tabellen machen ihn zu einem ansprechenden Arbeitsmittel.

Aus dem Inhalt:
Einführung in die Kommunikation – Sprechdenken und Schlagfertigkeit – Sprech- und Atemtechnik – Körpersprache – Rede – Präsentation – Dialog – Diskussion und Besprechung

Didaktik ist der Kern der Bildungsarbeit in Theorie und Praxis. Didaktik ist jedoch nicht nur Lehre, sondern Ansprache von Zielgruppen sowie Gestaltung von Bildungsprogrammen und Lernkulturen. Zur Didaktik gehören deshalb auch die Ermittlung des Bildungsbedarfs und der Bildungsbedürfnisse, die Qualitätssicherung und eine ökologische Bilanzierung. Das hier dargestellte didaktische Konzept orientiert sich an der Erkenntnistheorie des Konstruktivismus. Diese neurobiologisch fundierte Theorie betont, dass Lernen ein selbstgesteuerter, biographisch beeinflusster Prozess ist. Lernen wird also nicht lediglich als eine Reaktion auf Lehre verstanden. Überspitzt formuliert: Erwachsene sind lernfähig, aber unbelehrbar; sie lernen nur das, was für sie relevant und "viabel" ist; sie hören nur zu, wenn sie zuhören wollen. Konstruktivistisch gesehen ist Didaktik vor allem die Planung von Lernmöglichkeiten, die die Selbstverantwortung der Lernenden respektiert. Hierzu liefert das Buch zentrales Didaktik-Wissen und gibt wertvolle Orientierungshilfen zum didaktischen Handeln.

Aus dem Inhalt:
Bedingungen der Didaktik – Angebot und Nachfrage – Didaktische Theorien – Didaktische Prinzipien – Modelle der Didaktik – Didaktische Handlungsfelder – Glossar

Arnim Kaiser, Ruth Kaiser

Denken trainieren Lernen optimieren

Metakognition als Schlüsselkompetenz
2. überarbeitete Auflage des Titels „Metakognition"
216 Seiten, Format 14 x 21 cm
55 Abb. / Graf. / Tab.
16,90 € / 30,90 sFr
ISBN-10: 3-937 210-78-4
ISBN-13: 978-3-937 210-78-0 (Softcover)

Heiner Barz

Innovation in der Weiterbildung

Was Programmverantwortliche heute wissen müssen
216 Seiten, Format 14 x 21 cm
55 Abb. / Graf. / Tab.
19,90 € / 39,80 sFr (Softcover)
ISBN-10: 3-937 210-81-4
ISBN-13: 978-3-937 210-81-0

Theoretische Grundlagen und relevante Sachinformationen:
Der ‚Computer' in unserem Kopf – Denken als Prozess der Informationsverarbeitung – Was läuft beim Denken im Gehirn ab? – Ergebnisse der Hirnforschung – Druck spüren, Übersicht gewinnen – Denken und Emotion – Gibt es noch mehr als Denken? – Das Konzept ‚Metakognition' und die wichtigsten Trainingsverfahren
Anregungen, Beispiele und praktische Übungen zur Aneignung metakognitiver Kompetenzen: – Was läuft beim Denken ‚in' mir ab? – Technik des Lauten Denkens – Schwierige Aufgaben gezielt anpacken – Selbstbefragungstechnik – Entwicklungsstory meines Denkens und Lernens – Lerntagebuch – Mein (meta-)kognitiver Musterkoffer – Portfolio – Texte besser verstehen, Denkschwierigkeiten bewältigen – Lesekompetenz und Problemlösen.
Denk- und Lernoptimierung in der Weiterbildung:
Elf wichtige Tips für Kursleitende – ragebogen für den praktischen Einsatz und als Hilfe bei methodischen Entscheidungen – Die Fragebogenergebnisse: Grundlage und Leitfaden für Lernberatung

Der Weiterbildungssektor ist heute von Umstrukturierungen und teilweise gegenläufigen Trends geprägt. Um Orientierungshilfen hierzu zu erarbeiten, hat das hvv-Institut, Frankfurt am Main, ein Trendforschungsprojekt initiiert. Ziel dieses Projektes war es, Eckdaten zur zukünftigen Veränderungsdynamik der Weiterbildungsszene zu generieren. Anknüpfend an die Delphi-Studie "Future Values" wurden Gespräche mit führenden Weiterbildungs- und Zukunftsexperten (M. Horx, E. Nuissl, H. W. Opaschowski u.a.) geführt sowie einschlägige Publikationen und Branchendienste inhaltsanalytisch ausgewertet. Die vorliegende Dokumentation von Weiterbildungstrends bietet eine solide Bestandsaufnahme der treibenden Kräfte, der Herausforderungen, der Chancen und Risiken, mit denen die Akteure des Weiterbildungsmarktes sich heute konstruktiv auseinandersetzen müssen.

Aus dem Inhalt:
Innovation – Weiterbildungs-Awards – Die vierfache Herausforderung der Weiterbildung: neue Strukturen, Methoden, Themen, Zielgruppen – Die Innovationsdatenbank des hvv – Weiterbildung auf neuen Wegen?! – Experteninterviews

Herausgeber:
RA Jörg E. Feuchthofen
Prof. Dr. Michael Jagenlauf MA
Prof. Dr. Arnim Kaiser

Die Bücher der Reihe „Grundlagen der Weiterbildung" geben Raum für Theorien, die das berufliche Handeln anregen und vertiefen und bieten praktische Grundlagen und Tools. Konkurrierende Theorien, Praxen, Modelle und Ansätze werden gedanklich und empirisch weitergeführt.

Horst Siebert

Vernetztes Lernen

Systemisch-konstruktivistische Methoden der Bildungsarbeit
2. überarbeitete Auflage
188 Seiten, Format 14 x 21 cm
83 Abb. / Graf. / Tab.
19,90 € / 36,00 sFr (Softcover)
ISBN-10: 3-937210-89-X
ISBN-13: 978-3-937210-89-6

Eine global vernetzte Welt, in der vieles mehrdeutig und unübersichtlich ist, erfordert ein Denken in Zusammenhängen. Systemisch-konstruktivistisches Denken wird auch in Pädagogik, Erwachsenenbildung und Bildungsmanagement immer wichtiger. Das Buch greift die aktuelle pädagogische Diskussion in der Bildungsarbeit auf und gibt Hinweise, wie vernetztes Lernen gestaltet werden kann. Im Mittelpunkt steht der Praxisteil, in dem verschiedene Methoden aus der Bildungsarbeit sowie neue vernetzte Lehr-/ Lernkulturen dargestellt werden. Das Buch schließt im dritten Teil mit der Reflexion über die notwendigen Kompetenzen des pädagogischen Personals. Zahlreichen Beispiele und Anekdoten machen es zu einer verständlichen und kurzweiligen Lektüre.

Aus dem Inhalt:
Braucht die Bildungspraxis eine Neuorientierung? – eine Typologie – Didaktik des vernetzten Lernens – Instruktionsmethoden – Konstruktionsmethoden – Vernetzte Lehr-/Lernkulturen – Wissensmanagement in lernenden Organisationen – Systemisch-konstruktivistisches Denken als pädagogische Kompetenz

Jost Reischmann

Weiterbildungs-Evaluation

Lernerfolge messbar machen
2. Auflage
308 Seiten, Format 14 x 21 cm
104 Abb. / Graf. / Tab.
24,90 € / 44,00 sFr (Softcover)
ISBN-10: 3-937210-50-4
ISBN-13: 978-3-937210-50-6

Wieder erhältlich!

Die Evaluation von Weiterbildung wird seit Jahren – nicht erst seit Pisa – als Zauberwort propagiert. Bei der Umsetzung von entsprechenden Vorhaben klafft jedoch eine große Lücke zwischen Anspruch und Wirklichkeit, da die Bildungsverantwortlichen vielfach nicht über das notwendige Evaluationswissen verfügen.
Ziel des Lehrbuchs „Weiterbildungs-Evaluation" ist es deshalb, die Grundlagen für eine kritische Reflexion von Konzepten und Methoden der Evaluation zu legen und vor allem das „Machen" zu erlernen. Der Anwendungsbezug wird durch mehr als 60 praxisnahe Übungsaufgaben (mit Lösungshinweisen) sichergestellt. Das im Internet bereitgestellte Auswertungsprogramm (Demoversion) ermöglicht die schnelle und präzise Auswertung von Kursbeurteilungsbogen.

Aus dem Inhalt:
Evaluation: was es ist und wie man es macht – Evaluationstypen und -beispiele – Klassische Evaluationsverfahren – Gütekriterien oder „Zu Risiken und Nebenwirkungen" – Die Technik der Zielanalyse – Befragungen, Qualitative Daten – Das Schreiben eines Evaluationsberichts – Glossar, Internet-Links

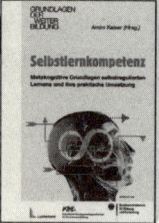

Arnim Kaiser (Hrsg.)

Selbstlernkompetenz

Metakognitive Grundlagen selbstregulierten Lernens und ihre praktische Umsetzung
239 Seiten, Format 14 x 21 cm
37 Abb. / Graf. / Tab.
19,90 EUR / 39,80 sFr (Softcover)
ISBN-10: 3-937210-39-3
ISBN-13: 978-3-937210-39-1

Die aktuelle erwachsenenpädagogische Diskussion wird von dem Leitziel bestimmt, das lebenslange Lernen möglichst vieler Erwachsener zu unterstützen. Dabei wird häufig vorausgesetzt, dass Erwachsene per se über die notwendigen Selbstlernkompetenzen verfügen. Die Praxis zeigt jedoch, dass Seminarleiter diese Annahme zu optimistisch einschätzen. Das Buch gibt deshalb Antworten auf die Frage, wie während des „normalen" Seminarangebots die Techniken zum selbst regulierten Lernen vermittelt werden können. Hintergrund des Buches sind die Ergebnisse eines zweijährigen Forschungsprojektes, an dem insgesamt 16 Bildungseinrichtungen der Erwachsenenbildung beteiligt waren.

Aus dem Inhalt:
Was ist selbstreguliertes Lernen? – Metakognition und Persönlichkeitsmerkmale – Metakognition und Lehr-/Lernarrangements – Mit Metakognition zu Transfererfolg? – Metakognitive Orientierungen von Kursleitenden – Ergebnisse im Überblick – Konsequenzen für die Weiterbildungspraxis

Matthias Teller, Jörg Longmuß

Netzwerkmoderation

Netzwerke zum Erfolg führen
224 Seiten, Format 14 x 21 cm
66 Abb. / Graf. / Tab.
19,90 € / 36,00 sFr (Softcover)
ISBN-10: 3-937210-83-0
ISBN-13: 978-3-937210-83-4

Netzwerke bestimmen immer mehr unseren beruflichen Alltag. Die Autoren dieses Buches führen Sie in die Kunst ein, Netzwerke mit Leben zu füllen und sie zum Erfolg zu führen.
Netzwerke erfolgreich zu führen bedeutet zu wissen,
▫ was auf konzeptioneller, organisatorischer, gruppendynamischer und strategischer Ebene hierfür wichtig ist,
▫ was eine gute Moderation in Netzwerken auszeichnet und wie die Entwicklung eines Netzwerkes kompetent begleitet werden kann,
▫ wie mit Konfliktsituationen umzugehen ist und
▫ was die Gründe für auftretende Schwierigkeiten sein können.

Aus dem Inhalt:
Der Nutzen von Netzwerken – Die Rolle der Moderation – Erfolgsfaktoren der Netzwerkarbeit – Netzwerkentwicklung – Handlungsempfehlungen für die Netzwerkmoderation – Controlling und Evaluation in Netzwerken – Konfliktmanagement in Netzwerken

Herausgeber:
RA Jörg E. Feuchthofen
Prof. Dr. Michael Jagenlauf MA
Prof. Dr. Arnim Kaiser

Die Bücher der Reihe „Grundlagen der Weiterbildung" geben Raum für Theorien, die das berufliche Handeln anregen und vertiefen und bieten praktische Grundlagen und Tools. Konkurrierende Theorien, Praxen, Modelle und Ansätze werden gedanklich und empirisch weitergeführt.

ziel